LA

MARINE D'AUTREFOIS

SOUVENIRS

D'UN MARIN D'AUJOURD'HUI

LA SARDAIGNE EN 1842

IMPRIMERIE GÉNÉRALE DE CH. LAHURE
Rue de Fleurus, 9, à Paris

LA

MARINE D'AUTREFOIS

SOUVENIRS

D'UN MARIN D'AUJOURD'HUI

LA SARDAIGNE EN 1842

PAR LE VICE-AMIRAL

JURIEN DE LA GRAVIÈRE

Aide de camp de S. M. l'Empereur

PARIS

LIBRAIRIE DE L. HACHETTE ET Cie

BOULEVARD SAINT-GERMAIN, N° 77

1865

LA

MARINE D'AUTREFOIS

SOUVENIRS

D'UN MARIN D'AUJOURD'HUI.

LA MARINE D'AUTREFOIS

SOUVENIRS D'UN MARIN D'AUJOURD'HUI

PRÉFACE.

Le grand attrait de la vie du marin telle que nous l'avons connue il y a quelques années, les personnes étrangères au métier de la mer ne l'ont peut-être jamais bien compris. Ce qu'aimaient avant tout dans notre profession ceux qui étaient nés pour s'y complaire, c'était le navire qu'ils montaient; ce qui remplissait leur cœur d'émotions inconnues « au reste des humains, » c'était cette sorte de satisfaction orgueilleuse et intime qu'éprouve quelquefois le chasseur, plus souvent le cavalier, que le marin seul a goûtée dans sa plénitude; c'étaient, — car je puis d'un seul mot rendre ma pensée, — les joies de la manœuvre. On naissait manœuvrier comme on naît poëte; c'était affaire d'instinct. La sagacité, qui s'acquiert par la réflexion et par l'étude, ne pouvait suppléer à ce tact et à cet à-propos qui viennent de l'acuïté des sens plus encore que des opérations trop lentes de la raison. Sans avoir livré de bien grands combats ni rempli de missions particulièrement délicates, sans avoir glané dans le domaine de la science, tel officier que je pourrais nommer se voyait entouré, il y a vingt ans, de la considération la plus grande et d'une déférence universelle. On disait de lui : *c'est un marin!* Et cela voulait dire : c'est un homme ferme, intelligent, résolu, prompt à prendre un parti ; c'est bien plus : c'est un homme né sous une heureuse étoile, un homme *qui a le don*. Les vieux matelots le connaissaient tous et le saluaient avec une familiarité qui n'excluait pas le respect, quand ils le rencontraient, le dos déjà voûté par l'âge, enveloppé de sa grosse houppelande et repassant en lui-même quelque appareillage réussi ou quelque vigoureux coup d'écoute. La vapeur est venue apporter dans les conditions de notre métier plus qu'un changement radical : elle y a produit une révolution ; elle a bouleversé de fond en comble nos traditions, nos plaisirs, nos usages et jusqu'à nos mœurs. « Je ne suis plus sur un navire, m'écrivait dès 1842 un de mes jeunes élèves qui venait de quitter le brick *la Comète* pour passer à son grand regret sur ce que nous appelions à cette époque un *bateau à vapeur;* me voilà embarqué sur une usine flottante! » Il faut cependant être de son siècle. La marine de nos jours peut avoir aussi ses charmes, elle a du moins l'intérêt qui s'attache à toutes les choses sérieuses et d'une grande importance dans le règlement des affaires de ce monde. C'est une puissante arme de guerre, un incomparable moyen de locomotion. On luttait avec les vagues, on les courbera désormais sous sa proue.

On est devenu plus fort. A-t-on par cela seul moins besoin d'être habile? Il est indispensable ici de s'entendre : l'habileté du manœuvrier a été mise sans doute à la portée de tous, — au moins du plus grand nombre; — mais il reste l'habileté du navigateur. En fait de navigation, la vapeur nous donne à résoudre des problèmes que, sans elle, nous n'aurions eu garde d'aborder. Un vrai marin, — je laisse de côté le soldat et le voyageur, je n'ai en vue que l'officier qui commande et conduit en pleine paix son navire, — un vrai marin, dans ce sens restreint et bien affaibli du mot, n'est pas en 1864 plus qu'en 1840 un homme ordinaire. S'il existe une différence entre l'officier de 1864 et ce qu'on appellera bientôt le *marin d'autrefois*, cette différence est loin de constituer une infériorité. L'inspiration pouvait jusqu'à un certain point tenir lieu à celui-ci de méthode; l'autre devra moins compter sur les priviléges d'une heureuse nature. La science lui réserve des labeurs qui n'auront pas exclusivement le pont du navire pour théâtre. Jadis on s'instruisait pour ainsi dire en plein air. Etudier, c'était agir, c'était aussi promener autour de soi un regard attentif et curieux. On trouvait une leçon dans chaque incident, et dans chaque leçon l'occasion de mille commentaires. La retraite et la méditation en eussent moins appris que de gais entretiens et de confiants échanges. Il n'en sera plus de même de nos jours. Nous avons à dompter ces éléments par lesquels naguère nous nous laissions conduire. Quand nous saurons lire dans les aspects changeants du ciel et de la mer, quand nous comprendrons bien les signes précurseurs du calme ou des tempêtes, nous n'en saurons pas assez. Il nous faudra encore demander à la mécanique et à la balistique leurs plus intimes secrets. L'élan spontané deviendra un effort réfléchi; de froids et longs calculs nous dicteront nos résolutions. Dans cet âge poétique où la théorie cédait toujours le pas à l'expérience, nous pouvions faire campagne armés à la légère; nous porterons désormais un plus lourd bagage. Le front insouciant du marin devra pâlir à son tour sur les livres. Il lui faudra, — j'ai regret à prononcer ce mot — s'isoler pour se recueillir.

Qui eût pu pressentir un pareil changement dans un si court espace? L'ancien ordre de choses décroît et s'éteint chaque jour comme un astre qui approche de sa dernière phase. Les vaisseaux s'en vont! disais-je il y a vingt ans; les vaisseaux ne sont plus! puis-je dire aujourd'hui. Laissons-les au passé. Ils feront place à je ne sais quoi de plus glorieux et de plus triomphant encore. La marine d'autrefois! ce fut la jeunesse des capitaines et des amiraux d'aujourd'hui. Y a-t-il quelque intérêt à en raviver le souvenir? Y a-t-il pour la génération présente quelque donnée utile dans le tableau d'un passé dont l'abdication semble irrévocable et complète? J'espère le prouver. Les derniers jours de la marine à voiles ont été marqués par de grands progrès. En France surtout, cette marine a eu, comme par une amère ironie du sort, une période de renaissance et de suprême splendeur qui semblait annoncer autre chose qu'un déclin. C'est pour cela qu'elle peut jusqu'à un certain point servir de leçon au présent, — qui sait même? éclairer peut-être l'avenir. En vain l'art se transforme : quel que soit le moteur, l'énergie morale qui en fera l'emploi n'en gardera pas moins toute son importance. La marine a son côté technique; elle a aussi, — qu'on me passe cette expression, — son côté humain. Le premier se modifie sans cesse, le second ne saurait vieillir. C'est à ce titre que je détache d'un livre écrit depuis longtemps dans ma pensée quelques pages de l'histoire d'hier.

CHAPITRE I.

Les débuts d'un aspirant en 1830.

Mon début dans la marine fut presque un naufrage. Ma première campagne vint se terminer, vers la fin du mois de septembre 1829, à la roche Mingan. J'étais embarqué sur la frégate *l'Aurore*, qui devait se rendre au Sénégal. Nous avions appareillé le matin de la rade de Brest. Debout sur un des canons du gaillard d'avant, j'étais tout entier au plaisir de voir le monde s'ouvrir devant moi. Les forts, les maisons, les arbres, les rochers semblaient fuir, et je leur adressais du cœur un dernier adieu, quand tout à coup je me trouvai face à face avec un cormoran perché sur une haute tige de fer. Je n'eus pas le temps d'exprimer ma surprise. Une secousse épouvantable ébranla la membrure de la frégate, la mâture fouetta dans l'air, et des cris, des commandements confus m'apprirent que nous courions un grand danger. C'était la roche Mingan qui nous avait en quelque sorte attirés à elle. L'écueil était à pic. Nous pouvions couler dans l'espace de quelques minutes. Le courant nous avait jetés dans ce péril, ce fut le courant qui nous en sauva. La frégate, dont l'avant seul s'appuyait au rocher, pivota soudain sur elle-même. Nous nous trouvâmes portés miraculeusement au milieu du goulet. Les huniers avaient été amenés dans le premier tumulte. On courut aux drisses, on rétablit tant bien que mal la voilure, et dans la nuit même nous pûmes rentrer au port. Nos avaries étaient fort graves; il fallut près d'un mois pour les réparer. J'appris ainsi que pour un navire à voiles rien n'est plus dangereux que le calme, surtout dans les mers que sillonnent de violents courants.

Au mois de novembre 1829, nous reprîmes notre voyage interrompu. Cette fois la brise était fraîche. Nous franchîmes rapidement le goulet, et laissâmes derrière nous les rochers de l'Iroise, l'île d'Ouessant, la chaussée de Sein. Avant la nuit, nous étions en plein golfe. Je gagnai mon hamac, car je me sentais la tête un peu lourde. Je n'avais jusqu'alors navigué que dans la rade de

Brest, et ces balancements profonds d'un navire qui roule lentement d'un bord sur l'autre, quand il a le vent de l'arrière, ne m'étaient pas encore familiers. A quatre heures du matin, le timonier vint me présenter sa lanterne sourde devant les yeux. Je poussai un profond soupir, et je m'habillai à la hâte. Ce ne fut pas sans peine que j'arrivai sur le pont. Le vent du nord-est soufflait avec force et semblait fraîchir à chaque instant. Nous n'avions plus que les trois huniers au bas ris et la misaine[1] : cette voilure était encore exagérée; il fallut serrer le perroquet de fougue et le petit hunier. Le lieutenant, vieil officier qui avait servi dans l'Inde sous M. de Saint-Cricq, m'appela près de lui et de la main me montra la hune d'artimon. Je compris ce geste éloquent. L'ascension jusqu'à la hune me parut difficile. Les haubans, mal ridés, se tendaient et se détendaient à chaque coup de rou-

1. Il est à peine nécessaire d'indiquer ce que sont un hunier, une misaine et un ris. Le bas ris est le dernier ris ; lorsqu'on l'a pris, la voile se trouve réduite de la moitié à peu près de sa surface. Le perroquet de fougue est le hunier du mât d'artimon, comme le petit hunier est celui du mât de misaine. Serrer une voile, c'est la ployer et l'assujettir sur la vergue.

lis ; de plus la nuit était fort noire, et il était impossible de voir où l'on mettait le pied. Enfin j'arrivai dans la hune, et là je m'occupai de remplir consciencieusement mon mandat. J'enflai de mon mieux la voix de manière à dominer, s'il était possible, le bruit de la tempête, et je me mis à encourager les hommes qui s'efforçaient d'étouffer les plis de la voile. En toutes choses, les débuts sont pénibles. La traversée n'était pas finie que j'étais amariné. Si j'avais quelquefois les tempes un peu serrées et le cœur légèrement ému, je pouvais du moins dominer ce malaise : quel que fût le temps, la vue de la hune d'artimon ne me faisait plus peur.

L'équipage de *l'Aurore* était composé de conscrits qui n'avaient jamais vu la mer et de négriers qui l'avaient battue dans tous les sens. Ces derniers avaient été capturés sur la côte d'Afrique. Condamnés à trois années de service, ils expiaient à bord des bâtiments du roi les plaisirs, les profits et aussi les péchés de leur vie aventureuse. C'étaient de braves gens pour la plupart, ayant été quelque peu négriers, quelque peu pirates, d'humeur plutôt turbulente qu'indocile, exposés à d'assez fréquents démêlés avec le capitaine d'armes, mais chéris du maître d'équipage. Véritables artistes en gréement, il n'y avait qu'eux à bord que l'on pût employer pour les ouvrages délicats. Dans les mauvais temps, ils étaient sans prix à une empointure. On ne voit plus de ces matelots-là sur nos vaisseaux ; la race en a disparu depuis près de trente ans. Les histoires qu'ils contaient pendant les quarts de nuit faisaient mes délices. J'avais fini, à force de les entendre, par connaître presque aussi bien qu'eux-mêmes la fameuse *Coquette*, qu'aucun croiseur n'avait pu atteindre, et le trois-mâts la *Vénus*, qui faisait la traite à main armée[1].

A côté de ces vaillants bandits, on pouvait observer sur *l'Aurore* un type non moins curieux, celui du quartier-maître, qui avait gagné ses galons dans la dernière guerre et qui se croyait, — qui était réellement alors dans nos ports de mer, — un personnage. Ce vieux loup de mer était le gardien des antiques traditions, le dépositaire des légendes et des chansons du gaillard d'avant. Sa vie s'était passée sur les navires de l'État ; il eût rougi d'embarquer à bord

1. Négriers célèbres à cette époque sur la côte d'Afrique.

d'un bâtiment de commerce. Un tel homme n'eût point trouvé de place dans notre organisation actuelle; à l'époque dont je parle, il était la pierre angulaire de la discipline. Il s'est évanoui de la scène avec sa garcette le jour où l'on a cessé de battre les hommes et de fustiger les mousses.

De quel mépris tous ces fins marins élevés à une rude école n'accablaient-ils pas nos pauvres conscrits! Ils leur avaient donné, je ne sais trop pourquoi, le surnom de *robins des bois*. Le maître d'équipage de *l'Aurore* se contentait de les appeler les *figurants*. Il les suivait toujours d'un regard oblique, et il semblait qu'il ne pût sans défiance les voir s'approcher de quelque manœuvre. La moindre maladresse a souvent en marine de graves conséquences, et, il faut bien l'avouer, la gaucherie de ces malheureux arrachés brusquement à leur charrue faisait frémir quand elle ne faisait pas sourire. Nous avons appris à tirer parti de ce mode de recrutement, mais il a fallu de grands soins, et si nous avons réussi à pallier les inconvénients d'un système qui nous était imposé par l'insuffisance de notre population maritime, c'est surtout à bord des vaisseaux, où l'importance de l'individu disparaît dans l'effort des masses que l'on met en mouvement. Il n'en faut pas moins reconnaître que la vapeur est venue fort à propos relever la valeur de ces trop nombreux comparses.

Après une traversée d'une vingtaine de jours, nous jetâmes l'ancre dans la baie de Gorée. Nous avions passé en vue de Ténériffe, sondé sur le banc d'Arguin et mouillé pour quelques heures devant la barre de Saint-Louis, mais à si grande distance de la côte que nous apercevions à peine les cimes des cocotiers. Je n'en étais pas moins ravi de notre campagne. J'avais contemplé le Pic, navigué dans les eaux où avait péri *la Méduse* et conversé avec des nègres venus de Saint-Louis dans leurs pirogues. Je me promettais des émotions bien plus vives encore quand je pourrais enfin toucher terre. Quelle bonne et joyeuse chose que la jeunesse, et combien de souvenirs emporte son étonnement naïf et sincère! Dès qu'on ne s'émerveille plus à chaque pas, il faudrait cesser de courir le monde. Descendu sur la plage de Hann et de Dakar, le premier sol où se soit posé mon pied de voyageur, j'aspirais par tous les pores cette nature étrange. Là où l'étrangeté n'existait pas, ma fantaisie la créait, plus ingénieuse encore que la nature même. La vue des bengalis et des sénégalis bourdonnant autour des buissons me causait des transports. Je n'avais qu'une crainte, c'était de ne pas assez bien profiter de mon temps et de laisser échapper par inadvertance quelque merveille. On n'a de semblables émotions qu'une fois dans sa vie.

La division française de la côte d'Afrique se composait en 1829 d'une frégate montée par le commandant en chef de la station, et de trois ou quatre canonnières. La frégate accomplissait scrupuleusement chaque année le même itinéraire : elle touchait à Sierra-Leone, au fort d'El-Mina, se montrait dans le golfe de Benin, et allait attendre au port de San-Antonio, dans l'Ile-du-Prince, les approches de l'hivernage, qui marquaient généralement l'époque de son retour en France. Les canonnières entraient dans les rivières, et, la mauvaise saison venue, suivaient l'exemple de la frégate ou allaient se réfugier dans la baie de Gorée. Aussi était-ce cette saison insalubre, périlleuse, que les négriers choisissaient d'ordinaire pour tenter leurs expéditions. La côte leur était alors à peu près abandonnée. Quelque croiseur anglais rôdait seul aux embouchures des fleuves, mais sans oser s'aventurer au-delà. Pendant plus de la moitié de l'année, les Européens peuvent braver avec une sorte d'impunité le climat de la côte occidentale d'Afrique ; dès qu'à la saison sèche succède la saison pluvieuse, il faut, si on le peut, se hâter de battre en retraite. C'est ce que nous fîmes dès le mois d'avril. Nous avions capturé deux négriers, montré notre pavillon sur la côte, touché aux étapes traditionnelles. Notre tâche était remplie. Par exception, au lieu de rentrer en France, nous fîmes route pour le Brésil.

Ma santé avait été légèrement altérée par des fièvres qu'on appelait alors *ataxiques*, fièvres qui laissaient le malade, une fois l'accès passé, dans une sorte d'anéantissement moral. On jugea que l'air du pays me guérirait mieux que tous les remèdes, et on me fit passer, à Rio-Janeiro, de la frégate *l'Aurore* sur la canonnière *la Champenoise*. Dans les derniers jours du mois de mai 1830, cette canonnière fit route pour Rochefort. *La Champenoise* était un navire trop peu important pour qu'on eût cru nécessaire de la munir d'un chronomètre. Nous faisions donc régulièrement *notre point d'après l'estime*, comme le faisait Colomb, comme l'avaient fait les Portugais qui avaient découvert le Brésil, comme les Hollandais qui les en avaient chassés. Nous jetions le loch deux fois par heure, et s'il n'y avait pas eu de courant équatorial et de *gulf-stream*, nous aurions pu connaître assez exactement notre position; mais nous savions qu'entraînés par ces fleuves océaniques, nous étions loin de suivre la direction apparente que nous marquait la boussole. Nous avions traversé la *mer herbue*. Ces masses de fucus détachées des îles qui servent d'avant-garde au continent américain ne se rencontreraient pas à une si grande distance du rivage, si les flots ne les charriaient, à travers l'Atlantique, dans une direction contraire à celle des vents régnants. Il n'y a point d'effet sans cause. La présence des immenses bancs de goëmons qui passaient incessamment le long du bord eût suffi pour nous apprendre que la mer sur laquelle nous voguions n'était pas immobile. Chaque touffe d'herbes qui flottait ainsi à la dérive emportait tout un petit monde : des crabes, des mollusques, des coquilles microscopiques que notre capitaine, savant conchyliologiste, examinait soigneusement à la loupe et s'empressait de classer. Il avait ainsi eu la gloire de découvrir deux ou trois espèces inconnues, à peine grosses comme la tête d'une épingle.

Prévenus des courants qui devaient nous faire dévier de notre route, nous avions porté sur nos cartes deux points différents. L'un nous donnait la position qui résultait de l'*estime*, l'autre celle que nos hypothèses nous assignaient. C'était un calcul de probabilité. Entre ces deux solutions, un bon chronomètre eût prononcé en quelques minutes. Privés de montres marines, nous avions eu recours aux distances lunaires. Le capitaine observait, je calculais ses observations. L'estime et le résultat de mes calculs différaient de quatre-vingts lieues. Nous hésitions à accorder une entière confiance à des observations qui avaient eu lieu par un temps peu favorable. Cependant nous étions entrés depuis quelques jours dans la zone des vents variables. Le ciel était couvert, la brise fraîche, notre sillage rapide. L'inquiétude commençait à nous gagner. C'est toujours une perspective peu flatteuse que celle d'être exposé à rencontrer de nuit une terre qui surgit à l'improviste sous votre bossoir. Quand on a deux ris dans les huniers, le vent de l'arrière, et qu'on file neuf ou dix nœuds à l'heure, ces sortes de rencontres sont plus graves encore : elles ne vous laissent guère le temps de la réflexion. Nous avancions pourtant, et nous devions bientôt nous trouver au milieu des Açores, ou les avoir dépassées. La nuit approchait ; j'achevais sur la table du *carré* des officiers un dernier calcul. Plus de doute, si les astres n'avaient pas menti, *la Champenoise* allait dans quelques heures donner dans le canal de Terceire. Je fermais mon *Guépratte*[1] et je rassemblais mes papiers, quand je m'entendis appeler à grands cris sur le pont. Le soleil en ce moment descendait derrière l'île du Pic, son globe de pourpre reposait sur un piton aigu. Les distances lunaires avaient eu raison.

Nous saluâmes joyeusement cet archipel qui voit passer presque tous les navires revenant des

1. Tables de calculs nautiques désignées par le nom de celui à qui l'on doit cet utile ouvrage.

Indes ou d'Amérique, et le jour nous trouva devant la ville d'Angra. La brise d'ouest nous était restée fidèle; elle nous poussait toujours, plus fraîche, plus nourrie, vers les rivages de France. Bien que nous eussions rectifié notre position, nous devions nous attendre à quelques erreurs avant d'atterrir; mais la longitude n'était plus ce qui nous préoccupait. La sonde pouvant aller chercher dans le golfe de Gascogne un indice certain de la proximité de la terre jusqu'à quatre-vingts et cent brasses de profondeur, nous n'avions qu'à sonder pour savoir à peu de chose près sous quel méridien nous nous trouvions. Ce qu'il nous fallait connaître, c'était notre latitude, le parallèle sur lequel nous courions. Il importait en effet de ne pas entrer dans la Manche en croyant donner dans la Charente, de ne pas rencontrer la tour de Cordouan en cherchant la tour de Chassiron. Des écarts de vingt, de trente lieues même à droite ou à gauche se voient souvent quand on est resté plusieurs jours sans observations. Pour aller à Rochefort, un surcroît de prudence était nécessaire, car on avait à craindre d'un côté l'Ile-Dieu, peu élevée et projetant au large quelques récifs, de l'autre le terrible danger de Rochebonne, qui est à plusieurs mètres sous l'eau et hors de vue de toute terre. Ce danger est le grand écueil des navigateurs dans le golfe de Gascogne. Aujourd'hui que la science ne recule devant aucun problème, on a songé à le signaler par un feu flottant; des audacieux ont même demandé qu'on jetât sur cette base étroite et escarpée les fondements d'un phare. Ce sont encore des projets à l'étude; mais il est fort probable que dans quelques années, au lieu d'éviter le haut-fond de Rochebonne, on ira le chercher pour vérifier son point. Au temps où j'étais embarqué sur *la Champenoise*, on ne nous avait pas ainsi jalonné le chemin. Il n'y avait pas tant d'écriteaux dressés de jour et de nuit sur les côtes.

Depuis quatre ou cinq jours, nous n'avions pas vu le soleil, ou du moins nous ne l'avions pas vu à midi, seule heure favorable pour conclure de l'observation de cet astre une latitude sur laquelle on puisse réellement compter. Dans l'incertitude où nous nous trouvions, nous n'osâmes aller plus avant. A cent lieues environ de terre, nous résolûmes de *mettre à la cape*, c'est-à-dire de présenter le travers au vent, pour rester à peu près à la même place jusqu'au jour où nous pourrions obtenir une hauteur méridienne. C'est chose cruelle que d'avoir un bon vent, de savoir que quelques heures vous conduiraient au port, et d'être obligé de rester à la merci des flots, faute d'un rayon de soleil. La patience est de toutes les vertus la plus nécessaire au marin.

Pour *la Champenoise*, fort petit navire à fond plat, qui ne tirait que huit ou neuf pieds d'eau, il ne s'agissait pas seulement de patience; il s'agissait de passer d'une allure facile à une allure qui n'était pas sans danger, de présenter le flanc à ces lames devant lesquelles nous n'avions pas cessé de fuir depuis quelques jours. Quand on voyait la pauvre canonnière enfouie entre deux vagues comme un châlet au fond d'une vallée suisse, on ne pouvait s'empêcher de se demander si elle sortirait victorieuse de cette épreuve. Nous étions tous rassemblés sur le pont. La voilure avait été réduite au grand hunier. Le moment de prendre la cape était venu. La barre fut portée doucement et avec une lenteur calculée sous le vent. Le silence qui régnait à bord avait quelque chose de solennel. *La Champenoise* répondit sur-le-champ à l'appel de son gouvernail. Elle changea graduellement de route, et le vent, qu'on entendait à peine quand il soufflait de l'arrière, commença de mugir. Bientôt ce fut un sifflement continu à travers les cordages; la brise indignée semblait dire à la canonnière : Ne m'affronte pas! Cependant on orientait peu à peu le grand hunier; le navire s'inclinait, et la vague, déroulant ses volutes, menaçait de tout engloutir. On devine de quel œil je suivais les péripéties de cette scène, nouvelle encore pour moi. *La Champenoise* résistait cependant. Elle tombait lourdement sur le côté, et l'eau embarquait par-dessus ses bastingages; mais elle se redressait toujours, elle vivait, la chétive barque; elle avait vaincu. Nous nous aperçûmes pourtant que le grand hunier était trop lourd pour elle. Nous serrâmes cette dernière voile et restâmes sous le petit foc, en travers au vent, ballottés d'une vague à l'autre, et d'autant plus en sûreté que nous nous livrions avec plus d'abandon à la discrétion des flots.

Ces jours de cape sont des jours bien maussades. Tout craque, tout gémit à bord. Parfois une lame sourde, qui semble s'élever des profondeurs mêmes de l'océan, vient surprendre le navire au milieu de ses balancements réguliers. La muraille frémit ébranlée, quand elle n'est pas arrachée par la vague: le pont inondé ploye sous le faix d'une soudaine avalanche : c'est un *paquet de mer* qui embarque à bord. D'autres fois ce sont des meubles mal assujettis qui échappent à leurs crampons, une lourde table qui balaye le *carré*, fauchant tout ce qu'elle rencontre sur son passage. C'est le fracas de la vaisselle qui se brise, le tumulte des matelots renversés sur le pont, la chute des officiers projetés contre les cloisons des cabines et se débattant au milieu des chaises, un désordre, un pêle-mêle inouis, d'affreux blasphèmes entrecoupés d'éclats de rire. On finit néanmoins par se faire à cette existence. L'homme s'habitue à tout. Dès le second jour, le corps accablé succombe au sommeil. La mer ne vous secoue plus, elle vous berce.

Pour nous, le désir d'arriver au port ajoutait encore aux contrariétés de notre situation. Il faut qu'un capitaine soit doué d'une certaine dose de fermeté pour résister en semblable occurrence à la pression qu'exercent presque toujours sur lui les impatients dont il est entouré. Toutes les physionomies lui reprochent sa timidité. Ses ordres n'obtiennent que des réponses brèves, les moindres avaries lui sont dénoncées comme des catastrophes. On dirait qu'une conspiration sourde s'est organisée pour le contraindre à livrer quelque chose au hasard. Dans la marine, on ne commence à soupçonner le danger que lorsqu'on commande. De soudaines conversions s'opèrent bien souvent alors. On voit des officiers que rien n'intimidait devenir des capitaines d'une prudence outrée. Le manque de résolution a perdu presque autant de navires que l'imprévoyance. D'hésitations en hésitations, on peut être conduit sur les roches tout aussi bien que si on les eût été chercher tête baissée. Notre constance ne fut heureusement pas mise à bien longue épreuve; nous en fûmes quittes pour vingt-quatre heures de cape.

Nous apprîmes en mouillant sur la rade de l'île d'Aix le débarquement d'une armée française dans la baie de Sidi-Ferruch, et quelques jours plus tard la conquête d'Alger. Les salves triomphales résonnaient encore à nos oreilles que déjà le gouvernement de la restauration n'existait plus. C'est mourir avec grâce que de mourir après une victoire. J'étais trop jeune pour que de pareils événements m'atteignissent; mais il n'y avait point à Rochefort d'embarquement pour un aspirant. Je reçus l'ordre de me rendre à Toulon et de passer de Toulon dans le Levant, où l'activité de notre marine tendait, depuis quelques années, à se concentrer.

CHAPITRE II.

Le capitaine Lalande.

Embarqué à Toulon sur le brick *la Surprise*, j'arrivai à Navarin dans les premiers jours du mois d'août 1830. Nous apportions avec un nouveau drapeau un nouveau nom à la frégate sur laquelle j'allais être admis. Cette frégate qui s'était appelée jusqu'alors *la Fleur-de-Lis*, devenait par ce second baptême *la Résolue*. Le nom lui convenait, car elle avait pour capitaine un homme qui n'avait jamais hésité de sa vie. Le commandant de *la Résolue*, — je n'ai qu'à le nommer pour que chacun à l'instant le connaisse, — était en ce moment le capitaine de vaisseau Lalande. Fait pour briller surtout au premier rang, il n'avait pas encore cette haute renommée que nous l'avons vu conquérir plus tard, mais il laissait déjà entrevoir ce qu'il serait un jour. Dans un temps où l'on se transmettait sans les discuter quelques règles assez incertaines de pointage, et où les maîtres canonniers distribuaient à de dociles disciples les trésors de leur science occulte, le commandant Lalande avait appliqué toute l'activité d'un esprit pénétrant à l'étude des questions d'artillerie navale. On le vit sans relâche multiplier les exercices à feu. Le tir de mer était constamment dérangé par le roulis. Raison de plus, suivant lui, pour ne négliger aucun moyen de pointer avec précision. L'ancienne marine ne l'entendait pas ainsi. Elle considérait les hausses destinées à compenser par l'inclinaison de la pièce l'abaissement progressif du boulet comme un luxe inutile sur ce terrain mobile, qui variait lui-même d'inclinaison à chaque pas. La distance était-elle inférieure à 600 mètres, les canonniers viseraient dans l'eau, comme s'il s'agissait d'envoyer le projectile à mi-route. Était-elle plus considérable, la ligne de mire serait dirigée vers l'extrémité des mâts de l'ennemi, pour que le boulet, obéissant aux lois de la pesanteur, allât frapper la flottaison ou les bastingages. Telles étaient les leçons qu'on nous donnait à l'école navale. Le commandant Lalande voulait au contraire qu'on pût toujours viser directement le point qu'on se proposait d'atteindre. Il s'évertuait en vain : la routine est plus forte que le raisonnement. Un beau jour il perdit patience. Aidé de son maître armurier, il fit visser dans la fonte une hausse grossièrement forgée dont il dota la volée de chacun de ses canons. Quand, à la fin de la campagne, ces pièces furent déposées à la direction de l'artillerie, ce fut, on se l'expliquera sans peine, un véritable scandale. La résistance même de la bouche à feu était compromise. Les canons de *la Résolue* furent d'une voix unanime déclarés hors de service, et rapport en fut fait au ministre. Il ne s'agissait de rien moins que de faire payer au dépositaire infidèle le matériel qu'il avait mutilé. Sans l'intervention de l'amiral de Rigny, qui venait d'être appelé à diriger le département de la marine, la condamnation était prononcée. Hâtons-nous de le dire pour l'honneur des principes, cette condamnation eût été plus sévère qu'injuste; mais le commandant Lalande, à qui l'on niait avec obstination le mouvement, avait marché. C'était toujours ainsi qu'il terminait les discussions.

Quoi qu'il en soit, ce novateur osé avait fini par convaincre son équipage qu'aucune frégate au monde n'était en état de résister à *la Résolue*. Au moment où je le rejoignis, il venait de faire l'épreuve de cette confiance, qu'il avait facilement inspirée parce qu'il l'avait lui-même. La première nouvelle de la révolution de juillet était parvenue, je ne sais trop par quelle voie, à Nauplie. L'amiral de Rigny s'était efforcé de tenir la chose secrète. Il avait voulu cependant en faire part au général Schneider, qui commandait le corps d'occupation laissé à Modon et à Navarin après le rappel de l'armée de Morée. Le commandant Lalande était homme de tact en même temps qu'homme de résolution. Ce fut lui que l'amiral chargea d'une mission qui, par plus d'un côté, pouvait devenir délicate. En doublant le cap Matapan, *la Résolue* aperçut une escadre au large. Changeant brusquement de route, cette escadre parut manœuvrer pour barrer le chemin à la frégate. Sans vouloir attendre ni chercher d'explications, le commandant Lalande donna dans le canal des Sapiences et fut jeter l'ancre sous le château de Modon. « Maintenant, mes enfants, dit le brave capitaine à son équipage, nous voilà mouillés à peu près par notre tirant d'eau. Si l'on nous coule, nous n'irons pas bien loin avant de toucher le fond. Nous sommes donc dans d'excellentes conditions pour combattre. Une frégate de plus ou de moins n'importe pas beaucoup à la France, mais ceux qui ont la bonne fortune de tirer les premiers coups de canon se doivent de donner l'exemple aux autres. Voilà trois ans que je m'occupe de votre instruction, montrez aujourd'hui que je n'ai pas travaillé en vain. »

Ces simples paroles prononcées sans emphase produisirent un excellent effet. Il faut bien se garder de provoquer un trop bruyant enthousiasme chez des gens qui, dans quelques minutes, vont avoir besoin de tout leur sang-froid. L'élan nous est à peu près inutile, à nous autres marins, puisque nous ne pouvons presque jamais joindre l'ennemi corps à corps. Ce qu'il nous faut, c'est du calme, de la ténacité, beaucoup d'ordre et de présence d'esprit. Des cris, on en obtient toujours assez. Ce fut donc en silence que les canonniers de *la Résolue* coururent à leurs pièces, ajustèrent leurs hausses, étendirent leurs palans sur le pont et se tinrent prêts. L'escadre anglaise, — car c'était bien l'escadre de l'amiral Malcolm, — avait suivi la frégate dans le canal des Sapiences. Un officier du vaisseau *le Britannia* vint à bord de *la Résolue*. A la vue de cet appareil guerrier, il ne put s'empêcher de manifester un peu d'étonnement. Une énorme quantité de boulets avait été montée de la cale dans la batterie et sur le pont, les filets de casse-tête étaient en place, les embossures frappées sur les ancres; les boute-feu allumés fumaient dans les bailles. L'officier apportait la nouvelle des dispositions favorables de l'Angleterre. L'amiral Malcolm voulait en donner lui-même l'assurance au capitaine de *la Résolue*.

Celui-ci s'empressa de se rendre à bord du *Britannia.* « Comment, Lalande, lui dit l'amiral Malcolm, vous avez pu croire que j'allais vous attaquer ainsi sans déclaration de guerre, que moi, un libéral, je serais le premier à tirer le canon contre une cause qui a toutes mes sympathies? — Je ne l'ai pas cru un instant, répondit le capitaine Lalande; je n'ai voulu qu'éprouver mes hommes, et je vous avoue que leur contenance m'a fait plaisir. C'est le meilleur exercice que nous ayons fait de la campagne. »

Tel était l'homme auprès duquel me conduisait mon heureuse étoile. A dater de cette époque, je ne l'ai plus quitté. Il voulait faire pour moi ce que mon père avait fait autrefois pour lui. Et quel trésor que son affection! Quelle grâce séduisante s'alliait à ce mâle courage! Je ne sais si l'on pourrait rencontrer des hommes plus spirituels que l'amiral Lalande; on n'en trouverait pas à coup sûr de plus attachants. Son esprit venait surtout de son immense désir de plaire, non pas aux grands, — car il était légèrement frondeur, — mais aux petits, aux faibles. Il se mettait en frais pour le moindre élève. Aussi était-il l'idole de la jeunesse. Malgré le fâcheux état de sa santé, qui avait toujours été chancelante, il montrait une activité infatigable, et, — ce qui était plus étonnant encore, — une inaltérable égalité d'humeur. Au milieu des plus atroces souffrances, il avait le sourire sur les lèvres. On ne le dérangeait jamais. Je l'ai vu quitter la rédaction d'une dépêche importante pour écouter patiemment les réclamations d'un quartier-maître. Rien en lui ne sentait l'effort; il abordait les plus graves questions avec la même simplicité que les plus vulgaires détails. Il suffisait à tout sans avoir besoin d'aide, sans fatiguer personne, sans avoir lui-même un air affairé. Cependant il travaillait beaucoup, mais il aimait à faire des loisirs aux autres.

Le commandant Lalande avait horreur des châtiments corporels et ne s'impatientait que lorsqu'il entendait vanter ce moyen de discipline. Son moyen à lui de gouverner les équipages, c'était de les séduire en s'occupant sans cesse de leur bien-être, en les rendant fiers de leur capitaine. Nul homme n'a porté plus gaîment le poids de la responsabilité. C'était là sa supériorité et ce qui le désignait pour les grands commandements. Il voyait tout en beau, les hommes, si médiocres qu'ils fussent, le ciel, si orageux qu'il se montrât, tout, jusqu'à l'époque dans laquelle il vivait. Son intrépidité était, si je puis m'exprimer ainsi, une intrépidité souriante. Il exécutait les coups de manœuvre les plus hardis en se jouant : il fallait même une certaine expérience de la mer pour reconnaître qu'il venait d'essayer quelque chose d'audacieux, tant il mettait peu de solennité dans ses apprêts. Il n'était pas dans sa nature de convoquer d'avance l'admiration, quoiqu'il fût loin d'y être insensible.

De grandes choses ont été accomplies par des hommes fort ordinaires. Les circonstances les favorisaient, et les événements semblaient se baisser jusqu'à eux. Des hommes au contraire nés pour jouer un rôle, pour prendre au premier rang leur place entre les héros, ont passé sur la terre sans trouver des épreuves dignes de leur énergie. La révolution de juillet ne présageait pas une de ces époques stériles. Il y avait tant d'orages dans l'air, qu'on n'eût jamais pu croire que le ciel allait tout d'un coup recouvrer sa sérénité. Le commandant Lalande le croyait moins que personne. Depuis longtemps, son ambition était à l'affût ; suivant le mot heureux de Kléber, *il préparait ses facultés.* « Si jamais je rencontre l'occasion, disait-il souvent, je me souviendrai qu'elle est chauve. » L'occasion ne vint point. Plus d'une fois il s'imagina qu'il allait la saisir. A force de rêver la guerre, il la voyait partout. Son jugement, si sûr d'ailleurs, en avait été faussé. Il appréciait mal son époque. C'était un enfant des âges héroïques, et il attendait d'un moment à l'autre le départ de ces bataillons qu'il avait vus jadis marcher à la frontière sans pain et sans souliers.

Les journaux qui nous arrivaient de France étaient bien faits, il faut l'avouer, pour entretenir les illusions de notre capitaine. La Belgique, la Pologne s'étaient soulevées. La tribune française retentissait d'appels aux armes. Tout était déjà calmé que nous ne le comprenions pas encore. Nous vivions cependant au milieu du concert européen. Les trois grandes puissances, la France, l'Angleterre et la Russie, s'occupaient de fixer d'un commun accord les limites de la Grèce. L'amiral de Rigny, rappelé à Toulon, avait, en partant, laissé le commandement de la station du Levant au capitaine

Lalande comme au plus digne. Deux opinions étaient en présence. L'une voulait ménager l'empire ottoman, lui épargner autant que possible les sacrifices ; l'autre songeait avant tout à constituer le nouvel État sur une base assez large pour qu'il pût se passer de tutelle : c'est à ce dernier avis que se rangeait le commandant de la *Résolue*. Il s'indignait de voir replacer sous le joug des Turcs les populations qui avaient été les plus ardentes à les combattre, les gens de Candie et de Samos, les héros de Chio et d'Ipsara. C'était surtout la Russie qui voulait rogner ainsi la Grèce. Il lui convenait d'avoir en Morée une sorte d'hospodorat bien faible, bien humble, qu'elle pût de Pétersbourg diriger à son gré. L'expansion des populations chrétiennes n'a pas dans le Levant d'ennemi plus opiniâtre que le gouvernement moscovite. L'Angleterre, aveuglée par sa prédilection pour la Turquie, secondait ces tendances. Nous étions seuls à lutter en faveur du droit, seuls à comprendre où était l'avenir. Il fallut bien céder. La Grèce fut délimitée, c'est-à-dire réduite, morcelée, dépouillée par ses protecteurs.

La frégate la *Résolue*, usée par trois ans de

station, avait été remplacée en 1831 par la *Calypso;* mais la présence du capitaine Lalande fut jugée nécessaire encore. On le fit passer sur la nouvelle frégate. Nous avions 56 canons au lieu de 44, du calibre de 24 au lieu de pièces de 18. Nous étions loin cependant de nous croire aussi forts. Il fallut recommencer nos exercices; l'instruction laborieusement acquise s'en était allée avec l'équipage de la *Résolue.* La plupart des perfectionnements dus à l'initiative hardie de notre commandant ne se retrouvaient pas sur la *Calypso.* Le maître charpentier et le maître armurier se remirent à l'œuvre. Le port de Toulon n'avait pas heureusement dressé d'*état des lieux*, car cette fois le locataire de la *Calypso* était ruiné. Il taillait, il sapait en plein bois, ouvrant un panneau ici, perçant un sabord par là, traitant la chose comme si elle lui eût appartenu. Il lui fallait une frégate à son goût, une frégate qui répondît à sa pensée, et sa pensée allait toujours au combat.

Cependant le commandant de la station du Levant avait d'autres soins. Tout n'allait pas de soi dans le nouvel État qu'avait imaginé la science des plénipotentiaires. Le capitaine Lalande aurait bien là, comme à bord de la *Calypso*, trouvé et appliqué hardiment le remède, mais ce n'était pas sa mission. Il observait donc les événements, en rendait compte, et faisait pressentir les complications qui ne pouvaient tarder à se présenter. Le président Capo-d'Istria en effet ne contenait plus les partis. Il avait le sien, qui était encore le plus fort, qui ne l'eût pas été longtemps sans l'appui de la Russie. Ce parti avait ses racines en Morée ; les insulaires et les Maniotes lui étaient très-hostiles. L'île d'Hydra avait été la première à lever l'étendard de la révolte. Au fond de ces querelles, il y avait d'un côté le désir de devenir un État, de l'autre la résignation intéressée qui acceptait pour la Grèce le rôle et le régime d'une province. Un crime odieux vint flétrir la cause qui aurait eu sans cela toutes nos sympathies. Le président Capo-d'Istria fut assassiné en sortant de l'église de Saint-Spiridion par deux chefs maniotes. L'un des assassins fut tué sur le coup par un des gardes du président, l'autre réussit à gagner la légation de France. La police vint le réclamer. Il n'y avait pas à hésiter. La France ne protége pas les assassins. Le commandant Lalande consulté fut d'avis qu'il fallait se borner à stipuler que le réfugié serait garanti de la fureur de la populace et soumis à un jugement régulier.

Le parti du président, qui chancelait avant ce crime, se releva triomphant. Les Moréotes, serrés autour de Colocotroni et d'Augustin d'Istria, conservèrent le pouvoir ; l'appui de la Russie se montra plus manifeste. Les insurgés s'étaient emparés de l'île de Poros et de la frégate l'*Hellas*. L'escadre russe, par ses démonstrations, obligea l'*Hellas* à se faire sauter. Nous n'avions pu prévenir cet événement ; nous le déplorâmes. La destruction d'une propriété nationale donnait un fâcheux vernis à la cause des Hydriotes. Il était temps d'en finir. L'Angleterre s'était heureusement rapprochée de la France, et ces deux puissances, quand elles sont d'accord, font presque toujours prévaloir dans le monde les conseils de paix et de modération. On reconnut la nécessité de mettre à la fois un terme à la guerre civile et à l'intervention trop passionnée des Russes. L'occupation du siége du gouvernement par l'armée française fut décidée. Les troupes qui se trouvaient à Modon et à Navarin durent être transportées à Nauplie de Romanie. C'était une solution provisoire ; la véritable solution pour quelques années du moins, c'était le choix d'un souverain étranger et la garantie d'un emprunt ; mais avant que les cabinets eussent pu s'entendre sur ce sujet, la *Calypso* et le capitaine Lalande étaient déjà rentrés en France.

CHAPITRE III.

Le brick l'*Actéon*.

Le commandant de la *Calypso* n'avait pu m'emmener avec lui. Je n'étais pas de ceux qui ont acquis le droit de se reposer. Pour obtenir le grade d'enseigne de vaisseau, il me fallait accomplir sans un jour d'interruption trois années d'embarquement. Je fus donc laissé dans le Levant ; seulement j'y fus laissé dans des conditions inespérées. Mon affectueux protecteur me plaça sur un brick où je devais faire le service d'officier, avoir ma chambre et ma place à la table de l'état-major. Ce n'était pas à cette époque une faveur très-insolite. Les cadres étant devenus insuffisants depuis que les armements se multipliaient tous les jours, la plupart des états-majors étaient complétés par des enseignes auxiliaires ou par des aspirants. Sur le brick à bord duquel j'avais été admis, je me trouvai le troisième aspirant, investi d'une confiance que je ne méritais pas complétement encore. J'avais le cœur bien gros en me séparant d'un commandant que je considérais comme un second père et de camarades qui sont restés mes meilleurs amis, tant est féconde l'influence qu'exerce autour de lui un chef aimé ; mais j'allais *avoir ma chambre* et *commander mon quart*. Il y avait bien là de quoi me consoler. Disons-le d'ailleurs, j'avais besoin de passer sous une discipline un peu plus rigoureuse que celle qui régnait à bord de la *Calypso*. Mon embarquement sur le brick l'*Actéon* fut pour moi un grand bonheur. J'y pris des habitudes d'application et de régularité que le poste de la *Ca-*

lypso ne m'aurait jamais données. Le service de l'*Actéon* était fort actif. Pendant plusieurs mois nous battîmes l'archipel dans tous les sens pour donner la chasse aux pirates. Il n'y a pas de navigation qui puisse mieux former un jeune officier. Contraint de louvoyer de jour et de nuit dans des canaux étroits, on apprend à ne pas craindre le voisinage de la terre et à manœuvrer avec peu de monde, car il faut bien que les équipages dorment, et, à moins de circonstances exceptionnelles, on doit virer de bord, prendre des ris avec une seule bordée.

Pendant ce temps, la question d'Orient se montrait à l'horizon. Le pacha d'Égypte envahissait la Syrie. Méhémet-Ali était riche ; il avait en quelques années créé une armée et une flotte. Mis dans le cas de légitime défense par les intrigues de Khosrew et la jalousie du sultan Mahmoud, il avait pris résolûment l'offensive. Son fils Ibrahim battait les Turcs sur terre pendant que la flotte d'Osman-Pacha tenait en respect la flotte ottomane. Nous reçûmes l'ordre d'aller surveiller les mouvements des deux escadres. La flotte de Stamboul fut la première que nous rencontrâmes. Elle avait été ravitailler dans le golfe d'Alexandrette les débris des bataillons du sultan, et nous la trouvâmes mouillée à Anamour, sur la côte de Caramanie. Elle se composait de treize ou quatorze vaisseaux, dont deux à trois ponts, de plusieurs frégates, de corvettes et de bricks. Elle escortait un nombreux convoi et était éclairée par deux navires à vapeur.

Il n'y a rien de plus routinier et de plus monotone que le service ordinaire des stations. Les bâtiments de guerre tournent presque toujours dans le même cercle, visitant chaque année les mêmes localités, s'arrêtant aux mêmes étapes. La côte de Caramanie, à peu près déserte, n'était pas comprise dans l'itinéraire de nos avisos. L'hydrographie en était aussi incorrecte que celle des régions les plus lointaines et les moins explorées. Quelques points saillants avaient été déterminés en 1819 par le capitaine Gautier dans un levé sous voiles, mais tous les détails de la côte étaient représentés, même sur une carte d'une échelle très-réduite, de la façon la plus défectueuse. Je ne sais trop si de nos jours cette lacune considérable a été comblée, j'en doute. Pour nous, le mouillage d'Anamour était une découverte. Les Turcs étaient venus y renouveler leur provision d'eau à un ruisseau qui débouchait sur la plage. C'était une rade foraine sur laquelle on ne pouvait jeter l'ancre qu'en été. D'immenses massifs de roche calcaire se dressaient comme des murs à quelque distance du rivage. Nous avions devant nous les contre-forts du Taurus et les gorges désertes de la Cilicie : ni maisons, ni habitants, ni bestiaux, ni arbres même ; partout la roche nue et le silence. Cette profonde solitude causait une impression que je ne saurais décrire. Ce n'était pas la solitude d'une terre vierge ; c'était quelque chose de plus froid, de plus sombre et de plus décharné : on eût dit le squelette d'un empire. L'escadre turque ne s'arrêta que quelques jours devant Anamour. Dès qu'elle eut complété son eau, — il en faut beaucoup à des équipages qui ne connaissent pas d'autre boisson et qui ne vivent que de riz, — elle reprit la mer. Nous la suivîmes.

Pendant l'été, les vents ont dans cette partie de la Méditerranée la régularité des moussons de l'Inde ; ils soufflent presque constamment de l'ouest-sud-ouest, parallèlement à la côte. Présumant que la flotte du sultan se dirigerait sur Rhodes après avoir touché à Alexandrette, l'escadre égyptienne s'était hâtée de s'élever au vent et de doubler l'île de Chypre. Les Turcs s'évertuaient, avec leur lourd convoi, à remonter le canal qui sépare cette grande île du continent. Il y avait un point où les deux flottes devaient nécessairement se rencontrer. En effet, un matin, nous aperçûmes, en nous éveillant, quinze ou dix-huit voiles rangées en ligne à quelques milles de nous. Osman-Pacha avait conservé l'avantage du vent. Il était maître d'engager ou d'éviter le combat. Il avait douze vaisseaux, je crois, tous à deux ponts, de construction semblable, à poupe ronde, sans dunette, et ayant une égalité de marche qui facilitait singulièrement leurs mouvements. Cette escadre était l'œuvre d'un ingénieur français, M. de Cérisy, un véritable créateur. Alexandrie n'avait ni magasins, ni cales, ni ouvriers, quand notre compatriote y était arrivé. M. de Cérisy n'y avait trouvé qu'une volonté forte, celle du pacha. Il y avait apporté son génie inventif, son activité, ses connaissances profondes en architecture navale, et au bout de quelques années il avait donné à Méhémet-Ali des vaisseaux comme nous n'en possédions pas. Ceci n'est point un paradoxe.

Lorsqu'un homme de mérite est sur un terrain neuf, qu'il n'a plus à compter qu'avec lui-même, ses facultés s'exaltent; il ne craint plus de rompre avec la routine, et, s'il a des idées, il le fait bien voir. Confiné dans un arsenal français, M. de Cérisy aurait probablement rempli avec conscience la tâche d'un habile ingénieur; mais il eût montré un singulier courage, s'il avait entrepris d'innover. Ce n'était pourtant pas un mince problème que de construire sur de nouveaux plans un vaisseau à voiles. Le plus expert n'était jamais sûr du succès. De deux vaisseaux construits identiquement sur les mêmes gabarits, l'un avait une marche supérieure, l'autre était une bouée. Quand on met sur les chantiers un navire à vapeur, les mécomptes sont beaucoup moins à craindre. Avec les navires à voiles, il y avait un point délicat, une pierre d'achoppement où venaient trébucher les maîtres : c'était la marche *au plus près*. Tous les bâtiments vont d'un pas presque égal vent arrière : ils sont dans cette condition de véritables navires à vapeur; mais dès qu'il faut serrer le vent, on reconnaît les chevaux de race. Le plus fin voilier, c'est celui qui *gagne le plus au vent*, et malheureusement on ne sait pas bien encore ce qui fait les fins voiliers.

Soit intuition, soit calcul, M. de Cérisy avait construit pour le pacha d'excellents vaisseaux. Des officiers français s'étaient chargés de les armer. Il y avait là une bien autre entreprise que celle dans laquelle avaient réussi les lieutenants d'Ibrahim-Pacha. Convertir des fellahs en matelots! mieux eût valu édifier de nouveau les pyramides. On ne peut se figurer aujourd'hui ce qu'il y avait de difficultés, de complications dans l'organisation d'un vaisseau à voiles, ce qu'il fallait de patience, de méthode, d'ordre prévoyant, pour tirer parti d'un personnel déjà habitué à la mer. Prendre des bateliers sur le Nil, des laboureurs à leur charrue et former de tout cela un équipage, c'est une audace qui vaut la peine d'être citée. Toutes les nations peuvent se donner maintenant, grâce à la vapeur, le luxe d'une marine. Vous ne reconnaîtriez plus un navire turc à ses manœuvres. Il y a quelques années, les vaisseaux de Sa Hautesse n'avaient pas besoin d'arborer leur pavillon; leur démarche seule accusait de bien loin leur nationalité.

Les vaisseaux égyptiens, — j'ai eu mainte occasion de les étudier, — avaient bien conservé quelque chose de turc dans leurs allures. Les manœuvres s'y exécutaient avec une confusion bruyante qui faisait quelquefois frémir. On voyait des huniers monter au haut des mâts emportant des grappes de fellahs qui pendaient encore aux vergues. Des cris aigus, d'assourdissantes clameurs accompagnaient tous les exercices. Le peuple arabe n'est pas taciturne ; il est rieur au contraire et bavard jusque dans ses plus grandes misères. Aussi, pendant que la *courbache* activait l'enthousiasme des matelots comme autrefois la *liane* des quartiers-maîtres de la république, on entendait sur la rade d'Alexandrie un vacarme qui rappelait celui des moineaux de Constantinople dans les cyprès du Champ-des-Morts. Cependant il y avait un abîme entre les vaisseaux du pacha et ceux de son auguste maître. Les premiers essayaient de se modeler sur les vaisseaux européens, les autres en étaient encore aux traditions du combat de Tchesmé.

Méhémet-Ali, qui connaissait bien ses coreligionnaires, avait pris soin d'adjoindre à son escadre trois brûlots dont il attendait merveille. Il comptait sur cet épouvantail pour jeter le désordre dans la ligne du capitan-pacha. Le souvenir de Canaris était toujours vivant dans le cœur des marins ottomans. Il eût suffi de crier son nom dans la mêlée pour porter la terreur à bord du plus fier trois-ponts. Les brûlots égyptiens étaient des bricks très-rapides confiés à des marins grecs, les plus experts en ce genre d'attaque. Ils portaient à l'arrière une plate-forme sur laquelle devait se réfugier l'équipage au moment de donner l'abordage, et traînaient à la remorque une embarcation destinée, une fois l'incendie allumé, à favoriser la fuite des incendiaires. Les Turcs, de leur côté, s'étaient munis de grandes péniches à rames que remorquaient leurs vaisseaux, et dont ils espéraient se servir pour détourner ces engins redoutés.

Un combat d'escadres, c'est un spectacle dont tous les jeux du cirque n'ont jamais pu égaler l'intérêt. Les champions étaient en présence, et, s'il n'eût tenu qu'à nous de donner le signal, ils auraient été bientôt aux prises. L'amiral turc avait mis son convoi sous le vent de sa flotte rangée en ligne, et il continuait tranquillement ses bordées. Osman-Pacha l'observait sous petites voiles, maintenant toujours sa distance. Ainsi se passa la première journée. Le lendemain, les deux flottes étaient exactement dans la même position; la distance qui les séparait s'était seulement un peu accrue. Nous commençâmes à craindre d'avoir en vain préparé nos lunettes. Deux jours, trois jours s'écoulèrent. Un beau matin, la flotte égyptienne avait disparu. Les Turcs allèrent mouiller devant Rhodes, et le capitan-pacha descendit à terre. Si jamais une flotte s'est mise dans le cas d'être brûlée, c'est assurément la flotte ottomane. Elle était mouillée, dans une confusion dont on ne peut se faire une idée, sur l'étroit plateau de sable qui forme le mouillage extérieur de Rhodes. Les Égyptiens rôdaient aux alentours. S'ils n'attaquèrent pas cette fois les vaisseaux ottomans, nul doute qu'ils n'eussent l'ordre de les ménager. Il n'eût pas fallu qu'au lieu d'Osman-Pacha avec ses vaisseaux Miaulis se fût trouvé là avec ses bricks. Lui, qui avait offert le combat à toute une escadre dans le canal de Cos, il n'eût pas hésité à donner de nuit au milieu de ces vaisseaux en désordre, qui se seraient certainement détruits eux-mêmes.

Les Turcs ne restèrent pas longtemps dans

cette situation périlleuse. La tentation fût devenue trop forte pour l'ennemi. Ils se réfugièrent dans la baie de Marmorice, et les Égyptiens vinrent les y bloquer. Quand on a visité les côtes qui se déroulent du golfe de Macri jusqu'aux Dardanelles, on comprend que la civilisation se soit d'abord assise sur les bords de la Méditerranée. Quels ports paraîtront dignes d'admiration aux marins qui auront pénétré dans la baie de Marmorice? Un goulet resserré ouvre l'accès d'une rade où mille vaisseaux ne se presseraient pas; tout autour du golfe, les collines, qui s'étagent, descendent jusqu'à la mer chargées de myrtes, de lauriers-roses ou de forêts odorantes. Je regrette de n'avoir pas retenu le nom des arbres qui couvrent une partie des rivages de la baie de Marmorice et du port voisin de Karagatch. Des marchands viennent, sur les lieux mêmes, en faire bouillir l'écorce pour en extraire un baume dont le parfum aromatique se répand au loin.

Les Turcs passèrent plus d'un mois dans cette baie, qui leur avait offert si à propos un refuge. Enfin, sur des ordres venus de Constantinople, ls se décidèrent à en sortir. Les Égyptiens leur ouvrirent encore une fois le passage. Le gouvernement de la Sublime-Porte semblait tout préparer pour une prochaine évacuation des vastes provinces d'où se retiraient lentement ses armées. Une frégate à peine achevée, qui se trouvait sur les chantiers de Rhodes, avait été lancée, équipée à la hâte, et amenée de nuit par un des navires à vapeur de l'escadre sur la rade de Marmorice. Cette frégate était un assez grand embarras ; elle dérivait tellement que, sans le secours des deux petits steamers, il eût fallu l'abandonner. On la faisait remorquer, tant que le jour durait, *dans le lit du vent.* La nuit venue, elle mettait à la voile et se retrouvait en ligne au lever du soleil. Un vaisseau à trois ponts était en construction à Boudroun, l'ancienne Halycarnasse : on voulut l'adjoindre aussi à l'escadre ; à cet effet, nous donnâmes dans le canal de Stancho, canal compris entre l'île de Cos et les côtes de l'Anatolie. Le vaisseau n'était pas encore prêt, et nous dûmes poursuivre notre route sans l'attendre, car les Égyptiens nous talonnaient. Leur mission paraissait être, non pas de détruire la flotte turque mais de la chasser dans les Dardanelles. On ne les voyait jamais ;

on en avait sans cesse des nouvelles par les éclaireurs.

L'escadre ottomane s'approchait lentement de son but, s'arrêtant souvent pendant la nuit et n'osant s'avancer que jusqu'au point qui avait été reconnu de jour par ses avisos à vapeur. Les alertes étaient fréquentes; en somme, les précautions pour éviter une surprise semblaient assez bien entendues. Nous avions dépassé les îles de Calimnos et de Leros, renommées pour leurs hardis plongeurs; Pathmos était derrière nous; les sommets de Nicarie et de Samos venaient d'apparaître: une brise du sud-est s'éleva tout à coup. Ce vent favorable simplifiait bien la tâche du capitan-pacha : les vaisseaux turcs se couvrirent de voiles et se précipitèrent à l'envi vers les Dardanelles. Il y eut dans le premier moment quelques abordages. Dans quelle flotte n'y en a-t-il pas? Des corvettes se trouvèrent soudainement métamorphosées en bricks; elles n'en coururent pas moins vite. Tout allait à souhait, quand le vent nous abandonna en face de Ténédos; il fallut laisser tomber l'ancre non loin du promontoire de Sigée, à la hauteur des ruines de Troie.

Les Turcs restèrent près d'un mois à l'entrée des Dardanelles. C'était la terre promise, et ils avaient grande envie d'y arriver; mais le courant les repoussait impitoyablement. A la moindre brise, ils se hâtaient d'établir leurs voiles et de lever l'ancre; ils gagnaient à ce jeu quelques encâblures à peine. L'ombre des Égyptiens était toujours là, — leur ombre seulement, — les vaisseaux restaient au large. Un matin nous fûmes fort étonnés de ne plus trouver la flotte ottomane au mouillage; elle avait glissé sans bruit, et nos timoniers n'en avaient rien vu. Prévenue de l'approche de la flotte ennemie, elle avait eu cette fois la prudence de ne pas l'attendre, et était allée se former en ligne de l'autre côté de Ténédos. Nos vigies la découvrirent, et nous fûmes la rejoindre, nous promettant bien de la mieux surveiller à l'avenir. Enfin le vent du sud se rendit aux vœux des Osmanlis : nous vîmes le capitan-pacha donner à pleines voiles dans l'Hellespont, et nous fîmes route dans un sens opposé, vers Andros.

La traversée de l'*Actéon* fut rapide. Nous mouillâmes devant Nauplie de Romanie, où le roi Othon tenait déjà sa cour. L'Hellade était dans l'ivresse. Les îles de l'Archipel comme la Morée retentissaient du cri de *zitô Othon o vasilevs tis Hellados!* « vive Othon le roi de l'Hellénie! » Six mille Bavarois surveillaient cet enthousiasme; les partis avaient désarmé, et tout annonçait un règne prospère. Nous ne pûmes jouir longtemps de ce spectacle. Un des bâtiments de la station, la corvette la *Truite*, venait de se perdre dans une baie voisine du mouillage de la Mandri, à quelques lieues seulement du cap Sunium. Ordre nous fut donné d'aller procéder au sauvetage. Nous étions en hiver, la neige couvrait les montagnes. La navigation de l'Archipel, qui est une des plus faciles du monde en été, est une des plus rigoureuses que je connaisse à partir du mois de décembre. On y trouve tant de caps à contourner, tant de canaux étroits à franchir, que le même vent ne peut que vous conduire bien rarement au port. Le moindre voyage, surtout quand on va vers le nord, est sujet à mille traverses. Les points de relâche sont nombreux, ils ne sont pas tous également sûrs. La *Truite* avait été conduite par son pilote dans une crique où le fond ne manquait point, dont l'étendue malheureusement était insuffisante. La nuit s'était passée sans inquiétude. Au jour, une rafale violente fit chasser la corvette. En moins de quelques minutes, elle fut sur les roches. L'équipage tout entier put descendre à terre. Quant à la *Truite*, ses destins étaient terminés : elle resta cramponnée par l'arrière aux rochers qui l'avaient défoncée; l'autre moitié du bâtiment disparut sous l'eau.

La baie de la Mandri nous offrait un mouillage éprouvé. Nous allâmes y jeter l'ancre, mais nous nous y établîmes avec ce luxe de précautions qu'inspire toujours l'aspect d'un sinistre récent. La crique où gisait la *Truite* n'était séparée du mouillage que nous avions choisi que par un étroit promontoire. Nous nous occupâmes sur-le-champ de sauver tout ce qu'il était possible d'arracher au naufrage. L'accident avait été si subit que les officiers mêmes n'avaient rien pu enlever de leurs chambres. On jetait des grappins par les panneaux, et l'on tirait à soi tout ce qu'on pouvait saisir. Chacun venait ensuite reconnaître ce qui lui appartenait dans ces épaves.

Pendant que nous étions occupés à ce sauvetage, l'ordre nous vint de rentrer en France.

Ainsi finissaient mes trois années d'embarquement. J'avais été un heureux aspirant. Nos pères ne connaissaient pas de si doux noviciats. Bien des gens prétendaient encore en 1832 que cette discipline indulgente nous amollirait. L'influence de quelques chefs, parmi lesquels il faut au premier rang placer le commandant, bientôt le vice-amiral Lalande, prévalut contre des protestations dont on ne se souvient plus même aujourd'hui. La bienveillance a définitivement vaincu l'antique et farouche rigorisme. Les matelots, les pauvres mousses eux-mêmes, ont ressenti les effets de ce changement de système. Les mousses ont été traités comme des enfants lorsque les aspirants ont été conduits comme des hommes.

Le jour où nous laissâmes tomber l'ancre sur la rade de Toulon, on m'apporta mon brevet d'enseigne. Le 1er janvier 1833, j'avais été nommé officier.

CHAPITRE IV.

La station du Levant de 1833 à 1836.

Après deux mois de congé, je repris la mer. L'armée d'Ibrahim-Pacha avait poursuivi ses avantages. Les Turcs venaient d'être complétement battus à Konieh. La route de Constantinople était ouverte. Les Russes menaçaient d'une protection suspecte l'empire ottoman; les Anglais rassemblaient des forces considérables dans l'Archipel, sous les ordres de l'amiral Malcolm. Nous dûmes armer des vaisseaux en toute hâte, pour renforcer aussi de notre côté l'escadre de l'amiral Hugon. Le capitaine Lalande fut appelé au commandement d'un de ces vaisseaux, et il voulut bien me désigner pour le suivre à bord de la *Ville-de-Marseille*. On n'a vu jusqu'ici dans le commandant de l'escadre de 1840 qu'un ennemi juré des Anglais. Le commandant Lalande avait l'esprit trop élevé et trop libéral pour ouvrir son cœur à de telles passions ; il était au contraire le partisan le plus décidé que j'aie jamais rencontré de l'alliance anglaise, mais il ne voulait pas s'y asservir. Il entendait pratiquer cette alliance avec autant de fierté que de sincérité. Ce qu'il considérait comme un péril européen, c'était l'ambition à peine dissimulée de la Russie. Sébastopol l'inquiétait déjà. Je l'ai entendu bien souvent dresser ses plans de campagne pour le jour où les escadres alliées entreraient dans la Mer-Noire. Il ne mettait pas en doute cette prochaine nécessité. Sous ce rapport, il avait un coup d'œil prophétique. En partant de Toulon, il prévit que les Russes allaient se montrer dans le Bosphore. De leur côté les Français et les Anglais devaient avoir forcé l'entrée des Dardanelles; il arriverait trop tard. Telle fut sa préoccupation pendant toute la traversée ; mais il était fermement résolu à rejoindre nos vaisseaux sous les murs de Constantinople ; le feu du Château-d'Europe et celui du Château-d'Asie ne l'arrêteraient pas. Les bruits que nous recueillîmes à Milo confirmèrent ses appréhensions. Nous remontâmes rapidement l'Archipel. Au point du jour, nous avions dépassé Ténédos;

nous nous trouvions à l'entrée de l'Hellespont. Point d'escadres! Le vent avait été favorable, les alliés étaient sans doute à cette heure dans le Bosphore. Un brick de guerre français se trouva très-opportunément au mouillage de Bezika pour nous arrêter. Ce brick, qui était, s'il m'en souvient bien, le *Palinure*, nous apprit que les escadres croisaient encore sous Mételin. Nous les avions traversées pendant la nuit sans les apercevoir et sans en être aperçus. « Qu'on vienne, après cela, me parler de blocus! » disait l'amiral Malcolm à son vieil ami le capitaine Lalande.

Les Russes furent habiles et audacieux dans cette circonstance. Leur flotte se rendit à l'appel du sultan; trente mille soldats moscovites vinrent camper sous le Mont-Géant, en face de Thérapia et de Buyuk-Déré. Ibrahim-Pacha, qui s'était avancé jusqu'à Kutahié, s'arrêta aux cris d'alarme de la diplomatie. Les Russes replièrent leurs tentes et remontèrent sur leurs vaisseaux; mais en partant ils avaient laissé sur le rivage la pierre d'Unkiar-Skelessi. On avait manqué l'occasion de châtier leur témérité. La campagne de Crimée n'eût point eu lieu, si dès cette époque on eût su montrer l'énergie qu'on déploya en 1854.

Les Russes se maintinrent dans leur rôle. Il y avait entre la Grèce et la Turquie plusieurs questions pendantes. La Russie se déclara en faveur de la Porte. Elle n'osa point cependant agir seule, et se contenta de peser de tout le poids de sa politique captieuse sur les conseils des ambassadeurs. La *Ville-de-Marseille* reçut l'ordre de se rendre à Samos avec trois commissaires délégués par les ambassades des trois grandes puissances pour faire accepter aux habitants de cette île un arrangement qui les replaçait sous le joug de la Porte-Ottomane. Les Samiens avaient été les plus ardents à défendre la cause de l'indépendance. C'était à eux qu'il fallait attribuer en grande partie le soulèvement et les malheurs de Chio. Ils protestaient au nom des longs combats qu'ils avaient soutenus. On refusa de les écouter. Les commissaires alliés convoquèrent le peuple sur la place publique et lui donnèrent lecture des conditions auxquelles il devait se soumettre. Le prince que la Porte accordait aux Samiens, un phanariote, fils du prince Vogoridès, leur était en même temps présenté. C'était le commissaire russe qui portait la parole. Il était d'origine grecque, et maniait la langue romaïque avec une facilité merveilleuse. Il trouva cependant des orateurs pour lui répondre.

Le chef de Samos, Logotetti, avait de nombreux partisans; sa violence d'ailleurs effrayait les faibles, et leur communiquait une énergie qui n'était peut-être pas dans leurs cœurs. « Si les puissances nous abandonnent, s'écriait le peuple, nous quitterons Samos, nous irons chercher ailleurs une patrie; nous ne redeviendrons pas des raïas! » Un propriétaire de l'île se leva. Parodiant la réponse des sauvages de l'Amérique : « La chose vous est facile, dit-il, à vous qui ne possédez rien; mais nous, dirons-nous à nos vignes : Levez-vous et suivez-nous sur la terre étrangère? » Il n'alla pas plus loin que cet exorde. Une immense clameur suivit ses paroles; on l'accabla d'injures; on l'appela ivrogne, visage de chien et cœur de cerf, — Οἰνοβαρὲς, κυνὸς ὄμματ' ἔχων, κραδίην δ' ἐλάφοιο, — et autre chose encore qui ne se trouve pas dans Homère. En un instant, le désordre fut à son comble; on se rua sur le pauvre diable, qui dut prendre la fuite et eut du moins le bonheur d'éviter un coup de pistolet tiré sur lui presque à bout portant. La séance, comme on pense, fut levée, et nous rentrâmes à bord du vaisseau. La diplomatie jusque-là n'avait pas fait ses frais, mais nous venions d'assister à une scène de l'*Iliade*. Nous étions enchantés. Je ne sais trop pourquoi nous sommes toujours portés à prendre parti pour les rebelles. Bien des gens diront que c'est à cause de notre humeur turbulente : J'aime mieux croire que c'est une suite de notre caractère chevaleresque. Nous épousons volontiers la querelle du plus faible : un Français ne peut pas voir battre devant lui un enfant. Toujours est-il que, dans tous les événements dont j'ai été témoin ou auxquels je me suis trouvé mêlé, j'ai constamment vu nos sympathies s'adresser à la révolte. A Samos, pas plus qu'à Poros, à Hydra et à Nauplie, nous n'eûmes garde de manquer à cette noble habitude. Il se forma sur la *Ville-de-Marseille* un véritable parti en faveur des Samiens, et ce fut avec un profond regret que nous nous aperçûmes que Logotetti perdait chaque jour du terrain. La diplomatie finit par l'emporter : elle avait pour elle les propriétaires de vignes.

C'était une charmante station que la station du Levant en 1833. Les escadres passaient généralement tout l'hiver à Ourlac ou à Smyrne. On n'entendait plus parler que de bals et de fêtes. Il n'est pas de pays au monde où l'on s'amuse à moins de frais. Les toilettes sont simples, mais les femmes sont belles. C'est un luxe que rien ne remplace. Ce mois de décembre, qui était pour nous le signal des plaisirs, était dur cependant lorsqu'il fallait l'affronter dans l'Archipel. Un matin, deux frégates américaines, la *Constellation* et les *États-Unis*, deux bâtiments français, le vaisseau le *Superbe* et la frégate la *Galatée*, appareillèrent de la rade de Smyrne. Le vent soufflait du nord. Ces quatre navires débouchèrent rapidement du golfe. Arrivé sous *les Mamelles*, hautes montagnes qui s'élèvent presque en face de l'embouchure de l'Hermus, il fallut déjà prendre des ris. A la hauteur du cap Kara-Bournou, la brise était devenue une tempête. Il eût peut-être été sage d'aller chercher alors sur la côte voisine le mouillage de Folieri et d'y attendre le jour. Un certain point d'honneur retint également les Français et les Américains. Devant l'étranger, personne ne voulut être le premier à se montrer prudent. On passa outre. A minuit, on avait doublé Chio et Ipsara. Les avaries commencèrent. Des ancres furent arrachées par les vagues, des canons se démarrèrent; le *Superbe* perdit son grand mât de hune. Quand le vent souffle en tourmente, le vaisseau de ligne est toujours celui qui subit les plus fortes avaries. — Dans une mer moins resserrée, la position n'eût encore rien eu de critique. Ici tout était péril. Mettre en cape, c'était se laisser porter à la dérive vers une île quelconque; continuer de courir vent arrière, c'était demander au hasard une issue. A cette heure, les quatre navires partis ensemble de Smyrne étaient dispersés. Chacun d'eux suivit une inspiration différente. La *Galatée* tint la cape une partie de la nuit; avant le jour, elle laissa arriver sur le cap Doro. Elle avait le meilleur pilote de l'Archipel, le fameux Dimitri; mais que peuvent les pilotes lorsque la *tramontana negra* passe sur l'Archipel? Toutes les côtes sont alors enveloppées d'une nuée épaisse, le ciel est bas et noir, la mer n'a pas d'horizon. Ce sont des tourbillons de neige fondue que la tempête chasse en hurlant devant elle. La *Galatée* jouait son existence sur un coup de dé : elle gagna. Au-dessus de lames déferlantes, on distingua tout à coup un point sombre. Était-ce le cap Doro? était-ce le rivage escarpé d'Andros ? La vie et la mort étaient dans cette question. Dimitri affirma que c'était le cap Doro : quelques instants après, on apercevait l'île anglaise. On avait vidé le canal avant d'avoir pu s'assurer qu'on y était entré.

La *Constellation* fut relâcher à Milo, sans pouvoir dire peut-être par quel canal elle avait passé. La frégate les *États-Unis*, à bord de laquelle se trouvait le commodore Patterson avec ses deux filles, se crut un moment perdue. « En prière ! en prière ! » tel fut le cri de tout un équipage. La vague s'engouffrait entre Tine et Andros; la frégate la suivit. Jamais, aux plus beaux jours de l'année, navire de guerre ne s'était aventuré dans cette bouche étroite. Seul, un brick français, le brick la *Flèche* [1], inspiré par une heureuse audace, l'avait franchie la veille, quelques heures avant que la tempête n'éclatât.

1. Commandé par le lieutenant de vaisseau Pellion, aujourd'hui vice-amiral.

Restait le *Superbe*. Il était de tous celui qui semblait avoir le plus de chances de salut. Il avait à peine cessé un instant de poursuivre sa route. Les doutes sur sa véritable position étaient donc moindres. Le commandant calcula qu'il arriverait sur Andros avant le jour. Il vint au sud-est, inclinant ainsi vers la gauche, reconnut, dès huit heures du matin, Tine et Myconi, et fut rapidement emporté dans ce large passage, en y laissant, il est vrai, sa misaine, qui lui fut enlevée par une rafale; mais il avait encore son petit hunier et toute une journée devant lui. Peut-être eût-il dû alors tenter de sortir de l'Archipel : on l'a dit après l'événement. S'il l'eût fait, ce n'eût point été d'ailleurs sans danger : toute une ceinture d'îles le séparait encore de la mer libre. L'île de Paros était peu distante : elle offrait le port de Nausse, vaste, sûr, habitué à recéler des escadres. Les Russes y avaient établi sous la grande Catherine leur principal dépôt. Désemparé et presque sans voiles, avec un équipage accablé de fatigue, le *Superbe* se dirigea vers ce refuge. On se croyait dans la passe, quand du gaillard d'avant s'éleva un cri d'alarme. On avait pris trop à droite; le pilote abusé conduisait le vaisseau dans une fausse baie. On se hâta de revenir au vent. Pendant plus d'une heure, il fallut se traîner péniblement le long d'une côte de fer. L'émotion était vive. Le sort du vaisseau dépendait d'un hunier que des grains gonflaient quelquefois à l'arracher de sa filière, qu'une rafale sinistre faisait d'autres fois ralinguer [1]. Tous les yeux étaient fixés sur ce morceau de toile, car la terre! les plus hardis n'osaient pas la regarder.

Sur le gaillard d'arrière, on restait heureusement impassible. Les ordres étaient donnés et exécutés avec le même sang-froid. La mer tient en réserve des ressources inconnues pour les courageux. La vague, en se retirant, repoussée par la côte, soutint, dit-on, le vaisseau par son remous; les grains eurent des risées favorables [2]. Après deux ou trois heures d'angoisses, le terrible cap, qu'on avait craint de ne pas doubler, qu'on avait vu plus d'une fois

1. Lorsque le vent change de direction et cesse d'enfler une voile, cette voile *ralingue*. Quand les voiles ralinguent, le navire ne va plus qu'en dérive.

2. Les *risées* sont les variations brusques et passagères de la brise pendant les grains.

déborder sur l'avant, fut enfin dépassé. On n'était pas pour cela hors de l'Archipel; la nuit approchait; il fallait courir de nouveaux hasards ou trouver un abri. Le pilote proposa le port de Parekia, voisin d'Antiparos. Jamais vaisseau de ligne n'y avait mouillé. On osa cependant, pressé par la perspective des dangers auxquels on avait hâte de se soustraire, on osa s'engager dans cet étroit canal au fond duquel le pilote promettait un port. Encore quelques pas, et le pilote avait tenu parole. L'ancre tomba trop tôt; elle tomba par une fatale méprise. Sur le gaillard d'arrière, on donnait des ordres pour orienter le petit hunier, on croyait manœuvrer pour s'enfoncer davantage dans la baie, que déjà le vaisseau mouillé venait à l'appel de sa chaîne. Un choc se fait entendre : la chaîne est brisée. Une seconde ancre est jetée des porte-haubans à la mer; précaution stérile! Le vaisseau talonne sur les roches, l'eau envahit la cale : en quelques minutes, l'avant est submergé : l'équipage se réfugie tout entier sur l'arrière. La mer était affreuse, mais la côte était proche. Dès le lendemain, des moyens de sauvetage furent organisés, et si quelques malheureux, trop confiants dans leurs forces, n'eussent tenté de gagner la terre à la nage, on n'eût pas perdu un seul homme dans cet épouvantable événemen .

Le vaisseau la *Ville-de-Marseille* fut envoyé au port de Nausse pour recueillir et ramener à Nauplie l'équipage du *Superbe*. Tout vrai marin se sent ému de sympathie à la vue d'un malheur noblement supporté. Il sait que les naufrages ne se conjurent ni par l'habileté, ni par le courage, lorsque le ciel ne prend pas en pitié nos efforts. L'inexpérience seule est prompte à blâmer : elle trouve des remèdes à toutes les situations, des expédients pour tous les périls. Elle est présomptueuse : c'est tout simple; elle n'a jamais eu l'occasion de se tromper. La perte du vaisseau le *Superbe* eut un immense retentissement. On avait oublié que l'amiral Collingwood, vieilli dans les plus rudes croisières, déclarait la navigation de l'archipel grec impossible en hiver pour des vaisseaux de ligne. On s'étonna qu'un vaisseau eût péri. On eût dû remercier la Providence que, dans une si terrible catastrophe, au milieu de pareilles circonstances, un équipage de huit cents hommes eût été sauvé.

Les naufragés du *Superbe* trouvèrent sur la *Ville-de-Marseille* l'accueil auquel leur donnaient droit les dangers qu'ils venaient de courir. Le jour même où ils arrivèrent à bord, nous appareillâmes. L'aspect du ciel était loin d'être rassurant, mais nous avions confiance dans notre étoile, nous à qui tout avait réussi depuis notre arrivée dans l'escadre. Nous étions un vaisseau heureux; nos manœuvres se ressentaient de notre bonne fortune. Ce que nous faisions, nous le faisions toujours avec aplomb. Les vaisseaux qui en viennent à douter d'eux-mêmes, — les mieux commandés ne sont pas à l'abri de cet esprit de vertige, — sont plus sujets aux accidents que les autres et finissent souvent mal. Si dans les affaires des hommes il y a une marée, cette marée était pour nous. Il nous fallait un vent du sud pour sortir de Nausse : nous eûmes un vent du sud: — un vent du nord pour nous rendre à Nauplie, — le vent changea subitement dès que nous fûmes hors de la passe. Tant de bonheur ne pouvait manquer de frapper douloureusement ceux dont l'habileté et la constance venaient d'être subjuguées par la fatalité. Ajoutons d'ailleurs que rien au monde n'est plus vrai que le vieil adage : il n'y a de bonheur que pour les audacieux. Si nous nous étions laissé arrêter par la menace d'un prochain orage, si nous avions hésité à sortir du port, la saute de vent nous bloquait dans Nausse au lieu de nous aider à gagner Nauplie.

Il est doux de servir sous un chef dont la sérénité aplanit tous les obstacles. La *Ville-de-Marseille* n'était peut-être pas le vaisseau le plus régulier de l'escadre, mais c'était le vaisseau qui passait partout. Pas de signaux dont l'exécution nous parût impossible, même ceux que nous ne comprenions pas. Un jour nous arrivons au mouillage de Smyrne. Depuis le matin, nous louvoyions dans le golfe, sous une brise très-fraîche, brisant successivement tout ce que nous avions à bord de vergues de perroquet, et nous glissant miraculeusement à travers les bancs de l'Hermus. On nous signale de venir mouiller dans l'est d'un vaisseau dont une flamme et un pavillon nous indiquent le nom. Notre chef de timonerie ne voit pas ce second signal et nous transmet d'une façon incomplète l'ordre qu'il s'est chargé de traduire. Il affirme que nous devons prendre poste dans l'est de l'amiral. Toutes les longues-vues sont braquées sur le mouillage. Pas de place ! ordre absurde ! manœuvre impraticable ! voilà les commentaires qui suivent cette inspection. Le commandant Lalande reste un instant étonné, mais bientôt il sourit au problème difficile qu'on lui pose. C'est le traiter en maître. Il accepte le défi. La nuit cependant est venue : un vaisseau sous notre proue ! Un coup de barre nous le fait éviter. Une frégate à tribord ! une frégate à babord ! Nous passons entre deux. Un brick droit devant nous ! Nous mouillons sous sa poupe, nous filons cinquante brasses de chaîne et nous restons tranquilles. Nous sommes à notre poste, — un peu près de l'*Iphigénie* cependant. — Mais, se disait le commandant Lalande, ainsi l'a voulu l'amiral, cela le regarde. Les officiers, accourus sur toutes les dunettes pour nous voir passer, avaient cru que nous perdions la tête. Où va-t-il ? disait-on. Tout le monde connaissait le signal qui nous avait été adressé, excepté nous-mêmes. L'amiral n'était pas satisfait : dès qu'il vit le commandant Lalande, notre erreur lui fut facilement expliquée. Tout ce qu'il nous demanda, ce fut de changer dès le lendemain matin de mouillage. La brise était restée fraîche. Nous étions à une demi-longueur de vaisseau de l'*Iphigénie*. On croyait généralement sur rade que nous allions nous touer sur des ancres à jet, harasser notre équipage; on nous connaissait bien! Nous hissâmes très-paisiblement nos huniers, nous virâmes notre ancre et nous abattîmes sur babord avec le plus grand calme. « *Les vaisseaux ne culent pas!* dit simplement le commandant Lalande, j'en étais bien sûr. » En effet, notre flanc passa plus loin du beaupré de l'*Iphigénie* que n'en avait été notre arrière. L'inertie de cette lourde masse lui avait permis de pivoter sur elle-même avant de reculer. Si l'on croit que de pareilles épreuves ne trempent pas les caractères, on s'abuse.

Quelques années avant ma seconde campagne dans la Méditerranée, le combat de Navarin avait mis en présence les escadres de la France, de l'Angleterre et de la Russie. Ce jour-là, jour si funeste à la flotte ottomane, les frégates l'*Armide* et la *Sirène* arrachèrent à nos ennemis d'hier, à nos rivaux d'aujourd'hui, des cris d'admiration. La nécessité de consolider le nouvel État chrétien dont ce combat venait d'assurer l'existence retint dans les eaux de l'Archipel les vaisseaux qui avaient combattu côte à côte. A l'ancienne animosité succéda une émulation généreuse. On lutta d'habileté dans les manœuvres, de hardiesse dans la navigation, d'élégance et de coquetterie dans la tenue des navires. Une ère de progrès bien entendu s'ouvrit pour nous. Nous avions beaucoup à apprendre : nous apprîmes vite, quelquefois même nous laissâmes en arrière ceux que nous voulions imiter. L'amiral de Rigny était homme d'initiative. Par sa situation personnelle, par ses grandes relations dans le monde, il dominait de très-haut les capitaines rangés sous ses ordres, presque tous jeunes d'ailleurs et animés d'une noble ambition. Il fonda une école. Il fit, dans une certaine mesure, pour notre marine ce que l'amiral Jervis avait fait pour la marine anglaise. C'est surtout dans la Méditerranée que les escadres peuvent perfectionner leur organisation militaire. La beauté du climat, la fréquence des relâches, le terrain même sur lequel on manœuvre, tout y favorise l'établissement d'un service régulier.

Les relations qui s'établirent entre nous et les officiers anglais nous furent très-profitables :

elles nous firent partager le bénéfice de leurs traditions. Nous acquîmes ainsi en peu de temps ces *secrets de l'atelier* que nous eussions peut-être mis des années à découvrir. C'est dans le Levant qu'un esprit nouveau prit naissance. L'*anglomanie* envahit notre marine, elle ne la fourvoya pas. Si sur quelques points l'imitation fut poussée jusqu'à la puérilité, si les officiers les plus graves durent, jusque dans leur costume et dans les intonations de leur commandement, céder à l'engouement presque général, la voie dans laquelle on s'était éperdument lancé n'en était pas moins salutaire. Le progrès, le véritable progrès, était au bout. Comme dans toutes les affaires de mode, ce fut la jeunesse qui poussa les retardataires en avant. De très-jeunes officiers jouèrent à cette époque un rôle plus considérable qu'on ne l'a peut-être remarqué. Leur ardeur ébranla l'opinion publique, et dès que cette opinion se fut prononcée, les plus altiers courtisèrent ses suffrages. On eut beau regimber, il fallut plaire à ces juges, qu'on affectait vainement de dédaigner. Dès qu'un navire arrivait dans la station, il se trouvait pendant quelques jours sur la sellette. Pas un de ses mouvements qui ne fût surveillé; on le passait en revue de la pomme à la flottaison. La tenue de sa mâture, le tracé de sa ligne de batterie, devenaient l'objet du plus minutieux examen; puis venaient ses embarcations: la *nage* des canotiers et la coupe des voiles provoquaient le sourire ou obtenaient l'assentiment. Cette sainte wehme, — insaisissable, car elle était partout, — tenait en émoi tout ce qui était jaloux de sa réputation. Elle avait ses favoris, elle avait aussi ses victimes. En somme, elle entretenait dans la marine le désir de bien faire, et je connais peu de ses arrêts que le temps n'ait pas ratifiés.

A l'époque où la *Ville-de-Marseille* était dans l'Archipel, on commençait à se préoccuper plus généralement des questions d'artillerie. Les questions de gréement, d'architecture navale, de manœuvres, avaient cependant encore le pas. La chose était naturelle, on avait débuté par ce qui offrait le plus d'attrait. Bien des gens s'imagineront que le goût en marine n'est pas chose qui puisse se définir. Je le croyais aussi jusqu'au jour où ma bonne fortune me mit en contact avec un des esprits les plus judicieux que j'aie rencontrés en ma vie. Le lieutenant de vaisseau

Larrieu, mon compagnon sur la *Ville-de-Marseille*, n'a point failli à ses débuts : il est aujourd'hui vice-amiral. J'appris de lui que ce qu'il fallait trouver beau, c'était ce qui pouvait contribuer aux qualités essentielles du navire, et qu'en y regardant bien il n'y avait point de coque agréable à des yeux exercés qui ne divisât facilement le fluide et ne se défendît avec avantage contre la vague. Dans les moindres détails, la raison et l'expérience devaient se trouver d'accord avec l'instinct. Je prêtai d'abord une oreille distraite à ces leçons, puis insensiblement j'en vins à en comprendre le charme. Les écailles tombèrent de mes yeux : je m'étonnai d'avoir admiré si longtemps, sur la foi d'un goût perverti, des constructions disgracieuses et massives. En réalité, je n'avais rien admiré, j'étais resté indifférent. La forme d'un navire, sa mâture, son gréement, ne me disaient rien ; je n'aimais pas mon métier. Je commençai à l'aimer le jour où ces questions m'émurent. Alors seulement les heures me parurent courtes, et la manœuvre me devint attrayante. Supprimez l'amour du cheval, où sera l'intérêt du *turf*?

Jamais plus grand service ne m'avait été

rendu. Il me semble que j'aurais langui dans la marine, si le goût nouveau que l'amitié avait éveillé chez moi ne m'eût ouvert une source inconnue de jouissances. Je ne fus pas le seul à recueillir ce bienfait : une génération entière d'officiers a grandi dans les sentiments qui m'ont fait ma profession chère. Ce qui distingue le corps de la marine pendant toute la durée du gouvernement de juillet, c'est l'amour du métier pour lui-même, c'est un esprit de recherche et d'élégance qui a dû faire place, avec la transformation de la flotte, à des préoccupations plus austères.

Trop éprise peut-être du côté pittoresque des choses, l'agitation de la jeune marine n'en mit pas moins en mouvement dans la flotte tout ce qui, sans l'impulsion de ce zèle passionné, serait longtemps encore demeuré immobile. Matériel, personnel, discipline, organisation intérieure, rien ne put échapper à la fièvre qui venait de nous saisir. La transformation fut complète. Ce que la jeunesse rêvait, l'âge mûr se chargea de l'accomplir. Des volontés fortes et calmes se mirent au service de nos impatiences. Il avait été de mode pendant quelque temps de tout dénigrer chez nous. Bientôt au contraire on se complut dans son œuvre, on aima ce qu'on avait créé, et l'on prit confiance en soi-même. J'ai vu sur la *Ville-de-Marseille* la marine renaissante chercher sa voie. Quelques années plus tard, elle l'avait trouvée : elle s'appelait l'escadre de la Méditerranée.

CHAPITRE V.

Le cutter le *Furet*.

Je ne raconte point mes campagnes ; je cherche dans mes souvenirs ce qui peut faire revivre pour quelques instants une marine qui n'est plus, ce qui peut surtout la rattacher à la marine du présent, déjà menacée elle-même d'une prochaine déchéance par la marine de l'avenir. Les vaisseaux à voiles ont fait place aux vaisseaux à vapeur. Ces derniers s'effacent aujourd'hui devant les frégates cuirassées. Demain peut-être nous ne verrons plus que des navires à tours : tout change vite dans le siècle où nous sommes; c'est pour cela qu'il faut pardonner quelques regrets au passé. Le passé a si peu vécu.

J'ai été des premiers à prédire les envahissements de la marine à vapeur, de cette force naissante, qui allait nous obliger à renouveler nos études. L'intrépide amiral sous lequel j'appris à aimer la marine à voiles n'a pas connu l'amertume de ces pressentiments. Il n'était pas dans sa nature de prévoir ce qui lui déplaisait. Au temps de Charlemagne, il eût vu les Normands remonter la Seine qu'il n'eût pas cru pour cela l'empire des Francs ébranlé. Aussi, quand il quitta la *Ville-de-Marseille*, me recommanda-t-il de retourner le plus tôt que je pourrais à la mer, et d'y retourner sur un vaisseau. Je lui aurais obéi, si dans un angle obscur de la rade de Toulon n'eût existé un bateau d'une soixantaine de tonneaux décoré par le ministère de la marine du nom de *cutter*. Ce cutter, construit jadis à Dieppe pour servir de yacht à la duchesse de Berry, était une preuve des difficultés que rencontre en tout pays l'acclimatement des espèces étrangères. Le cutter est anglais, comme le lougre est français et la goëlette américaine ; mais nous sommes habitués à ne douter de rien : la princesse voulait un cutter, on lui en offrit un, peu coûteux il est vrai, car on le chevilla en fer et on se contenta de le revêtir d'un enduit résineux pour le préserver des vers. Le *Furet*, — puisqu'il faut l'appeler par son nom, — n'avait pas, comme pourrait le faire croire son extrait de baptême, la taille svelte. Il était au contraire très-renflé de l'avant, et si pour le bâtir on avait choisi un modèle anglais, ce devait être celui d'une de ces grosses barques qui viennent se charger sur nos côtes d'œufs et de pommes de terre ; mais il avait porté le nom de yacht, et quand l'amiral Roussin, nommé ambassadeur à Constantinople, demanda qu'un navire fût envoyé à sa disposition dans le Bosphore, le *Furet* parut tout désigné pour cette honorable mission ; seulement, comme il s'agissait de lui faire traverser le golfe de Gascogne et la Méditerranée, on jugea prudent de lui rogner préalablement les ailes et de le munir d'un semblant de bastingage qui éleva d'un pied environ sa hauteur au-dessus de l'eau. J'omets certains détails techniques ; je ne parle ni de la civadière, ni du bout-dehors de foc dont on l'orna. Ainsi préparé, il partit. Sa traversée fut rude. Arrivé devant la Corne-d'Or, il obtint de prime-saut l'admiration des Turcs. Le capitan-pacha l'envoya mesurer et en fit dresser le plan. A Thérapia, il fut moins bien accueilli. L'amiral Roussin crut à une mystification et se montra offensé. On lui promit de remplacer le *Furet* dès qu'on aurait pu armer un autre navire, et bien que l'accomplissement de cette promesse se fût fait un peu attendre, le cutter avait été vers la fin de 1835 ramené au port de Toulon pour y finir ses jours.

Tel qu'il était, ce pauvre *Furet*, je ne pouvais cependant passer près de lui sans le regarder d'un œil d'envie. Je me disais que ce serait un beau sort d'être le capitaine de ce petit navire. Il était vieux, on pouvait le rajeunir ; laid, on l'embellirait. J'étais à l'âge où toutes les femmes sont jolies, où tous les navires sont passables. Par un hasard presque miraculeux, mes vœux furent exaucés. Le *Furet* sortit de son tombeau. Le bonheur voulut qu'on le trouvât encore plus pourri que je n'avais pensé. A l'exception de l'avant et de la carène, il fallut le refaire tout entier. J'évoquai mes souvenirs du Levant; je me rappelai ces yachts légers, aériens, que de jeunes lords nous avaient montrés sur la rade de Smyrne. Le *Furet* ne fut pas seulement refondu, il fut métamorphosé. Je partis pour l'Espagne vers la fin de 1836 avec une poupe neuve qui surplombait les flots et un beaupré qui se rentrait à volonté d'*un* ou de plusieurs crans, suivant l'état de la mer. Un yacht n'eût vraiment pas eu meilleure grâce. Nous étions en novembre. Le lendemain de notre départ, quand je m'éveillai au milieu du golfe de Lyon, je trouvait la mer grande et le *Furet* petit. La chose était assez naturelle. Je n'avais aucune expérience, et je sortais d'un vaisseau de 74. La brise fraîchit beaucoup et passa au sud-ouest. Le commandant Lalande m'avait élevé dans le mépris des relâches. Un *relâcheur*, pour lui, était toujours un triste officier. Je tins bon quelque temps, mais l'instinct de conservation l'emporta. J'allai, après avoir bataillé toute une nuit, chercher un refuge à Port-Vendres. Quand le vent se fut fixé au nord, je repris ma route vers Barcelone. La journée cette fois fut délicieuse ; nous serrions la côte de près, et, le vieux

Portulan de Michelot sous les yeux [1], je suivais tous les accidents de terrain si bien décrits par le Palinure des galères du duc de Vendôme. Voilà un pilote qui avait su d'avance se mettre à la portée du *Furet*. C'est que les galères étaient, bien moins que le *Furet* encore, en état de braver les tempêtes. Il importait donc de leur signaler le moindre abri, la moindre crique où elles pussent *jeter le fer*. Il faut voir de quel air on parlait alors de passer de la Sardaigne en Afrique, de *faire canal*, suivant l'expression consacrée.

Entre le cap Saint-Sébastien et Mataro, le calme nous prit : la mer, fouettée dans tous les sens, venait battre sous la poupe et la secouait rudement. Je crus que cette longue arcasse [2], dont j'étais si fier, allait s'arracher. C'eût été dangereux, mais c'eût été surtout cruel, car c'était à mes instances réitérées qu'on avait accordé ce que beaucoup de vieux marins, avec un grognement de mauvais augure, déclaraient

1. Description des côtes de la Méditerranée, dont les exemplaires sont devenus rares, et qui date du dix-septième siècle.

2. Partie de la poupe qui se projette en arrière du gouvernail.

un bien périlleux appendice. J'avais vu tous les cutters anglais affecter cette forme, je ne pouvais croire qu'il y eût danger à les imiter. En effet le danger ou l'inconvénient, pour mieux dire, n'existait que pendant le calme. Dès que le moindre souffle pouvait mettre le *Furet* en mouvement, cette poupe allongée le protégeait merveilleusement contre les lames. Aspirée en quelque sorte par le sillage, la mer eût plus aisément escaladé une muraille à pic. Il y a souvent une profonde sagesse cachée dans les traditions populaires. Il faut les retourner dans tous les sens avant de se décider à les rejeter.

Au jour, nous étions devant Mataro. La brise de sud-ouest, qui est la brise habituelle sur les côtes de Catalogne, se leva vers dix heures. Une corvette anglaise d'une rare élégance, la *Favorite*, qui arrivait de Gibraltar, vint pousser sa bordée jusqu'à terre. Nous nous trouvâmes à la même hauteur. Toute la journée, nous louvoyâmes sans nous perdre de vue. Les avantages étaient balancés. La *Favorite* avait plus de vitesse, nous serrions davantage le vent. A ma grande joie, nous arrivâmes les premiers sous le môle.

Nous avions ordre de pousser jusqu'à Cadix en touchant à Tarragone : notre traversée fut pénible, mais pleine d'intérêt. Je faisais connaissance avec la côte d'Espagne, et, grâce aux dimensions du *Furet*, j'en pouvais suivre aisément les contours. C'était plaisir de passer sous ces hautes montagnes, dont les noms sonores se gravaient à jamais dans ma mémoire. Nous voguions en pleine chevalerie. Apercevait-on au-dessus du château de Roalquilar un sommet large et plat, c'était la table de Roland ; cette brèche perdue au milieu des nuages, vers le fond de la baie d'Altea, c'était le coup de sabre de Roland encore. Après les rochers noirs et déchiquetés vinrent les masses grisâtres et nues qui servent de boulevard à Grenade, puis le cap Sacratif et les cimes neigeuses de la Sierra-Nevada ; enfin le Vieux-Roc sortit du sein des flots, le détroit de Gibraltar s'ouvrit entre le mont de Ceuta et la pointe d'Europe. Par une nuit venteuse, le *Furet* franchit les colonnes d'Hercule : il faillit naufrager au port. J'eus l'imprudence d'écouter les avis d'un mauvais pilote qu'on m'avait donné à Barcelone, et, au moment d'entrer dans la baie de Cadix, je rasai de trop près la pointe sur laquelle s'élève le phare Saint-Sébastien : le *Furet* bondit de roche en roche et ne s'arrêta que dans un bassin sans issue. Comme chaque coup me retentit au cœur ! On n'oublie pas ces émotions-là ; à vingt-huit ans de distance, je crois les ressentir encore. Je parvins cependant à sortir du mauvais pas où je m'étais mis ; nous arrachâmes le *Furet* tout pantelant et tout déchiré du lit de cailloux sur lequel la houle l'avait battu pendant plus d'une heure : il avait perdu sa fausse quille et son gouvernail. J'étais fort confus. Le capitaine de l'*Algésiras*, qui commandait la station française sur les côtes de l'Andalousie, se trouvait à Cadix ; je dus lui aller conter ma mésaventure : il avait l'indulgence que l'expérience ne refuse pas même à l'étourderie. « Bah ! me dit-il, vous en verrez bien d'autres. Rappelez-vous seulement ce proverbe breton : qui veut vivre vieux marin doit saluer les grains et arrondir les pointes. »

Nous entrâmes dans le canal de Puerto-Real pour nous réparer. L'arsenal de La Caraque, qui avait été si splendide, ne présentait alors aucune ressource : les magasins étaient vides, les portes des bassins ruinées, les officiers mendiaient leur pain. Si les révolutions sont quelquefois nécessaires, il faut avouer que ce sont de durs moments à passer. Nous trouvâmes à Puerto-Real un compagnon d'infortune : c'était le capitaine d'un brick de commerce anglais qui revenait de Terre-Neuve; il avait pris le feu de Saint-Sébastien pour celui de Tarifa et s'était jeté sur l'isthme de Léon, croyant donner dans le détroit de Gibraltar. L'erreur était un peu forte, mais toutes les erreurs en marine semblent énormes une fois qu'on les a reconnues; j'en ai vu commettre de plus singulières par des gens qui n'étaient pourtant pas des maladroits. Ce capitaine anglais était un excellent homme; il me prêta ses pompes, et je l'invitai à partager nos modestes repas. Il se louait peu des navires de guerre de sa nation qui étaient sur rade ; il les accusait de faire déserter ses matelots pour compléter leurs propres équipages. La chose n'était pas impossible, car j'ai toujours vu les vaisseaux anglais à court d'hommes. Ce qui est bien certain, c'est que, chez le peuple commerçant par excellence, on traite le commerce national avec bien moins de sympathie et d'égards que chez nous. Il est peu d'occasions où l'on ne lui fasse payer sans merci les services qu'on lui rend.

Bien que je commandasse le *Furet* depuis plus d'un mois, je n'avais pas encore des idées bien arrêtées sur la manœuvre de ce genre de bâtiment. Les maîtres, les matelots n'avaient pas plus que moi navigué sur un cutter. Nous nous étions tous en diverses circonstances trouvés, je dois le dire, un peu empruntés. Ce n'était pas le *Manœuvrier* de Bourdé-Villehuet[1] qui pouvait me tirer d'embarras. Mon capitaine anglais avait précisément passé sa vie à

1. Traité de manœuvre resté classique depuis le temps de Louis XVI. — Bourdé-Villehuet, qui était un capitaine de la compagnie des Indes, a le premier appliqué les lois de la statique à l'étude des problèmes que nous avons à résoudre chaque jour. Il a décrit l'effet du vent sur chaque voile, celui de chaque voile sur le bâtiment. Flottant au milieu du fluide, le navire, lorsqu'il obéit à l'effort qui le sollicite, pivote autour de son centre de gravité. La pression des voiles de l'avant doit donc balancer la pression des voiles de l'arrière. Le gouvernail rectifie les écarts qui se produisent à droite ou à gauche. C'est ainsi que le bâtiment suit sa route. Dérangez cet équilibre, vous obtiendrez les divers mouvements que vous avez intérêt à produire. Bourdé-Villehuet, dans ce style simple dont il faudra peut-être un jour retrouver le secret, a présenté avec une clarté admirable la décomposition de forces qui s'opère sur les voiles, sur la carène, sur le gou-

bord d'un cutter; je ne sais même s'il n'y était pas né. Je lui exposai franchement mes doutes. En quelques mots, il m'apprit tout ce qu'il m'importait de savoir. Les appareillages m'avaient paru quelquefois difficiles; c'était au contraire la manœuvre la plus simple. Virer de bord vent arrière était bien périlleux; aussi n'y fallait-il pas songer. « *Keep her two, three points free, and she will never miss stays;* un cutter vire toujours vent devant, pourvu qu'on mette suffisamment de vent dans la voile. » — Et la cape? — « Sous l'artimon et le dernier foc, le *storm-jib.* » — Mais s'il vente tourmente? — « Ne gardez alors que la trinquette, lâchez un peu l'écoute, mettez la barre dessous, *and she will be like a duck;* ce sera un canard sur l'eau. » Le conseil était bon, je ne tardai pas à en faire l'expérience. Malheureusement le *Furet* avait une mâture trop haute, un pont trop bas, un avant trop gros. Tous ces inconvé-

vernail : il a ainsi analysé la plupart des manœuvres; mais ses théorèmes n'ont trait qu'aux bâtiments munis d'une voilure complète. Quant aux autres, aux cutters par exemple, ils demandent à être maniés avec un tact qui ne s'acquiert pas dans les livres.

nients avaient sauté aux yeux de l'honnête capitaine. Il me recommanda d'user de prudence, en hiver surtout, et de ne pas croire que, parce que les yachts de plaisance passaient où eussent été arrêtées les frégates, le *Furet* pût en faire autant.

Cadix est une de ces villes heureuses où l'on ne peut aborder sans se croire en un jour de fête. On y respire le parfum de l'Orient, mais d'un Orient embelli par la propreté anglaise. Dès qu'on pénètre dans l'enceinte de la ville, on se sent pris d'un vertige de gaieté. On dirait qu'on entend tinter des grelots partout. Hommes et femmes, lestes et pimpants, gazouillent à l'envi. Le peuple n'a point ici une langue grossière qui soit, comme dans les autre pays, à son usage. Le sel andalous a la même saveur dans toutes les classes. En fait de grammaire, les marchandes d'herbes de Cadix valent les marchandes d'herbes d'Athènes. L'esprit sous la mantille dériderait un quaker : jugez de l'effet qu'il produit quand on a vingt-cinq ans! Il ne manque qu'une chose à Cadix, c'est une meilleure rade : non pas que la baie ne soit vaste et qu'on n'y puisse à la rigueur tenir sur de bonnes ancres, mais les communications avec la ville sont assez difficiles, quelquefois même périlleuses, en hiver.

A devil of a sea rolls in that bay of Cadiz,

comme l'a fort bien dit lord Byron. Nous étions à peine réparés que nous faillîmes être de nouveau jetés à la côte par un coup de vent de Médine. Le vent de Médine est un vent de sud-est qui souffle avec une extrême violence du fond de la rade et qui occasionne souvent des sinistres. Ce n'est pas cependant le plus dangereux. Le vent d'ouest qui donne dans la baie tourmente bien autrement les chaînes.

Notre retour à Barcelone dut s'opérer dans le courant du mois de janvier; c'est un mois où les yachts eux-mêmes évitent de se trouver à la mer. Le *Furet* ne se tira cependant pas trop mal d'affaire. Sans doute le vent était lourd, le froid vif et la mer un peu dure; mais l'hiver est quelquefois dans la Méditerranée plus clément que l'automne. Quand la côte presque tout entière est couverte de neige, qu'elle est, suivant l'expression des marins, *hivernée*, le vent ne souffle plus que rarement du large. Une brise fraîche et piquante, venant toujours de terre, accueille le navire, qui à quelques lieues de la côte était encore battu de la tempête. Le froid manteau étendu sur les montagnes repousse la tourmente. *La côte se défend;* c'est par cette métaphore que nous expliquons ce phénomène. Le *Furet*, sous une voilure que j'avais appris à manier, cingla donc, avec un vent presque constamment *traversier*, du cap de Gate à la pointe du Llobregat. A Barcelone, je trouvai l'ordre de m'arrêter *pour y renforcer la station*. Quel honneur pour le *Furet* et pour ses deux caronades de 12! Il en eut un plus grand quelques mois après : il fut chargé de porter secours à un brick de guerre anglais qui s'était échoué près de Villanova. Ce brick se jouait des tempêtes comme un albatros; il manqua, en voulant virer de bord, son évolution, et resta, saisi au talon, sur le sable. C'est un singulier assemblage de force et de faiblesse qu'un navire : il dompte un ouragan, il trébuche sur un caillou.

Au mois d'avril, nous fûmes rappelés à Toulon. Je ne doutais plus du *Furet*. Les pères et les capitaines ont de ces illusions. Arrivé à la hauteur de Blanes et de Palamos, je me lançai à corps perdu dans le golfe de Lyon; le mistral, je puis le dire, m'y accueillit à bras ouverts. Pendant trois jours, nous ne vîmes que le ciel et l'eau. Comment les lames qui ne cessaient de balayer le pont ne remplirent-elles pas la cale? C'est ce qu'aujourd'hui encore je ne saurais trop expliquer. Nos installations étaient fort incomplètes, je les ai perfectionnées depuis lors. L'eau pénétrait jusque dans ma chambre par mainte ouverture. Notre beaupré fut brisé, notre fausse quille arrachée de ses crampes. Il semblait que cette fois le *Furet* allait se démolir.

Ce n'était pas assez que le *Furet* eût été de Toulon à Cadix, on voulut l'envoyer à Lisbonne...., toujours pour renforcer la station. Le printemps aplanissait les mers, et du cap Sepet au mont de Gibraltar le *Furet* connaissait son chemin. La traversée ne fut donc qu'un jeu. A Lisbonne, je fis mon entrée dans la vie politique. Petite ou grande, la politique est dans la destinée de tout officier de marine. Le commandant de la *Dryade* me confia une mission qui me mit en présence d'un de ces mouvements militaires si fréquents il y a quelques années en Portugal, commotions périodiques dont les conséquences heureusement ne furent jamais sanglantes. Par une belle matinée d'été, j'entrai dans le Douro. Les bords de ce fleuve sont délicieux ; l'embouchure par malheur en est obstruée. On n'arrive à Porto qu'avec le secours de la marée, et lorsque le vent vient du large, on n'y arrive qu'à travers un tourbillon d'écume et de sable. Aussi pendant l'hiver les navires vont-ils généralement attendre dans la baie de Vigo ou sous les îles Bayona que le vent d'ouest ait fait place au vent du nord. Je ne passai que quelques jours devant Porto. Dès que j'eus acquis la certitude que les personnes et les intérêts de nos nationaux seraient respectés par les deux partis, je considérai ma mission comme terminée. Le commandant de la *Dryade* en jugea de même et se hâta de me rappeler à Lisbonne. Quant à l'orage qui s'était formé dans les provinces du nord, il creva un beau soir comme une bulle de savon. J'ai vu cependant à cette époque des gens fort animés. Le patriotisme portugais s'efforçait de réagir en 1837 contre l'influence allemande. Depuis lors, les passions se sont beaucoup calmées, et pour une monarchie née d'une révolution, la monarchie portugaise n'a pas donné au reste de l'Europe un trop mauvais exemple.

CHAPITRE VI.

Le vaisseau l'*Iéna* et le brick la *Comète*.

Le commandant Lalande venait d'être promu au grade de contre-amiral. Il arbora son pavillon sur le vaisseau l'*Iéna* et me demanda au ministre pour aide de camp; mais quand j'arrivai à Toulon vers la fin du mois de septembre 1837, malgré tout l'empressement que j'avais mis à ramener le *Furet* au port, je n'y trouvai plus l'amiral. Il avait fait voiles pour Tunis. Les Turcs n'avaient pu prendre leur parti de notre occupation d'Alger; les Anglais ne s'y étaient pas résignés davantage. Revendiquer le gage que nous avions conquis, personne n'osait y songer; mais on espérait pouvoir nous donner pour voisin l'empire ottoman avec ses excitations fanatiques et ses intrigues de sérail. Le chef de la régence de Tunis avait envoyé à Constantinople son premier ministre Shakir-Bey, pour y faire acte de soumission et de déférence envers le suzerain religieux plutôt qu'envers le suzerain politique. Le divan reconnut dans Shakir un homme audacieux, subtil, investi depuis longtemps d'un ascendant absolu sur son maître et d'un immense crédit sur les populations de la régence. On lui fit entrevoir comme prix d'une conspiration heureuse le pachalik qu'on voulait créer, et on lui promit de le faire soutenir au besoin par la flotte turque. Shakir partit de Constantinople avec la résolution de mener vivement cette affaire. Une frégate ottomane devança la flotte, et vint mouiller sur la rade de Tunis. Cette frégate portait un envoyé chargé de prononcer la déchéance du bey aussitôt que les projets de Shakir seraient mûrs. On avait compté sans la vigilance de notre ambassadeur à Constantinople. Le gouvernement français, averti, expédia devant la Goulette tous les vaisseaux qu'il avait sous la main. On courut à la recherche de l'amiral Lalande qui croisait près des Baléares avec l'*Iéna* et l'*Algésiras;* la corvette la *Diligente* parvint à rejoindre ces deux vaisseaux qui firent immédiatement route pour Tunis. La frégate que les Turcs avaient envoyée en éclaireur dut aller annoncer cette fâcheuse nouvelle au capitan-pacha. Elle lui apprit non-seulement que le coup était manqué, mais qu'une mauvaise réception attendait la flotte à Tunis, s'il avait l'imprudence de l'y conduire : l'amiral Lalande n'avait laissé aucun doute sur ses intentions. Le capitan-pacha se le tint pour dit, et le bey fit appeler Shakir. Le jour où cet entretien avait lieu, l'amiral Lalande, par un singulier hasard, se présentait au palais du Bardo. M. Raffo, le secrétaire du bey, accourut à sa rencontre. « Le prince serait désolé, mais il lui était tout à fait impossible de recevoir l'amiral. Il travaillait avec son ministre. » L'amiral s'empressa de rassurer M. Raffo. « Sous aucun prétexte il ne voulait être importun. Il reviendrait un autre jour, quand le bey serait moins occupé. » Jamais discrétion ne fut plus de saison. Le bey, en ce moment, faisait étrangler Shakir.

L'intrigue anglo-turque était à peine déjouée à Tunis que l'escadre de l'amiral Lalande recevait l'ordre de se présenter devant Naples. Le roi des Deux-Siciles avait fait preuve de dispositions peu bienveillantes pour la cour des Tuileries. Ses insolents dédains méritaient une leçon. Quelles étaient les instructions de l'amiral ? Je l'ignore, mais depuis l'apparition de La Touche-Tréville en 1792, jamais escadre française ne causa plus d'émoi à la cour des Deux-Siciles que celle qui se présenta inopinément devant Naples vers la fin du mois de février 1838. Le mouillage que prit l'amiral Lalande plaçait la ville sous le feu de ses canons. Les officiers napolitains accoururent. Ils représentèrent que ce mouillage n'était pas tenable, que l'escadre y serait en danger. L'amiral n'en voulut rien croire. Les Napolitains insistèrent et finirent par protester. Les protestations n'eurent pas plus d'effet que les avis charitables. Le roi lui-même s'alarma de cette obstination. Toute la nuit, il parcourut en personne les différents postes de la ville. Les patrouilles furent doublées, les autorités s'établirent en permanence. Le lendemain, dès le point du jour, l'escadre s'éloignait du golfe. L'inquiétude qu'elle avait causée fut le seul châtiment des mauvais procédés dont le gouvernement français avait à se plaindre, et pourtant, à dater de ce jour, de meilleures relations parurent s'établir entre les deux cours.

Au mois de mars 1838 l'escadre rentra enfin à Toulon. Ce fut alors qu'il fallut consommer mon sacrifice et me séparer du *Furet*. J'allai prendre sur l'*Iéna* la place qui m'y avait été gardée par l'affection du capitaine de la *Résolue*, de la *Calypso* et de la *Ville-de-Marseille*, mais j'emportai à bord du vaisseau de 90 canons le souvenir du cutter qui m'avait fait connaître les premières joies et les premiers soucis du commandement. Des comparaisons désobligeantes m'échappaient malgré moi à chaque instant. Le *Furet*, dans un coup de vent, eût bien moins fatigué! Avec quelle aisance il eût doublé cette pointe! Est-ce qu'il avait jamais manqué à virer! Un autre enthousiasme vint heureusement faire diversion au mien. Le vaisseau le *Suffren* avait brisé ses chaînes et ses ancres dans une tempête essuyée sur la rade de Cadix; il était à la côte. L'amiral Lalande et l'*Iéna* furent envoyés à son aide. Pour que nous ne fussions point arrêtés au détroit de Gibraltar, un navire à vapeur de 160 chevaux, le *Phare*, nous fut adjoint : en cas de vents contraires, il était destiné à nous remorquer. Si je ne jurais que par le *Furet*, le capitaine du *Phare*, lui, ne jurait que par la vapeur. Nous avions encore pour ce moteur nouveau les dédains dont MM. les officiers des galères avaient longtemps accablé les vaisseaux du roi. L'amiral Lalande n'a guère connu que des vapeurs à roues ; dès qu'il vit poindre l'hélice, il abjura sur-le-champ ses préventions, car c'était un esprit prompt, fertile, et avant tout ami du progrès. Tels qu'ils étaient, les navires à vapeur, s'il les jugeait de mauvais instruments de combat, pouvaient du moins devenir de précieux auxiliaires lorsque le calme enchaînait et paralysait les vaisseaux ; mais il fallait que la remorque fût prise et donnée lestement. Ce fut de la part de l'*Iéna* et du *Phare* l'objet de nombreux et intéressants exercices. Jusque-là, on n'exécutait cette manœuvre qu'en mettant une embarcation à la mer. On faisait ainsi passer péniblement, et non sans quelque danger, les câbles de remorque d'un navire à l'autre. Nous employâmes un moyen plus prompt. L'*Iéna*, ses vergues brassées en pointe et bien effacées, continuait sa route ; le *Phare* venait passer le long de son bord. Au moment où il nous rangeait d'assez près pour paraître nous effleurer, un gabier jetait sur son pont le bout d'une ligne de pêche. Le vapeur continuait sa route et se trouvait bientôt sur notre avant. A l'aide de la ligne de pêche, ses matelots tiraient à eux une ligne de sonde, puis une corde plus grosse, un *faux-bras;* sur ce faux-bras, ils attachaient le bout du câble de remorque, qui restait constamment ployé sur la dunette du *Phare*. A notre tour, nous halions à nous cette amarre, et lorsque la mer était belle, quelques minutes à peine après l'appel qui lui avait été adressé, le *Phare* nous enlevait avec une vitesse de trois ou quatre nœuds à l'heure. C'étaient ses jours de triomphe : la vapeur était donc bonne à quelque chose ? Mais dès que la brise s'élevait, il fallait voir avec quel ingrat mépris nous rejetions en dehors le câble inutile! Le *Phare* le rangeait pli à pli sur sa dunette et le tenait prêt pour une autre occasion; puis il essayait de nous suivre, essoufflé, roulant, tanguant, couvert de fumée et de voiles. « On ne fera jamais rien de ces navires-là ! » tel était le jugement bref et péremptoire de plus d'un d'entre nous. Hélas ! c'était plus qu'un jugement, c'était un espoir et une consolation. Pour moi, je n'ai pas à me reprocher dans toute ma carrière, tant que j'ai eu l'honneur de commander un navire à voiles, brick, corvette ou frégate, d'avoir accepté une heure de remorque. Je me suis tiré seul d'affaire, et j'ai eu du moins le courage de mes répugnances.

Le *Suffren* était bien envasé. La vague l'avait jeté sur la plage de Sainte-Marie et porté si haut de secousse en secousse que, même dans les plus grandes marées, il n'avait pas plus de treize pieds d'eau sur l'arrière, dix ou onze à peine sur l'avant. Le milieu portait sur un bourrelet de vase, de telle façon que les deux extrémités, moins bien soutenues, avaient fléchi, et que le vaisseau était déjà ployé comme un arc. De plus, la carène était ravagée par les torsions qu'elle avait subies. Une portion de la quille, tout le massif de l'arrière, manquaient. Le niveau de l'eau s'élevait et s'abaissait dans la cale avec la marée. Je n'ai jamais vu plus triste spectacle. Les pilotes, les officiers étrangers qui avaient visité le *Suffren* le donnaient pour perdu. Le commandant ne se résignait pas encore. L'amiral Lalande visita le vaisseau, étudia, approuva les moyens jusque-là employés, en indiqua de nouveaux, et jura que le *Suffren* serait sauvé. En effet, un beau jour, à la dernière grande marée d'avril, le *Suffren* se leva de son lit de douleur. On ne cria pas au miracle, c'est une preuve de l'incrédulité de notre siècle. C'était bien un miracle cependant, miracle de patience, d'habileté, d'audace, mais miracle de bonheur aussi. Le *Suffren*, arraché de la fosse fangeuse où depuis deux mois chaque jour l'enfouissait davantage, devait couler dès l'instant qu'il flotterait. A notre grand étonnement, l'eau qu'il faisait fut assez facilement épuisée par les pompes. Le *Phare* l'attendait à la limite des bancs. Il le conduisit le soir même à La Caraque. Bien nous en prit d'avoir été si prompts. C'est surtout en marine qu'il ne faut jamais remettre au lendemain. Dans la nuit, un coup de vent de Médine s'éleva, et le *Suffren*, qui était amarré déjà dans le port, faillit couler. Pourquoi seulement alors ? Par une raison bien simple, mais dont personne ne s'était avisé : la vase de la baie avait pour ainsi dire mastiqué de son argile tenace, de cette argile à travers laquelle nous venions de traîner le *Suffren*, toutes les brèches, toutes les fentes par lesquelles la mer eût dû pénétrer. Pendant quelques heures, cette maçonnerie avait résisté. Délayée peu à peu, elle venait de livrer passage à la mer, qui demandait à reprendre ses droits. On accourut, on pompa à force, et enfin l'on réussit à tenir le vaisseau à flot jusqu'au jour. Un bassin, réparé par nos soins, était prêt; le vaisseau y entra. Quand il fut à sec, chacun voulut le voir. Le *Suffren* portait écrit sur ses flancs, en caractères lisibles pour tous les marins : « Il ne faut jamais désespérer. »

Ce fut un beau jour pour l'amiral Lalande que celui où il sauva le *Suffren*, mais il allait bientôt se trouver aux prises avec de plus graves difficultés. Il touchait à l'heure brillante de sa carrière. Revenu vers la fin d'avril de Cadix à Toulon, il n'avait pas tardé à aller reprendre son poste d'observation devant Tunis : il y raffermissait par ses sages conseils le pouvoir du bey, ébranlé par les intrigues de la Porte, lorsqu'il reçut l'ordre de se rendre en toute hâte dans le Levant. Il partit sur-le-champ pour Smyrne. Dans les premiers jours du mois de janvier 1839, il prenait possession d'un commandement qui allait mettre bientôt huit vaisseaux de ligne sous ses ordres. Ce fut alors qu'il se trouva réellement à la tête d'une escadre. Une escadre en effet n'est pas seulement une réunion de vaisseaux fortuitement rassemblés, sans objet défini, sans espoir d'action et sans but à poursuivre. La force navale envoyée dans le Levant par le maréchal Soult était dans de meilleures conditions. Sa mission était de surveiller les Russes, son espoir de les voir arriver à Constantinople, le but de tous ses efforts de se mettre en mesure de les en chasser.

Pendant que la fortune servait si bien la généreuse ambition de mon amiral, elle couronnait la mienne. J'étais nommé au commandement du brick-aviso la *Comète*. Un ingénieur français, M. Maresquié, avait rapporté le plan de ce genre de bâtiment d'un voyage qu'il avait fait aux États-Unis. Une goëlette américaine ne pouvait passer par nos mains sans en sortir un peu défigurée. N'importe, les bricks-avisos étaient en 1839 le rêve de tous les jeunes officiers. Celui qu'on me donna datait, je crois, de 1825. J'eus le bonheur d'obtenir qu'on lui restituât, tout en lui conservant sa voilure de brick, quelque chose de son élégance native. Il me sembla bien gracieux, je l'avoue, quand il sortit ainsi transformé des mains des charpentiers. Sa guibre élancée, supportant un buste doré de jeune femme avec une étoile au front, sa poulaine à jour, décorée de herpes et de jambettes finement travaillées, eurent, j'ose le dire, quelque succès dans leur temps. La mâture fut hardiment rejetée en arrière et ouverte en éventail. La coque, peinte en noir, portait huit caronades de 18 et deux canons de 12. Nous partîmes vers la fin du mois de juin 1839 pour le Levant. La *Comète* devait, en sa qualité de brick-aviso, servir de mouche à l'escadre. C'était vraiment justice : il y avait près de sept ans que son capitaine était attaché à l'amiral Lalande. Tous les bonheurs m'arrivaient à la fois.

Il n'est pas besoin que je dise quels événements avaient motivé l'envoi d'une escadre française dans les eaux de Smyrne et de Ténédos. Tout le monde se souvient qu'en 1839 la guerre s'était rallumée entre le sultan et Méhémet-Ali, qu'Ibrahim-Pacha s'était montré plus redoutable encore dans cette seconde campagne que dans la première, et que Constantinople se trouvait de nouveau menacée par les armes des Égyptiens d'abord, par les offres de protection des Russes ensuite. La France et l'Angleterre se portaient médiatrices, espérant prévenir ces deux extrémités. D'un côté, l'on s'efforçait d'arrêter Ibrahim dans sa marche victorieuse; de l'autre, on interdisait au sultan de faire sortir sa flotte. Tel était le motif ou tout au moins le prétexte de la présence des escadres alliées à l'entrée des Dardanelles.

La *Comète* avait pénétré dans l'Archipel en passant entre Tine et Myconi; la brise de nord était fraîche, et nous forcions de voiles pour atteindre le canal d'Ipsara lorsqu'au jour nous découvrîmes une flotte qui venait sur nous vent arrière. Nous arborâmes nos couleurs, la flotte répondit par les siennes. C'était l'escadre turque. Comment cette escadre avait-elle échappé à la surveillance des alliés? J'avais peine à le comprendre, mais je me promis d'attirer bientôt de nombreux limiers sur sa piste. Je comptai les vaisseaux, les frégates, les corvettes : la flotte turque était là tout entière. Je fis larguer un ris aux huniers : la *Comète* volait. Si la brise ne devenait pas un coup de vent, je pouvais être près de notre amiral le lendemain soir; mais il fallait trouver l'escadre. Serait-elle devant Ténédos ou dans la baie d'Ourlac? Une nouvelle rencontre résolut la question. Nous aperçûmes vers midi un brick qui, comme la flotte turque, venait du nord. C'était un brick français, le *Bougainville*. Le capitaine me fit signal qu'il désirait communiquer avec la *Comète*. Nous mîmes en panne, et il vint à bord. Il m'apprit où je trouverais l'escadre, et me donna en même temps quelques nouvelles, que des informations plus précises me permirent de compléter plus tard. Un grand événement s'était produit pendant que la *Comète* remontait péniblement l'Archipel. Le sultan Mahmoud était mort, Kosrew avait pris les rênes du pouvoir, et Achmet, le capitan-pacha, qui voyait dans Kosrew un ennemi personnel, avait sauvé sa tête en enlevant la flotte. Le capitan-pacha n'avait pas dit à l'amiral Lalande qu'il allait conduire cette flotte à Méhémet-Ali. Il lui avait affirmé seulement que Kosrew était un traître, tout prêt à appeler les Russes dans le Bosphore, que lui, maître encore de la flotte, il voulait la leur dérober, et que dans quelques jours les vaisseaux du sultan seraient en sûreté à Rhodes. Le raisonnement avait paru juste à l'amiral, qui ne connaissait pas d'ennemis plus dangereux pour la Turquie que ses officieux protecteurs. Il avait donc laissé libre passage au capitan-pacha, et il était retourné lui-même dans la baie d'Ourlac pour y rallier son escadre et se tenir prêt. Ainsi informé par le *Bougainville*, j'amurai mes basses voiles, pendant que ce brick hissait ses bonnettes pour continuer sa route.

Comme je l'avais prévu, j'arrivai à Ourlac le lendemain soir. La baie était pleine de vaisseaux. Il y avait longtemps que notre pavillon n'avait flotté sur une pareille escadre. Notre cœur s'épanouit à la vue de ce déploiement de forces, qui représentait si bien la grandeur de la France. A peine mouillé, je me rendis à bord de l'*Iéna*. Il était sept heures. La plupart des capitaines avaient dîné avec l'amiral; ils étaient rassemblés dans la galerie du vaisseau. Quand j'entrai, je fus frappé de l'animation de tous les visages. La grand'chambre du *Soleil-Royal* la veille de la bataille de La Hougue et celle de l'*Éléphant* la veille du combat de Copenhague avaient dû offrir quelque chose de cet aspect. L'amiral Lalande me prit à part, et me serrant le bras : « Mon enfant, me dit-il, tu arrives à l'enclouure! » Il venait d'apprendre la bataille de Nézib, et les Russes lui trottaient de plus belle dans la tête.

L'amiral Lalande ne recherchait pas les supériorités bruyantes et dominatrices. Il aimait les gens simples, et les faisait supérieurs par son contact et par sa confiance. Cette fois cependant il avait choisi pour capitaine de pavillon un officier dont la renommée était digne de la sienne; le capitaine Bruat commandait l'*Iéna*. L'amiral Lalande, l'amiral Bruat, ce sont les deux hommes sous lesquels j'ai appris mon métier, ce sont eux qui ont fait ma carrière. Le souvenir de leurs bontés, pas plus que celui de leurs traits, ne s'aurait s'effacer de ma mémoire. Je les vois encore tous deux. L'un, avec sa figure fine, son regard perçant et calin à la fois, son nez légèrement busqué, son front haut et découvert, aurait eu la physionomie d'un aigle, si dans cette physionomie vive et spirituelle on eût pu saisir le moindre éclair de fierté impérieuse. L'autre, avec sa tête carrée, ses sourcils épais, sa constitution de fer, ses yeux brillants et railleurs, aurait pu poser pour la statue de l'intrépidité. Tout en lui défiait le danger et dénotait la force. L'amiral avait toujours été d'une santé débile; son capitaine de pavillon commençait à peine à sentir qu'il avait abusé de la sienne. Le premier s'était voué de bonne heure à l'étude, le second avait tout appris sans rien étudier. Il eût été difficile de concevoir un obstacle qui arrêtât l'un ou l'autre de ces deux hommes. Cependant ils ne l'eussent pas abordé de la même façon : l'un eût envisagé la difficulté de sang-froid ; l'autre, avec cette impétuosité qui se trahissait dans tous ses mouvements, se serait probablement rué dessus. Ces deux grands caractères avaient dans les idées et dans la vie morale plus d'un point d'affinité. Ils avaient aussi leurs points de divergence. Ce qu'ils avaient de commun, c'était avant tout une bonté sympathique qui, en fait de discipline, les rattachait à la même école. Ils se ressemblaient aussi par cette confiance opiniâtre, habituée à espérer contre toute espérance. Je les ai vus tous deux rêver de longs jours, former de lointains projets, quand déjà la main de la mort était étendue sur eux ; mais si l'audace de leur courage était la même, celle de leur esprit était loin d'atteindre aux mêmes limites. L'amiral Lalande était ferme et hardi dans toutes ses opinions, raisonneur à l'excès, n'admettant que ce qu'il s'était prouvé, indépendant en matière religieuse comme en matière politique. Le scepticisme du commandant Bruat n'était qu'à la surface. Au fond, il était tendre et avide de croyance; il avait le cœur naïf d'un soldat. L'amiral Lalande avait reçu en partage l'âme inébranlable d'un libre penseur[1].

La première idée de l'amiral quand il avait été informé des deux grands événements qui se prêtaient une mutuelle importance, — la bataille de Nézib et la mort du sultan Mahmoud, — avait

1. Le chef d'état-major de cette escadre qui se croyait à la veille de marcher au feu était bien jeune, mais il avait sur beaucoup d'autres capitaines de vaisseau un grand avantage : il venait de faire une campagne de guerre. C'est lui qui commandait la corvette la *Créole* dans la glorieuse et rapide expédition du Mexique. Attiré dans le Levant par le bruit d'une collision prochaine, M. le prince de Joinville n'avait pas voulu attendre à Toulon que l'armement de la frégate la *Belle-Poule*, qu'il devait commander, fût terminé. Pour satisfaire à cette généreuse impatience, on lui avait donné provisoirement une position qui ne convenait ni à son rang ni à son âge, bien qu'il fût certainement en état d'en remplir les plus minutieux devoirs. L'amiral Lalande avait accueilli comme un hôte aimable et sympathique le jeune capitaine de vaisseau qu'on lui envoyait; peut-être n'avait-il pas pris assez au sérieux le chef d'état-major. Il ne s'aperçut de l'erreur qu'il avait commise que deux ou trois mois plus tard, lorsque, la *Belle-Poule* ayant rejoint l'escadre, le chef d'état-major fut devenu capitaine. L'aplomb avec lequel cette frégate, qui partit presque immédiatement pour Constantinople, traversa en louvoyant une double ligne de vaisseaux, eût suffi pour révéler aux yeux les plus prévenus la précoce expérience de celui qui la commandait.

été de se concerter avec ses alliés. L'escadre anglaise, sous les ordres de l'amiral Stopford, devait être à cette heure sur les côtes de Syrie. Le 12 juillet 1839, l'amiral Lalande me remit les instructions suivantes :

« Le capitaine Jurien, commandant la *Comète*, mettra sous voiles aussitôt que cela lui sera possible, et se dirigera sur les côtes de Syrie et d'Égypte à la recherche de M. l'amiral Stopford, auquel il remettra la dépêche ci-jointe. Il en attendra la réponse et viendra me joindre immédiatement à Besika. M. Jurien prendra d'abord langue à Rhodes, où il recevra probablement quelques indications sur la direction des escadres anglaise et turque, qui doivent être réunies. Il notera soigneusement tout ce qu'il apprendra des mouvements de ces escadres et des intentions de leurs chefs. »

Le 15 juillet, je mouillai à Rhodes, mais je ne trouvai sur cette rade ni les Anglais ni les Turcs. L'escadre ottomane, ayant passé dans le sud de l'île de Rhodes, avait détaché vers ce port une corvette pour aviser le pacha de ses intentions. On la croyait mouillée à Fenica, sur la côte de Caramanie, entre Castel-Rosso et le cap Chelidonia. Je ne pus rien savoir des motifs qui l'avaient empêchée de s'arrêter devant Rhodes, comme le capitan-pacha l'avait promis à l'amiral

Lalande; j'appris seulement de notre agent consulaire que le bateau à vapeur le *Papin*, mis à la disposition de l'ambassadeur de France à Constantinople, avait touché à Rhodes le 9 de ce mois, après avoir déposé un envoyé du divan à bord du vaisseau monté par le capitan-pacha. Deux politiques bien diverses dans leurs tendances commençaient alors à se manifester. L'une favorisait la fuite du capitan-pacha, elle voulait sauver la flotte turque des mains des Russes; l'autre faisait courir après le déserteur pour l'empêcher de livrer cette flotte à Méhémet-Ali. Bien jeune encore, je ne pouvais qu'observer sans oser porter de jugement; mais naturellement j'inclinais, comme on fait toujours à cet âge, vers le parti le plus aventureux, vers la politique qui voulait rajeunir l'empire ottoman plutôt que vers celle qui ne songeait qu'à prévenir sa dissolution.

Le 16 juillet, je courus à la recherche de l'escadre turque. J'avais lieu de supposer que je la trouverais au mouillage de Fenica. Le 17, à neuf heures du matin, je découvris au fond d'une vaste baie, que je reconnus bientôt pour la baie de Cacamo, un brick de guerre, une goëlette et un bateau à vapeur portant le pavillon ottoman.

Je donnai pour les joindre dans une passe étroite, qui heureusement se trouvait saine; à 10 heures, j'étais en panne par le travers du brick. Tout ce que je pus tirer de ce bâtiment, c'est que la flotte turque tenait la mer. Le capitan-pacha l'avait détaché à Cacamo, et il y attendait de nouveaux ordres. Je sortis de la baie et je courus au sud toute la journée dans l'espoir de découvrir l'escadre turque. Ayant fait 35 milles au large sans rien apercevoir, je revins à Rhodes. Il me paraissait impossible que le capitan-pacha, pressé par l'envoyé du divan de rentrer dans les Dardanelles, ne se montrât pas bientôt en vue de cette île. Il n'avait pas d'autre chemin pour remonter vers le nord.

J'aurais pu cependant attendre longtemps la flotte turque sur la route de Constantinople, car elle avait pris celle d'Alexandrie. C'était là qu'avait abouti la mission de l'envoyé de Kosrew. Le capitan-pacha avait d'abord accueilli cet agent avec une sorte de déférence; mais lorsqu'il l'eut promené pendant quelques jours sur la côte de Caramanie, le *tchaous* devint plus pressant. Le capitan-pacha le fit entrer dans sa chambre. « Je connais ta mission et tes projets, lui dit-il. Tu es venu ici pour m'enlever à la fois le commandement de la flotte et la vie. C'est moi qui vais avoir la tienne, si tu ne me révèles à l'instant tes intrigues et celles dont tu n'es que le vil instrument. » En Turquie, de semblables paroles sont sérieuses. Le *tchaous* les prit pour telles et s'exécuta. Il avoua tout. Les paroles de conciliation qu'il avait apportées, les promesses d'oubli et de tendresse dont il s'était fait l'interprète n'étaient qu'un piége. Le capitan-pacha était déjà condamné. Ce dernier n'en avait jamais douté. Il mit sous clef l'envoyé du divan et fit route sur-le-champ pour l'Égypte. Ces nouvelles me furent données par l'amiral Stopford lui-même, qui parut le 20 juillet devant Rhodes. En quittant Malte, il s'était rendu dans les eaux de Chypre avec son escadre, et avait détaché le vaisseau le *Vanguard* devant Alexandrie. Le *Vanguard* avait vu l'escadre turque arriver sur les côtes d'Égypte et entrer quelques jours après dans le port. Le capitan-pacha avait vainement engagé le vice-roi à se rendre à Constantinople sur sa flotte pour y prendre en main la tutelle du sultan et la protection de la foi musulmane. L'amiral Stopford n'avait pas cru, d'après ces nouvelles, devoir paraître devant Alexandrie. Il avait pensé, comme l'amiral Lalande, que, dans les circonstances, la flotte turque était aussi bien en Égypte qu'à Constantinople sous la main des Russes. Il n'avait pas voulu cependant légitimer par sa présence la défection du capitan-pacha. Il se rendait donc à Paros pour y attendre de nouvelles instructions. L'amiral anglais me parut peu empressé de se trouver en position d'agir avant d'avoir reçu des ordres bien précis. Hors le cas où les Russes se présenteraient dans le Bosphore, il ne croyait pas qu'il y eût autre chose à faire que d'attendre avec patience la marche des événements. « Mon régime, me dit-il, n'est pas la diplomatie. » Il m'entretint longuement des difficultés que pouvait offrir le passage des Dardanelles sous le feu des forts, me chargeant toutefois d'assurer l'amiral Lalande que, si les Russes se présentaient à Constantinople, il n'hésiterait pas à tenter de forcer ce passage avec un bon vent de sud. « Vous pourrez juger, écrivais-je à l'amiral, de la loyauté et de la sincérité de votre collègue par ses dernières paroles : « Si, m'a-t-il dit, le bateau à vapeur la *Confiance*, que j'attends de Malte, vient, comme il en a l'ordre, me chercher à Ténédos, je prie l'amiral Lalande de se faire remettre les dépêches qui me sont adressées et d'en prendre connaissance. »

L'amiral Stopford avait obtenu le commandement de l'escadre anglaise dans un âge fort avancé. Il était à cette époque, si mes souvenirs sont fidèles, plus que septuagénaire. Il avait été l'un des capitaines de Trafalgar, et pendant toute la guerre nous l'avions constamment trouvé au premier rang. C'est lui qui, déjà contre-amiral, commandait la division de vaisseaux qui vint attaquer le 24 février 1809, sur la rade des Sables d'Olonne, trois de nos frégates. L'amiral Lalande avait, lui aussi, mais dans un rang plus humble, assisté à ce combat. Il n'était alors qu'enseigne de vaisseau. Les anciens ennemis étaient devenus alliés, le jeune homme des Sables se trouvait le collègue du vétéran de Trafalgar. L'amiral Stopford, qui avait connu l'amiral Lalande dans la baie de Tunis, s'était pris d'une soudaine sympathie pour cette nature si gracieuse et si profondément séduisante. De son côté, l'amiral Lalande faisait le plus grand cas d'une expérience acquise dans la pratique de la grande guerre. Il avait pour les avis du vénérable amiral une déférence qui prenait sa source dans un profond et affectueux respect. Il était beau en effet de voir ces cheveux blancs, sur lesquels avaient passé tant de nuits orageuses, tant de jours de combat, reparaître, à la veille d'une grande bataille peut-être, sur le tillac d'un trois-ponts d'où le regard pouvait embrasser toute une escadre, d'où la pensée d'un seul homme pouvait la diriger. L'amiral Stopford, appartenant au parti tory, avait été longtemps éloigné du service actif. En Angleterre, les crises ministérielles ont plus de portée que les révolutions chez nous. Les emplois, même dans la marine, deviennent presque toujours le lot du parti dominant. Pendant plusieurs années, on vit des escadres de wighs, comme on avait vu des escadres de tories. C'est ainsi qu'après dix ou quinze ans d'inaction, des capitaines remis à flot par une marée soudaine, reparurent tout à coup sur des vaisseaux qui ne les attendaient plus. Les couches qui renferment les véritables richesses de la Grande-Bretagne sont profondes ; elle ne les exploite point dès le premier jour. L'Angleterre a ses escadres de paix : ne jugez pas par là de sa puissance. Le moment venu, elle fera sortir des rangs inférieurs de sa flotte tout ce qu'il faut pour constituer réellement une escadre de guerre. L'escadre de l'amiral Stopford avait une certaine gravité d'allures, un besoin de repos qui convenaient à l'âge assez avancé de la plupart de ses capitaines. Le contraste fut frappant quand elle se trouva en présence de vaisseaux tourmentés jour et nuit par la bouillante ardeur du plus infatigable de tous les amiraux. Ce fut néanmoins cette même escadre qui fit l'année suivante la campagne de Syrie et qui supporta si admirablement les rigueurs des coups de vent du nord sur lesquels nous comptions comme sur les meilleurs alliés de Méhémet-Ali.

L'amiral Stopford se retrouvait dans la Méditerranée sur un terrain connu. De Gibraltar à Malte, il savait le lieu de toutes les grandes aiguades, pour les avoir fréquentées jadis avec Nelson : Pula, Tétouan, Syracuse, Porto-Farina, étaient des mouillages qui lui avaient été familiers. Dans l'Archipel, où il avait, je crois, suivi un instant lord Collingwood ou l'amiral Duckworth, ses souvenirs le servaient moins bien. Aussi daigna-t-il, quand j'allais me retirer après m'être acquitté de ma mission, me retenir pendant quelques instants encore pour m'interroger avec une bonté et une condescendance extrêmes sur chacun des points que j'avais visités. Il tenait surtout à savoir dans quelles baies une grande flotte pouvait rapidement renouveler son approvisionnement d'eau. Ce ne sont pas des fontaines ordinaires, celles qui peuvent suffire à de pareils besoins. Pour les aller chercher, des amiraux désespérés se sont vus bien souvent contraints d'interrompre une croisière. L'amiral Stopford se rappelait ces grosses préoccupations d'autrefois. La distillation de l'eau de mer ne nous en a complétement affranchis que quelques années plus tard.

Je quittai enfin le vaisseau la *Princesse Charlotte*, sur lequel flottait le pavillon de l'amiral, pour retourner à bord de la *Comète*. L'escadre anglaise avait continué de s'élever au vent. Un brick qui venait de communiquer avec le port de Rhodes, le *Zebra*, commandé par le fils de l'amiral, restait en panne, bien que son embarcation l'eût rejoint. Je compris que c'était un défi qu'on me proposait. On m'en avait dit quelques mots à bord de la *Princesse Charlotte*. J'ignorais jusqu'à quel point je pouvais compter sur la marche de la *Comète*, et cependant j'avais bon espoir. Le *Zebra* avait commencé par m'attendre sous ses huniers et ses perroquets. Je serrai le vent, et bientôt le *Zebra* s'aperçut que la lutte serait plus sérieuse qu'il ne l'avait imaginé. Il se hâta d'amurer ses basses voiles. Je vis ses soldats de marine monter sur les bastingages pour serrer la petite tente qui abritait le gaillard d'arrière. La *Comète* avançait toujours. Un bruit de chaînes qu'on tirait de la cale vint m'apprendre que le *Zebra* en était déjà aux expédients. Notre grand foc commençait à mordre sur son arrière. Ce fut fini. En quelques minutes, nous avions gagné une encâblure. La brise fraîchissait. Toute la journée, nous louvoyâmes dans le canal de Rhodes avec des chances diverses ; la *Comète* néanmoins garda jusqu'au bout son avantage. Vers le soir, elle avait gagné plus d'un mille dans le vent sur le *Zebra ;* le reste de l'escadre était derrière nous à perte de vue. Tant que j'ai commandé ce cher petit brick, — et je l'ai commandé quatre ans, — je n'ai jamais rencontré un bâtiment qui l'ait battu. Il avait surtout un don particulier pour serrer le vent. Sous Saint-George de Skiro (le Scyros d'Achille), l'amiral

Lalande voulut un jour, par une fraîche brise de nord, essayer la vitesse de son escadre. L'*Iéna*, auquel le commandant Bruat avait d'un seul coup enlevé 150 tonneaux de lest, marchait bien; il gagna tous les autres vaisseaux; mais il fut gagné par la *Comète*.

Je devançai à peine d'une quinzaine de jours l'amiral Stopford et son escadre devant Ténédos. La diplomatie avait arrêté Ibrahim-Pacha et les Russes; il était difficile de prévoir combien de temps durerait cette trêve. Les escadres en conséquence attendirent, l'escadre anglaise avec le calme d'un lion assoupi, la nôtre avec l'agitation de ce roi du désert quand la faim le presse et qu'il bat ses flancs de sa queue. Il y avait à peine deux ou trois jours dans la semaine qui ne nous trouvassent pas sous voiles, et pourtant les évolutions n'étaient pas sans danger entre ces îles où s'épanche le courant violent des Dardanelles. Plus d'un vaisseau faillit être compromis, des abordages eurent lieu, des murmures s'élevèrent. L'amiral conserva son éternel sourire; les manœuvres n'en devinrent que plus hardies et plus fréquentes. Nos progrès furent si rapides que les Anglais s'en émurent. Ils formèrent des divisions détachées de leur escadre et les envoyèrent croiser au large ; mais ils se gardèrent bien de les exposer aux périls que nous bravions tous les jours.

Un germe de dissentiment commençait cependant à se glisser, non pas encore entre les deux escadres, mais entre les deux politiques que la crainte d'un danger commun avait réunies. La France s'était prise d'un engouement subit pour ce pacha dont la puissance était en partie son œuvre, car c'étaient des Français qui avaient instruit, commandé les flottes et les armées de l'Égypte. Avec cette vivacité d'impressions qui lui est propre, elle croyait facile de fonder une nouvelle dynastie à Constantinople, ou du moins à côté de Constantinople. Tout ce qu'on pourrait arracher au sultan lui semblait autant de gagné sur les Russes. Telle n'était pas sans doute l'opinion du gouvernement français, encore moins celle de l'homme éminent que nous avions été chercher dans les rangs de notre flotte pour l'accréditer, en qualité d'ambassadeur, auprès de la Porte-Ottomane. L'amiral Roussin s'était déclaré nettement contre des tendances dont il pressentait le danger; mais le sentiment public était le plus fort, et il obligeait notre politique, malgré les avertissements répétés de l'ambassadeur, à se montrer toujours favorable aux prétentions du pacha. En Angleterre, au contraire, on n'a jamais cessé de prendre l'intégrité de l'empire ottoman au sérieux. C'est une idée étroite peut-être, mais qui s'explique par l'influence prépondérante que le gouvernement britannique exerce dans les conseils et dans les provinces de cet empire affaibli. Porter atteinte à une tradition si chère, et surtout y porter atteinte au profit de l'Égypte, était une imprudence pour qui voulait rester l'allié de la Grande-Bretagne. Si le vice-roi avait des droits incontestables à notre sympathie, il avait pris soin, il faut le dire, d'inspirer de tout autres sentiments aux Anglais, car c'est lui qui les avait chassés de l'Égypte. Cette rancune toutefois eût peu influé sur les décisions du cabinet britannique ; mais ce cabinet, qui sentait sa force en face de notre isolement, ne pouvait voir sans ombrage la puissance dont le pavillon avait flotté au Caire occuper encore une fois, sous un nom emprunté, une des routes qui conduisent aux Indes. Le cabinet britannique faisait trop d'honneur à notre ambition. Nous ne songions à rien de semblable : protéger et grandir le pacha d'Égypte, c'était notre manière à nous de sauver l'empire ottoman. Je parle ici non point de la politique du gouvernement de 1830, mais, si l'on veut bien me passer le mot, de *la politique de l'escadre* et des illusions dont j'ai eu ma part.

Quoique divisées au fond, l'Angleterre et la France poursuivaient encore en apparence le même but : elles réclamaient avant tout du vice-roi la restitution de la flotte ottomane. Une dépêche pressante arriva de Paris, et l'amiral Lalande m'envoya la porter en Égypte. J'appareillai par un vent violent qui avait obligé l'escadre à mouiller une seconde ancre. En trois jours, j'étais devant Alexandrie ; le 15 août 1839, je mouillais dans le port. Vingt vaisseaux, sans compter les frégates et les corvettes, y étaient entassés : tout était entré, les trois-ponts comme les autres. Rien n'est impossible à des gens qui ont peur. Le soir même de mon arrivée, je fus présenté au vice-roi par le consul général de France, M. le baron Cochelet. Méhémet-Ali ne paraissait nullement fatigué d'avoir travaillé pendant cinquante-trois ans à son élévation. C'était encore à cette époque le plus vert vieillard qu'on pût voir. Ses yeux étaient vifs et mobiles, son regard petillant de malice et d'astuce. Le vice-roi était en veine de causerie, nous en profitâmes. Kosrew-Pacha était alors, à l'en croire, le seul obstacle à la paix. Il lui avait écrit pour l'inviter à abandonner les affaires et à se retirer en Égypte, lui promettant un noble refuge et, qui plus est, l'honneur de sa compagnie, car le vice-roi se sentait vieillir et voulait songer à son salut. Si Kosrew consentait à venir en Égypte, si en même temps l'Égypte, la Syrie et Candie étaient assurées, sous la suzeraineté de la Porte, à la famille de Méhémet-Ali, Son Altesse voulait faire bâtir à la Mecque deux palais d'une égale splendeur. L'un serait pour Méhémet, l'autre pour Kosrew. Là, les deux vieillards réconciliés achèveraient en paix une carrière si longtemps laborieuse. Le vice-roi montrait en ce moment une véritable passion pour le repos. « J'ai trop longtemps travaillé, disait-il ; qu'il me soit permis enfin de songer à la retraite. J'aurai un palais à Hanéfah. L'été y est frais, les eaux limpides, les environs ombragés. L'hiver, je me retirerai dans mon palais de la Mecque. J'ai tout fait pour Kosrew, reprenait-il alors avec plus de force. En 1826, je lui ai donné ma flotte, mon armée, mon fils. Je lui ai fait porter par Boghos-Bey cent mille talaris. Comment m'a-t-il récompensé ? Il a abandonné Ibrahim en Morée ; il m'a noirci aux yeux de mon maître. Kosrew ne peut plus rester à Constantinople, il y serait massacré le jour de sa chute, et ce jour-là n'est pas loin. Kosrew, s'il ne veut pas venir en Égypte, n'a qu'un parti à prendre, c'est d'aller en Crimée. Les Russes lui doivent un asile, car il leur a vendu l'empire. Il y a des gens qui s'imaginent que je veux me rendre indépendant. Je demande l'hérédité, et non l'indépendance. Je ne veux que la gloire du sultan et le bonheur des Osmanlis. »

Dans une seconde entrevue, qui eut lieu à Alexandrie même, quelques jours avant mon départ, nous trouvâmes le vice-roi plus soucieux et plus irrité. « On ne veut rien faire pour en finir, nous dit-il. Voilà bien les lenteurs de la diplomatie ! Pendant ce temps, l'hiver s'avance, et mon trésor s'épuise. Quand Ibrahim-Pacha m'écrira qu'il ne peut plus nourrir ses troupes, qu'aurai-je à faire si ce n'est de lui envoyer l'ordre de marcher en avant? Je vous en préviens, monsieur le consul général, pour que vous en instruisiez votre gouvernement. Demain j'en informerai officiellement les consuls de toutes les puissances. »

« Vous jugez, écrivais-je à l'amiral Lalande, si M. Cochelet dut se récrier à cette sortie. « Votre Altesse y « songe-t-elle? dit-il. On est déjà fort irrité en Europe « de son obstination à retenir la flotte turque et à exi- « ger le renvoi de Kosrew-Pacha. Le cabinet français « lui-même, qui trouverait cette condition inadmissible, « si elle venait d'un souverain indépendant, ne peut la « concevoir de la part d'un vassal en guerre contre son « suzerain. Et c'est au moment où la France se fait l'a- « vocat de Méhémet-Ali, bien qu'elle soit loin de tout « approuver dans sa conduite, c'est au moment où j'ai « cru pouvoir me porter garant de la modération de Son « Altesse, que, par son impatience, le vice-roi irait don- « ner raison à ses ennemis! Si son armée a épuisé le « pays qu'elle occupe, qu'il la dissémine et la fasse en- « trer dans des cantonnements. » — « *Péqué Guzel!* char- « mant en vérité! s'est écrié le vice-roi, en riant à gorge « déployée. Voilà bien le moyen d'obtenir raison de « Kosrew! Me faudra-t-il moins nourrir mon armée « quand je l'aurai disséminée? Mon trésor en sera-t-il « soulagé d'un para? Je n'aurai fait qu'un pas rétro- « grade. Quant à Kosrew, c'est mon ennemi. Avant « qu'il ne vînt aux affaires, n'étais-je pas le plus aimé « des serviteurs de mon maître? On veut me faire mou- « rir d'inanition; j'aime mieux mourir d'un seul coup.

« Ah! vous craignez que je n'amène les Russes à Con-
« stantinople! Que m'importe à moi? Ils n'y resteront « pas. J'entraînerai la guerre générale, dites-vous? Je « ne le désire pas; mais deux maisons brûlent, la mienne « et celle de mon ami. Il faut d'abord que je sauve la « mienne. Je vois clairement aujourd'hui que les puis- « sances étrangères ne sont pas en état de s'entendre. Elles « veulent toutes, prétendent-elles, l'intégrité de l'em- « pire ottoman et le maintien du fils de Mahmoud sur le « trône : qui donc ne veut pas cela, ou qui le veut plus « que moi? Pourquoi vous êtes-vous mêlés de nos af- « faires, vous qui n'êtes pas de notre religion? Sans « vous, nous les aurions déjà réglées. »

Ainsi perçait, près d'un an avant le traité du 15 juillet 1840, ce projet d'arrangement direct entre le vice-roi et le sultan, projet sage et loyal au fond, qui se fût réalisé sous les auspices de la France, si la France eût été plus forte que toute l'Europe. La Russie exploita habilement contre nous la jalousie de l'Angleterre. Quand je rejoignis, vers la fin de septembre, l'amiral Lalande devant Ténédos, la cordialité de nos anciens rapports avec l'escadre anglaise avait disparu. Nous choisissons nos amitiés, et souvent il ne nous déplaît pas de les choisir à l'encontre de la politique de nos gouvernements. En Angleterre, les choses ne se passent pas ainsi. On dirait que nos voisins ne sauraient être aimables que par ordre de l'amirauté. La froideur subite qu'on nous témoigna nous surprit, mais nous avertit en même temps. Nous comprîmes que le jour pouvait venir où ces émules seraient des ennemis, et nous les estimions trop pour ne pas les tenir, malgré leur apathie apparente, pour les plus sérieux ennemis que nous pussions avoir. A dater de ce moment, ce fut vers les exercices de guerre que se porta toute notre attention. L'amiral prit la mer et alla croiser au large entre Saint-George de Skyro et Ipsara. Nous étions au mois de novembre 1839. C'est déjà une saison avancée dans l'Archipel. Le temps fut souvent orageux, et certes il n'était pas facile de faire évoluer huit vaisseaux rangés sur deux colonnes dans ce bassin étroit où il fallait chaque nuit virer deux ou trois fois de bord. Je me souviens d'un signal du *Montebello*, qui se trouvait en tête de la colonne du vent, nous avertissant tout à coup vers onze heures du soir que *la route était dangereuse à tenir*. Nous avions deux ris aux huniers, la mer était grosse, le ciel noir comme il l'est dans l'automne ; le vent soufflait par rafales. Nous dûmes virer lof pour lof par la contre-marche, le temps ne nous permettant pas d'exécuter cette manœuvre vent devant. Chaque vaisseau, couvert de fanaux, répétait le signal du vaisseau-amiral. Quand l'évolution commença, ce fut un pêle-mêle de feux au milieu desquels les yeux les plus exercés avaient peine à se reconnaître. L'amiral ne trouvait jamais la ligne assez serrée. Il voulait que son escadre fût compacte. De jour, nous naviguions presque beaupré sur poupe ; de nuit, l'intervalle entre les vaisseaux n'était souvent que d'une encâblure.

La tactique a fixé la distance entre les colonnes, de telle façon que le vaisseau de tête de la colonne sous le vent puisse être certain, quand il vire de bord, de ne pas trouver sur sa route le vaisseau de queue de l'autre colonne; mais l'amiral avait interverti tout cela : il faisait constamment rapprocher les colonnes. « Il faut, disait-il, s'habituer à manœuvrer serré. » Je ne me rappelle pas avoir fait de campagne plus fatigante en ma vie. Le poste qui m'avait été assigné était difficile à garder. Je devais constamment rester au vent de l'amiral et à portée de voix. Aussi ne dormais-je que tout habillé ; au moment le plus imprévu, un signal pouvait m'appeler sur le pont. Enfin je réussis à sortir sans encombre de cette épreuve. La marche supérieure de la *Comète* m'était d'un grand secours. Je suivais presque toujours l'*Iéna* sous les deux huniers, le grand foc et le brigantine, dont je tenais même souvent le point d'amure cargué. Si je me trouvais dans l'embarras, serré de trop près par un vaisseau, je n'avais qu'à laisser tomber la misaine ou à border les perroquets pour bondir en avant et me trouver bientôt hors des atteintes du monstre. Mon affection redoubla pour un navire qui me servait si bien. J'aurais eu un bâtiment moins heureusement doué que j'aurais probablement passé pour un maladroit. Telle est la justice des marins. Qu'on s'étonne ensuite de l'ardeur que nous mettons à réclamer sans cesse des perfectionnements pour les bâtiments que nous commandons. N'est-ce pas à nous, qui jouons tout sur ce dé, notre vie, notre honneur, de nous montrer difficiles ? Avec la voile encore, le capitaine pouvait jusqu'à un certain point suppléer par son habileté à l'insuffisance de son navire. Que peut-il faire contre l'insuffisance d'une machine ?

Des grains violents nous rappelèrent enfin la nécessité de rentrer au port. Plusieurs fois l'escadre avait failli être dispersée ; mais elle finissait toujours par se rallier autour de l'*Iéna*, qui, ferme comme un roc, ne cédait pas, quelque impétueuse que pût être la rafale, un pouce de terrain à la brise. Nos vaisseaux s'aguerrissaient à vue d'œil. L'amiral Lalande n'était pas exempt d'impatience, mais il était juste : il savait que tous ses capitaines ne pouvaient être manœuvriers au même degré que le capitaine Hamelin ou le capitaine Bruat. Ce qu'il leur demandait à tous, et ce qu'il en obtenait sans peine, c'était de la bonne volonté. Il était d'ailleurs une chose qu'il mettait bien au-dessus de ce don si rare de la manœuvre, c'était la pratique de la guerre. Parmi les commandants de l'escadre, il en était qui avaient assisté sous l'empire à de sanglants combats ; il en était même qui avaient servi pendant plusieurs années sous les ordres du capitaine Bouvet. De tels hommes eussent cent fois manqué de coup d'œil dans les évolutions prescrites, que l'amiral Lalande ne les en eût pas moins tenus pour d'excellents capitaines. Il n'hésitait pas à le proclamer. « Vois-tu, me disait-il souvent, cet officier qu'on serait tenté de prendre, à son air de bonhomie, pour un juge au tribunal de commerce : parle-lui de l'*Aréthuse* et de l'*Amelia*, et dis-moi si le regard de ce brave n'est pas fait pour électriser un équipage. »

L'amiral Lalande cherchait ainsi partout les motifs de sa confiance ; il les trouvait dans l'exceptionnelle aptitude des uns comme dans le vaillant passé des autres, dans l'ardeur de la jeunesse aussi bien que dans l'expérience de l'âge mûr. Lorsqu'il eut bien déployé son escadre en ligne et qu'il l'eut bien reployée en colonnes, lorsqu'il eut changé assez de huniers et de vergues de hune, il voulut se donner le spectacle d'un combat de nuit. A un signal du vaisseau-amiral, les batteries de l'escadre s'illuminèrent, et au premier coup de canon de l'*Iéna* un feu général s'ouvrit sur toute la ligne. Les divisions d'abordage furent appelées sur le pont, et le petillement de la mousqueterie se joignit à la grosse voix des pièces de trente-six. La nuit était sombre et venteuse. L'exercice n'en fut que plus instructif. A dater de ce jour, l'amiral Lalande eut foi dans son escadre. Il ne crut pas toutefois pour cela en avoir assez fait. Il avait commencé l'éducation de ses vaisseaux par les exercices faciles. Quand il les eut ramenés dans la baie d'Ourlac, il visa hardiment aux difficultés. A l'heure la plus imprévue, le signal d'appareiller tous à la fois, au plus vite, *au plus tôt paré*, montait au haut des mâts de l'*Iéna*. Il fallait laisser là le lavage des ponts, embarquer les chaloupes, hisser cinq ou six autres embarcations, lever deux ancres et sortir de la baie, qu'il ventât ou qu'il fît presque calme. Le lendemain, c'était le tour des exercices de force. On changeait les mâts de hune. La première fois, cette opération demanda deux heures et demie à l'*Iéna* et huit heures au *Montebello*. La quatrième fois, l'*Iéna* l'exécuta en cinquante-cinq minutes. Les autres vaisseaux y employèrent à peu près une heure et demie. « Et pourtant, me disait l'amiral Lalande de cet air triomphant qu'il prenait quelquefois, il y a des gens qui prétendaient que ces exercices étaient inutiles,... parce que les Anglais ne les faisaient pas. » L'exercice favori restait d'ailleurs celui du canon. Les règlements avaient alloué une certaine quantité de boulets et de poudre pour cet usage. L'amiral Lalande consomma en un mois ce que les règlements lui accordaient pour une campagne de deux ans. Il fut coupable à bord de l'*Iéna* comme il l'avait été à bord de la *Résolue;* mais cette fois il avait pour lui l'opinion publique, et bien osé eût été celui qui eût entrepris de l'attaquer. L'escadre, en effet, un instant hésitante, le protégeait alors de tout son enthousiasme. L'amiral l'avait d'abord lassée ; il avait fini par l'entraîner et par la séduire. La fatigue des exercices s'oubliait dans les ardeurs de l'émulation. Il n'y avait nul besoin de pousser les équipages, le difficile était au contraire de les retenir. Tel vaisseau échappait pour ainsi dire aux mains de son état-major. Les gabiers avaient affiché les principaux signaux dans les hunes, et on avait peine à leur faire attendre les commandements de l'officier de quart. Aussi, disait-on en riant dans l'escadre que ce vaisseau, le premier bien souvent, *naviguait à la part*[1]. Ce n'était pas seulement les matelots qui avaient pris goût à ces luttes journalières ; les officiers y avaient également mis tout leur amour-propre.

1. On appelle navigation à la part celle où chaque matelot navigue à peu près pour son compte, et a sa part dans les profits de l'expédition.

On n'avait donc ni un instant d'ennui, ni un instant d'oisiveté sur la rade d'Ourlac. La plus grande liberté d'ailleurs. Voulait-on rentrer en France, passer d'un vaisseau sur un autre, prendre une permission de quinze jours ou d'un mois, visiter Constantinople, ou Athènes, ou Smyrne, il suffisait de le demander. Tout s'arrangeait à l'amiable dans cette grande famille. L'amiral Lalande aimait les bons officiers ; il ne connaissait point les officiers indispensables ; c'est ce qui le rendait si facile pour toutes les mutations.

J'ai déjà dit quelles étaient ses idées sur la discipline des équipages. « J'aurai, m'écrivait-il, au 1er janvier 1840, six ou sept cents hommes à congédier.... Si on veut avoir une bonne armée de mer, il faut soigner son moral et ne pas la mécontenter. Il faut de la fidélité aux engagements. Ce serait une mesure encore plus politique que juste de renvoyer en France les hommes qui ont fini leur temps.... Il vaudrait mieux, à mon avis, que chaque vaisseau eût soixante ou quatre-vingts hommes de moins, et des meilleurs, que d'avoir ce nombre de mécontents et de grognons. » L'amiral Lalande aimait le matelot jusque dans ses faiblesses. « Les officiers, disait-il, qui s'étonnent qu'un marin aille s'enivrer à terre ressemblent fort à Arlequin lorsqu'il donne un tambour et une flûte à ses enfants : amusez-vous bien, mes chers petits, mais ne faites pas de bruit. Ce qui distingue, ajoutait-il, le matelot du soldat, c'est qu'il a de l'argent dans sa poche, et, parbleu! il faut bien qu'il le dépense! »

Telle était la sage indulgence qui avait en moins d'un an gagné tous les cœurs. Il faut dire aussi que l'attente de prochains combats prêtait dès lors aux exercices de l'escadre un attrait que ces exercices ont rarement. La routine du service habituel avait fait place à l'énergie de la force qui se concentre. Il faut mettre de côté les fanfaronnades qui nous ont représentés, à dater de ce moment, comme prêts à écraser au premier signal la flotte anglaise. La vérité est que nous savions mieux que d'autres ce que valait cette flotte, mais nous avions confiance en nous-mêmes et dans le chef qui nous commandait. Je ne crois pas que jamais meilleur esprit ait régné dans une escadre.

CHAPITRE VII.

La station du Bosphore en 1840.

Vers la fin du mois de décembre, l'amiral me donna l'ordre de rentrer à Toulon pour y changer le mât de misaine de la *Comète*, qui était fendu transversalement. Je partis sans regret, car je savais que l'hiver, dans l'Archipel surtout, est une morte saison. J'avais à peine touché au port, la quarantaine à laquelle on avait soumis la *Comète* n'était pas encore terminée, que déjà l'amiral Lalande me pressait de le rejoindre. « Profite bien du temps, m'écrivait-il d'Ourlac le 9 janvier 1840, mais n'en abuse pas. Il faut revenir ici. Tout n'est pas fini, il s'en faut diablement. Un nuage diplomatique vient de se lever du nord. Peut-être en jaillira-t-il la foudre. La Russie veut évidemment nous brouiller avec l'Angleterre. »

Au mois de mai 1840, j'étais de retour dans

le Levant, mais je n'étais plus auprès de l'amiral Lalande. J'avais été envoyé dans le Bosphore pour y rester aux ordres de l'ambassadeur de France à Constantinople. J'ai vu là d'assez près se dérouler, du mois de mai au mois d'octobre, de bien graves événements. Nous avons eu nos jours de triomphe, bientôt suivis de jours d'humiliation. Kosrew, disgracié et remplacé par Rechid-Pacha, avait cessé d'être un obstacle invincible à la paix; la flotte turque allait rentrer à Constantinople, quand le traité du 15 juillet éclata sur nos têtes[1]. L'Europe refusait à Abdul-Medjid et à Méhémet-Ali le droit de se réconcilier : elle prenait en main leurs affaires au nom de l'indépendance du sultan. On nous appliquait sans merci la loi du plus fort; mais pouvions-nous protester autrement que par notre indignation contre cet ostracisme? Sur qui

1. C'est le 19 juin 1840 que l'amiral Lalande m'écrivait : « Méhémet-Ali tient en ses mains le repos du monde. S'il s'aperçoit qu'on veut le jouer, il nous amènera de terribles complications.... J'ai appris par la voix publique la retraite de Kosrew-Pacha. Cela me semble d'un bien bon augure. Le vice-roi est trop capable pour ne pas mettre à profit cette circonstance. Il va sans doute renouveler ses propositions d'accommodement. Il faut laisser le sultan et le vice-roi s'arranger entre eux. »

nous serions-nous appuyés? Sur les peuples? Les peuples seront toujours du côté de leurs gouvernements contre l'étranger. Sur le vice-roi d'Égypte? Ce n'était qu'en face des Turcs qu'il était fort, et encore ne l'était-il plus quand on avait armé contre lui le sentiment religieux. Il était impossible de ne pas faire retraite devant une telle coalition. Un combat naval n'aurait rien décidé, quoique les Anglais nous aient un instant prêté ce projet. Ce qui eût été heureux, c'est qu'on doutât moins de l'amiral Lalande et qu'on connût mieux l'Angleterre. Le rappel de l'amiral Lalande au mois d'août 1840 fut probablement motivé par la crainte qu'il ne compromît la France par quelque coup de tête. On faisait injure à son intelligence politique autant qu'à son patriotisme. Deux mois avant la mesure qui allait l'enlever à son escadre, il m'écrivait : « Devons-nous désirer qu'on évite les complications, nous qui vivons de la guerre? Je le désire pourtant, parce que chez moi l'intérêt du pays passe avant tout. »

Nous autres cependant, officiers de la *Comète*, nous dansions sur ce volcan. Nos plus longues croisières se bornaient à descendre le

Bosphore ou à remonter de Tophana à Thérapia et à Buyuk-Déré. Pendant l'été, les vents de nord règnent avec la régularité d'une mousson dans le canal qui met en communication l'antique Propontide et la Mer-Noire. Des flottes entières s'accumulent alors dans la Corne-d'Or, car le courant est trop rapide pour que des bâtiments à voiles puissent le surmonter sans le secours d'un vent favorable : aussi, lorsqu'une brise passagère du sud vient à s'élever, il faut voir le spectacle que présente ce fleuve qui coule bleu et sans fond entre deux rangées de palais. Les navires s'élancent pêle-mêle, se heurtant, se poussant, rasant les quais sous un nuage de toile; c'est à qui atteindra le premier l'entrée du Pont-Euxin. Tous les pavillons se trouvent là confondus; toutes les carènes, depuis le clipper américain jusqu'aux formes étranges qui rappellent encore *Argo, la nef à voix humaine*, luttent de vitesse et d'activité. Des injures se croisent dans toutes les langues. Les Turcs, bien qu'ils soient chez eux, sont toujours les plus maltraités; il faut dire aussi qu'ils sont généralement les moins adroits. C'est le peuple le moins marin qui soit au monde; ils sont à eux seuls coupables de plus d'abordages que toutes les autres nations qui se donnent rendez-vous dans le Bosphore. Je me suis senti quelquefois tenté de prendre leur parti malgré leur gaucherie incontestable, tant je les voyais bousculés, rudoyés sans façon. S'il leur arrivait d'accrocher en passant quelque beaupré, au lieu de les aider patiemment à sortir d'embarras, on hachait leur gréement, on les jetait à tout hasard de côté, et les malheureux s'en allaient à la dérive, tombant d'un navire sur l'autre et soulevant de toutes parts un concert d'imprécations.

Notre pilote grec, natif d'Ipsara, avait été un des compagnons de Canaris. Il se distinguait par la violence avec laquelle il poursuivait de ses injures les enfants de Mahomet dans le malheur. Il passait sa journée sur le gaillard d'avant à les guetter pour les prendre en faute. Si un de nos tangons, si notre bout-dehors de clin-foc était seulement frôlé par un bateau turc, il accourait, montrant son poing mutilé au patron. L'Osmanli dédaignait le plus souvent de répondre à ce chien hargneux et continuait gravement de fumer sa pipe; mais ce calme ne faisait qu'exciter davantage la colère de l'irritable pilote.

Il avait de vieilles rancunes contre les Turcs, et les trouvait évidemment de trop en ce monde. C'était un type curieux que ce vieux corsaire. —Quand je dis corsaire, c'est par euphémisme. — Il ne venait pas, comme les autres pilotes, de Milo; nous l'avions trouvé à Syra, où, la paix venue, il avait jugé à propos de dresser sa tente. Il était marin jusqu'au bout des ongles, n'ayant guère, depuis son enfance, vécu ailleurs que sur mer. Il parlait peu de ses aventures; mais il n'y avait pas dans la Méditerranée une crique dont il n'eût connaissance. Ce n'était pas sous Canaris seulement qu'il avait gagné ses éperons. Les côtes de Sardaigne et de Corse, le golfe de la Syrte, celui de Naples, auraient pu nous dire quelque chose de ses hauts faits. Je ne pouvais le regarder sans qu'il me rappelât, avec son air renfrogné et ses deux doigts coupés, ce vieux Lambro qui faillit devenir le beau-père de don Juan. Pendant les longues guerres de l'empire, la piraterie avait eu beau jeu. Les Grecs n'avaient pas été les derniers à profiter de ces heureuses circonstances. Lorsque la cause de l'indépendance les appela dans une plus noble arène, ils eurent quelque peine à renoncer à de vieilles habitudes, et il fallut que plusieurs années s'écoulassent avant que le commerce européen pût, dans l'Archipel, se passer d'escorte. Je ne sais, jusqu'en 1830, qui les marins de Marseille et de Gênes redoutaient le plus, des Grecs ou des Algériens. Les Grecs cependant ont l'esprit fertile : lorsqu'il leur fut interdit d'écumer les mers, ils se mirent courageusement à les exploiter. Leur pavillon se multiplia, on le vit partout. Des navires sortirent des coffres-forts du riche et des épargnes du pauvre. Toute spéculation leur fut bonne, tout voyage leur convint. Ils résolurent, mieux que les Américains, mieux que les Suédois ou les Brémois, le problème de la navigation à bon marché. Notre Lambro, retiré des affaires avec un ou deux milliers de talaris, aurait pu cultiver paisiblement un coin de terre, vivre de sa vigne et de ses oliviers; il n'en eut pas un instant la pensée. Il avait fait construire à Syra un navire de ce pin dur et tors qui croît sur les bords de la mer Égée. Il paya cette coque, y compris les bas mâts, environ six mille francs. Deux chaînes et deux ancres, — car il n'avait pas voulu lésiner sur ce point, — lui en avaient coûté à peu près autant. Maintenant il naviguait pour gagner le reste de la mâture, le gréement et les voiles. Il recevait pour ses services à bord de la *Comète* une piastre forte par jour. Tout, jusqu'au dernier para, était mis de côté, et chaque mois une vergue, une pièce de cordage ou de toile partait pour Syra sur un navire ami qui se chargeait gratuitement du transport. Notre pilote n'avait pas d'Haydée, il avait quatre vigoureux garçons. L'équipage de son brick était tout trouvé. L'un des fils serait capitaine, le second subrécargue, le troisième maître d'équipage, le quatrième matelot. On y joindrait deux ou trois vagabonds ramassés sur le port, et on serait prêt à partir, s'il le fallait, pour l'Amérique. Du premier coup on n'alla pas si loin, mais on n'en fit pas moins une campagne lucrative. Un beau jour, nous vîmes apparaître dans le Bosphore le fameux brick équipé à Syra. Il avait été chercher un chargement de caroubes à Candie, et il le portait à Odessa. Avec de pareilles mœurs et de semblables aptitudes, la Grèce n'est-elle pas destinée à nous montrer un jour une des premières marines marchandes du monde?

On s'étonnera peut-être que j'aie parlé de

nos fréquentes promenades dans le Bosphore, lorsque les vents de sud y sont si rares et que les vents de nord y sont si enchaînants. Ce n'était pas en effet un petit effort d'industrie et de persévérance que d'accomplir en tout temps ces courtes traversées. Nous mettions près de deux jours à parcourir une distance de onze à douze milles. Nous partions généralement de Tophana vers une heure de l'après-midi, aussitôt après le dîner de l'équipage. Louvoyant le long de terre sans sortir du contre-courant, nous arrivions en deux ou trois bordées à la hauteur du palais de Tchéragan. Là, il fallait nécessairement laisser retomber l'ancre. Chaque fois qu'on nous voyait arriver à ce mouillage interdit, un caïque se détachait invariablement du palais et venait nous avertir que nous ne pouvions pas rester là. Nous le savions; mais pendant ce pourparler nous avions allongé tout ce que nous avions de faux-bras, de drisses et d'amures de bonnettes, jusqu'à la pointe voisine, sur laquelle s'élevait une espèce de cabaret peint en rouge dont le balcon reposait sur des pilotis. Pour atteindre la pointe, ces amarres suffisaient; pour la doubler, il nous fallait recourir à nos avirons de galère. Nous arrivions ainsi dans une baie où nous faisions usage d'un nouveau moyen. Une partie de l'équipage, débarquée à terre, tirait le navire à la cordelle. Tout cela pourtant n'était pas la grosse affaire : le difficile était de franchir le coude que forme le Bosphore près de Dolma-Batchi. Le courant est si violent en cet endroit que les caïques eux-mêmes, ces fines mouettes qui semblent voltiger sur l'eau, ne réussissaient pas à doubler la pointe, s'ils ne se faisaient haler par des hommes apostés sur le quai tout exprès. La rive par exemple est à pic, et vous pouvez la serrer sans danger. Nous passions ordinairement la nuit accostés à terre, tranquilles dans ce repli de la côte, en dehors duquel s'épanchaient, avec la rapidité d'un torrent, les eaux de la Mer-Noire. Le matin venu, le calme atténuant un peu la vitesse du courant, nous nous disposions à tenter le passage. Une cinquantaine de marins se plaçaient alors sur le quai avec deux fortes amarres. Appuyant sur le bord un bout-dehors de bonnette ou tout autre espars, nous écartions légèrement de la rive l'avant du brick. Il n'en fallait pas davantage, le courant se chargeait du reste : comme par un vigoureux soufflet appliqué sur sa joue, il jetait à l'instant la *Comète* au milieu du Bosphore. Si nos hommes étaient adroits, ils profitaient de ce moment pour entourer d'une de leurs amarres un des piliers de granit dressés sur le quai ; la *Comète*, ainsi retenue, se rangeait dans le fil de l'eau, et les marins, saisissant l'autre amarre, s'animant par des cris, par le son du tambour, la mettaient en chemin. Ce n'était qu'un coup de collier ; il n'y avait pas une demi-encâblure à faire pour tomber dans un autre remous. Le coude franchi, nous suivions presque sans effort les contours d'une baie nouvelle, salués par le gazouillement des oiseaux, mais semant l'émoi sur notre passage. Les Turcs, brusquement éveillés, tremblaient pour leurs maisons, non sans motifs peut-être, car je me souviens d'avoir enlevé un jour, près de Kadi-Keui, tout un angle de corps de garde du bout de mon beaupré. Le bruit, le fracas que les chrétiens traînent constamment après eux fait le désespoir des Turcs. Dès lors le pauvre sultan me rappelait un peu le cheval qui voulut se venger du cerf. Je ne m'étonne donc pas de l'empressement qu'il mit à accueillir le conseil qui lui fut donné de régler son différend avec le pacha d'Égypte sans recourir à l'intervention de l'Europe.

L'amiral Lalande voulait m'appeler à lui. Il avait écrit à l'ambassadeur qu'il enverrait à Constantinople un autre brick remplacer pour quelques mois la *Comète*. Il craignait que je ne m'amollisse dans cette navigation e rivière [1]; mais avant qu'il eût pu donner suite à ses intentions, il fut lui-même rappelé en France. Il ne s'attendait pas à ce coup, et ne laissa pas que d'en être ému [2]. Il ne comprit pas en effet tout d'abord cette dernière faveur de la fortune. Par un hasard presque providentiel, il avait reçu

1. Ce fut au milieu des loisirs de ma station du Bosphore que me vint la première idée de livrer mes impressions de marin à la publicité. L'amiral Lalande ne m'encouragea pas beaucoup, je dois le dire. Voici ce qu'il répondit à mes confidences : « Smyrne, 2 juillet 1840. — .... Tu as donc toujours des projets de l'autre monde?... Nous en parlerons. Tu veux écrire! Mais il me semble que tu t'y prends un peu tard. Pour *faire l'article*, mon cher ami, il faut que cela vienne de jeunesse, — comme le calfatage. Je te l'ai toujours dit, passé vingt-cinq ans, on n'est plus qu'une vieille bête. »

2. Deux lettres que j'ai par bonheur conservées montreront comment, malgré cette émotion à coup sûr bien naturelle, il sut se montrer à la hauteur d'une si dure épreuve.

« Ourlac, 2 août 1840. — Eh bien! mon cher Edmond, toi et moi, moi et toi, nous sommes de vrais enfants.... Je reçois l'ordre de remettre provisoirement le commandement de la l'ordre de quitter le Levant au moment où sa position allait y devenir intolérable. L'escad e, passée en d'autres mains, dut sortir des eaux de Smyrne. Pendant que les forces alliées faisaient tomber les murs de Saint-Jean-d'Acre, elle attendait e nouvelles instructions, tristement reléguée à Athènes et à Navarin. Enfin on eut le courage de cette prudence dont notre isolement nous faisait une loi : on rappela nos vaisseaux à Toulon. L'escadre y parut non pas humiliée, mais frémissante. Vingt et un vaisseaux de ligne, réunis en un seul faisceau, devaient donner à réfléchir au cabinet de Londres. Cette

station à M. de La Susse et de partir *immédiatement* pour Toulon.

« Si La Susse eût été ici, je serais parti demain. Je l'avais envoyé à Smyrne, parce qu'il le désirait. Je le rappelle aujourd'hui, et je partirai mardi soir ou mercredi matin au plus tard. *Il faut toujours montrer du zèle.* »

« En quarantaine, à Toulon, 30 août 1840. — Comme tu le présumais bien, mon ami, toutes les oppositions m'ont glorifié pour avoir occasion de tirer sur le ministère. J'en serais fâché, en vérité, si cela pouvait porter coup; mais c'est l'opportunité qui les fait s'occuper de moi. Dans quinze jours, il n'en sera plus question, et ce n'est pas moi qui réveillerai ce chat-là. Je sens qu'il serait bête et inutile de se poser en mécontent. J'attendrai patiemment que la mauvaise marée soit passée. Chez nous, les marées durent peu. »

armée navale eût été dans la Manche avant que l'escadre de Beyrouth n'eût pu rebrousser chemin jusqu'à Gibraltar. On songeait à lui donner pour chef un de ces hommes dont on invoque presque involontairement le nom les jours de combat, une de ces vieilles gloires pures, intactes, comme il nous en restait encore, — l'amiral Duperré. — Celui qu'on avait choisi pour commander immédiatement sous lui, pour servir de son activité, en qualité de major-général, la haute expérience à laquelle on voulait faire appel, c'était l'amiral Lalande, qu'on trouvait ainsi le moyen de rendre à ses vaisseaux. Avec un tel second, avec des lieutenants qui se nommaient Hugon et de La Susse, l'amiral Duperré était homme à tout entreprendre. Combien de temps nos succès auraient-ils duré? C'est ce qu'il est difficile de savoir, mais il est hors de doute qu'un premier succès était presque infaillible.

CHAPITRE VIII.

La tempête du 24 janvier 1841.

Je suivis d'assez près en France l'amiral Lalande. Il était parti dans les derniers jours de juillet. Je quittai Constantinople dans les premiers jours d'octobre. Je pouvais trouver la guerre sur mon passage, mais je commandais un bâtiment qu'il n'eût pas été facile d'atteindre. Notre traversée fut très-orageuse. Quand l'hiver doit être rigoureux, on en est généralement averti dans la Méditerranée par le mois d'octobre. Dans l'Océan, c'est le mois des vents d'est; dans la Méditerranée, c'est celui des violents orages, plus encore que des tempêtes. Si l'on est moins vigoureusement assailli à cette époque de l'année que durant les premiers mois de l'hiver, on est plus constamment harcelé et menacé. Dans une mer étroite, de ces deux dangers l'un vaut l'autre. La première fois que j'étais revenu du Levant, dans les mois de novembre et de décembre, j'avais suivi le canal de Malte. Cette fois je crus mieux faire en allant chercher le phare de Messine. Je me présentai pour le franchir vers onze heures du soir. Les pilotes qui me mirent dehors avaient fait une excellente journée. Le vent de sud-est avait soufflé, et depuis le matin les navires dépassaient l'un après l'autre les noires aiguilles et le promontoire redouté de Scylla. Le temps cependant ne me paraissait pas sûr; j'eus un instant l'idée de m'arrêter à Messine, mais les pilotes dissipèrent mes doutes. *Tempi ligeri!* c'était tout ce que je pouvais attendre. Fiez-vous aux Siciliens! J'étais à peine en dehors du phare qu'il me fallut prendre deux ris aux huniers. Arrivé sous Stromboli, j'étais à la cape. On ne peut se laisser dériver ainsi, quand on a sous le vent le golfe de Gioja et celui de Policastro. Les côtes de Calabre sont les plus inhospitalières que l'on puisse rencontrer dans la Méditerranée. Je virai donc de bord et je forçai de voiles, au risque de tout briser, pour regagner la côte de Sicile. Le vent sauta heureusement au nord-ouest, et j'atteignis tout juste la pointe du phare. Je voulais donner dans le canal; les pilotes s'y opposèrent; le vent était trop court, la marée contraire. Ils me firent mouiller sur ce banc, qui n'est que le prolongement de la pointe sablonneuse du phare, et qui descend brusquement vers un abîme sans fond. J'y trouvai, je dois le dire, nombreuse compagnie. Tous ces bâtiments, qui étaient sortis, comme moi, du détroit sur la foi des *tempi ligeri*, avaient dû se hâter de rétrograder; mais tous n'avaient pas été aussi heureux que la *Comète*. La plupart louvoyaient péniblement dans le golfe de Gioja et perdaient du terrain à chaque bordée. Je me rappelle encore une large goëlette anglaise qui faisait des efforts prodigieux pour sortir de ce tourbillon; elle arrivait presque à nous toucher, pas d'assez près cependant pour que son ancre pût mordre sur le banc; sous peine de tomber sur Scylla, il fallait qu'elle poussât une nouvelle bordée au large. J'ai rarement vu montrer plus de courage et d'intelligence; mais toute cette énergie se dépensait en pure perte. La nuit approchait, et elle menaçait d'être plus venteuse encore que la nuit précédente. Nous ne pouvions penser sans frémir au sort de ces bâtiments affalés sur une côte de fer. Vers dix heures du soir, un effroyable orage, qui s'était formé dans le nord-est, creva tout à coup et amena une saute de vent. A la lueur des éclairs, nous donnâmes dans le phare et trouvâmes sur la côte de Sicile un mouillage suffisamment sûr pour y passer la nuit. Après deux jours de repos, nous reprîmes la mer; mais toute notre traversée devait être marquée par des épreuves. D'un bout à l'autre, ce ne fut qu'une lutte continuelle. Ce qui me consola, c'est qu'un navire à vapeur, le *Castor*, parti d'Alexandrie le jour même où nous quittions Constantinople, n'arriva à Toulon qu'après nous.

Quand on s'est décidé à armer une escadre, on ne peut pas prendre immédiatement sur soi de la désarmer. Les difficultés politiques ont beau s'aplanir, il subsiste comme un grondement sourd dans les esprits qui tient encore les hommes d'état en éveil. Dans la situation que nous avait faite l'Europe et que nous avions acceptée, nous eussions été aussi forts avec dix vaisseaux qu'avec vingt. Cette économie aurait eu un double avantage; elle eût ménagé le trésor et épargné à la marine les dégoûts d'une activité qui paraissait désormais sans but. On se fût repris plus tard avec la même ardeur à ces exercices dont on avait bien quelque sujet de se montrer lassé. Il ne fallait qu'une trêve entre la fièvre d'Ourlac et la déception de Toulon. L'escadre était restée sous les ordres de l'un des hommes de mer les plus éprouvés qu'ait jamais possédés la marine française. L'amiral Hugon, qui en avait reçu le commandement dans ces circonstances pénibles, était un vivant témoignage des hautes espérances que nous avait données naguère la marine régénérée de l'empire. Il s'était formé dans ces brillantes campagnes de l'Inde où la gloire de Suffren trouva des émules. C'est lui que le capitaine Bergeret chargea, au milieu du combat soutenu par la *Psyché* contre la frégate anglaise le *San-Fiorenzo* [1], d'aller traiter avec un ennemi bien supérieur en force des conditions auxquelles lui serait abandonnée une frégate qui ne pouvait plus se défendre. Il s'acquitta heureusement d'une mission sans exemple dans les fastes de la guerre maritime, et rapporta sur la *Psyché* la seule capitulation qui

1. Ainsi nommée en souvenir de la prise de Saint-Florent en Corse.

ait jamais été signée sur mer entre deux combattants. La frégate fut rendue comme une place forte; son équipage en sortit libre avec les honneurs de la guerre. L'amiral Hugon était alors lieutenant de vaisseau. Il était capitaine lorsqu'il conduisit dans le combat de Navarin la frégate l'*Armide* au secours du *Talbot* et qu'on le vit se frayer si bravement un passage jusqu'au plus épais de la mêlée. Sa réputation était européenne. Il n'éveillait pas l'enthousiasme et la sympathie au même degré que l'amiral Lalande, mais il commandait l'estime et inspirait le respect. Il était déjà parmi nous un homme d'un autre âge, homme de pratique et de sens, qui avait beaucoup vu, beaucoup souffert, dont l'expérience acquise sur le champ de bataille se défiait de toute nouveauté. Son calme était fait pour contraster avec notre ardeur présomptueuse. Ou eût dit que son heure n'était pas encore venue, et qu'il attendait le premier coup de canon pour nous faire voir sur quel terrain il avait appris son métier. Il s'ennuyait en rade de Toulon et exerçait sans plaisir ce commandement désobligeant qu'on lui avait donné quand il n'en pouvait plus rien faire. Ne sachant quel emploi assigner à notre escadre, n'osant l'envoyer croiser dans la Méditerranée au cœur de l'hiver, on se décida enfin à laisser une division sur rade, aux ordres du contre-amiral de La Susse, pendant qu'une autre division irait avec le vice-amiral Hugon stationner aux îles d'Hyères.

La division du commandant en chef se composait de cinq vaisseaux : l'*Océan*, vaisseau à trois ponts portant le pavillon de l'amiral et commandé par le capitaine Hamelin ; l'*Iéna*, le *Neptune*, le *Généreux* et le *Triton*. La frégate la *Médée* reçut l'ordre de l'accompagner. Cette escadre appareilla de Toulon le 21 janvier 1841, vers quatre heures du soir, avec l'intention de passer la nuit au large et d'aller chercher le mouillage des îles d'Hyères le lendemain. A peine fut-elle en dehors du cap Sepet que le vent du nord-ouest se leva. L'escadre, sous une voilure réduite, conserva les amures à tribord. Dans la nuit, le vent redoubla de violence. L'amiral jugea prudent de s'éloigner du golfe de Lyon et de prendre la bordée qui le rapprocherait du golfe de Gênes. On n'était déjà plus en ligne, et si les mouvements de l'amiral peuvent être facilement exécutés sans signal par une file de vaisseaux rangés exactement dans les eaux les uns des autres, il n'en est pas ainsi quand on navigue en peloton. Avant de virer de bord, il fallait de toute nécessité en donner l'ordre par signal. On l'essaya, mais au milieu de la tempête les fanaux s'éteignirent ou se brisèrent. Il n'y avait déjà plus moyen de s'entendre. Aussi, quand le jour se fit, l'escadre était-elle dispersée : la plupart des vaisseaux, jetés sous le vent par la dérive, n'auraient pu, s'ils avaient alors viré de bord, doubler avec certitude l'île de Corse. Un seul vaisseau, le *Généreux*, le tenta, et ce fut le seul qui atteignit les îles d'Hyères. Le reste de l'escadre s'en allait en travers du côté de Mahon. Jusqu'au 23, elle n'avait été aux prises qu'avec un violent coup de vent d'hiver; dans la nuit du 23 au 24, ce fut un ouragan qui éclata. Le vent passa au nord et balaya tout ce qui se trouva sur sa route. D'un bout de la Méditerranée à l'autre, ce ne fut qu'un désastre. La *Marne* se perdit dans la baie de Stora, le *Météore* se réfugia dans le port de Malte, après avoir failli périr sur l'île Maritimo; il n'y eut pas un des navires surpris par cette tempête qui ne fît de graves avaries ou ne courût les plus grands dangers. Les plus heureux furent ceux qui trouvèrent un asile à portée. L'*Océan*, fort maltraité déjà par trois jours de cape, vit sa dernière voile enlevée. Il ploya sous la rafale au point de plonger, — chose incroyable, — le bout de sa grand'vergue dans l'eau. Le vaisseau n'étant plus soutenu par aucune voile, les mouvements de roulis avaient acquis une amplitude énorme. Le craquement des cloisons, le gémissement des mâts, semblaient annoncer la prochaine dissolution du bâtiment. Pendant ce temps, trois sabords avaient été défoncés, et la mer s'engouffrait avec fureur dans les batteries. C'est dans de pareilles circonstances qu'on peut voir la grandeur de l'homme et sa faiblesse. Il est bien petit devant la puissance de la nature, mais il est bien grand aussi quand il se redresse sous ces formidables colères. Au moment le plus critique, la fermeté de l'amiral et celle de son capitaine de pavillon ne fléchirent pas. Ils pourvurent aux accidents les plus graves avec le sang-froid et la sérénité qu'ils apportaient dans les circonstances ordinaires aux plus modestes détails de leur profession. L'*Océan* fut, de tous les vaisseaux, celui dont les convulsions furent le plus effrayantes; mais ce ne fut pas le vaisseau le plus en péril. Le *Triton*, commandé par le capitaine Bruat, faillit couler. Ses pompes furent pendant un instant impuissantes. Le *Neptune* eut plusieurs courbes rompues, l'*Iéna* craqua son beaupré. Enfin le temps permit d'aller chercher un abri où chacun pût réparer ses brèches. L'*Océan* et la *Médée* se réfugièrent dans le golfe de Palmas en Sardaigne; le *Triton*, le *Neptune* et l'*Iéna*, dans celui de Cagliari.

Le vent souffle pour le brin de chaume comme pour le chêne. La *Comète* eut aussi sa part de cette épouvantable tempête. J'avais été expédié à Barcelone pour y porter quelques rechanges aux bâtiments de la station. Ma mission accomplie, je devais rentrer à Toulon. Le 22 janvier, je me disposai, dès le point du jour, à sortir du port. Le commandant du *Méléagre* voulut me retenir, il connaissait mieux que moi les côtes de Catalogne et venait d'interroger le capitaine d'un *falucho* de la douane qui arrivait de Blanès. Cet officier lui avait annoncé que, d'après l'état de la plage, il était impossible qu'il n'y eût pas à cette heure une tempête déchaînée dans le golfe de Lyon. Je dédaignai follement ces pronostics, et je me mis en route. La journée fut magnifique. Nous suivions la côte, poussés par une petite brise d'ouest et de sud-ouest. La nuit vint, et le ciel resta pur. Si j'avais su ce que j'ai appris depuis lors, je me serais inquiété de cette petite houle peu profonde, mais sèche et dure, qui venait heurter sans cesse notre joue. Il faut des années pour apprendre à lire et à interpréter les signes du temps. Seul, le marin expérimenté les trouve partout, dans le scintillement des étoiles, dans la forme, dans la coloration et dans la course des nuages aussi bien que dans les ondulations des flots. Je me couchai donc sans la moindre préoccupation. Au jour, on vint me rendre compte de notre position. Tout allait à merveille. Lorsque je montai sur le pont, la scène avait changé. Un voile de vapeurs, à peine perceptibles à l'horizon, s'était subitement déployé et avait en quelques minutes envahi tout le ciel. J'ai revu ce phénomène dans les mers de Chine à l'approche d'un typhon, et je le tiens pour un des indices les plus certains d'une tempête. Le ciel n'était pas noir, mais d'un gris opaque, uniforme, d'où ne se détachait aucun nuage. Le vent, lorsqu'il souffle du nord-ouest dans le golfe de Lyon, s'infléchit au cap de Creux, et, suivant le contour de la côte, souffle du nord-est dans le canal qui sépare les îles Baléares de la Catalogne. En général, il n'accuse toute sa violence que vers le milieu de ce canal. Près de terre, il s'affaiblit, et il existe même entre le cap Saint-Sébastien et Barcelone une zone de quelques lieues de large, zone menteuse où l'on n'éprouve plus, sous la forme d'une légère brise de sud-ouest, que le remous du grand courant qui s'est produit au nord. Arrivés à la hauteur du cap de Tosa, à quelques lieues du cap Saint-Sébastien, nous commencions à sortir de la zone abritée, et le véritable aspect du temps se montrait.

Il n'y avait jusque-là rien de bien effrayant. Le mistral ne m'avait pas empêché autrefois de traverser le golfe de Lyon avec le *Furet;* il ne me détournerait pas de tenter ce passage quand j'avais sous les pieds un brick tel que la *Comète*. Je savais qu'en avançant je devais trouver le vent de plus en plus favorable, et que ce terrible mistral se ployait pour ainsi dire, en s'arrondissant, aux grandes inflexions du golfe. A huit heures du soir, j'étais sous le grand hunier au bas ris, la misaine, et le petit foc. Les mâts de perroquet étaient dépassés. S'il y avait quelque chance de franchir le golfe, c'était sous cette voilure. A neuf heures, je n'avais plus que le grand hunier, et à dix heures que le petit foc. Je crus qu'il ne nous fallait plus que de la patience, et je m'étendis sur les coussins de notre petite dunette. Il était deux heures du matin. Je reposais assoupi, brisé par la fatigue, lorsque je fus éveillé en sursaut. Le brick était sur le côté, la dunette pleine d'eau, et j'entendais crier sur le pont : « Nous *sommes engagés*. » Je m'appuyai aux deux montants de la porte et je criai à mon tour : « La barre est-elle au vent? Défoncez les sabords! » Un gabier de beaupré, nommé Roque, se saisit d'un anspect et fit voler en éclats le sabord de l'arrière. La *Comète* obéit à sa barre, et pendant que la proue cédait lentement à l'impulsion du vent, nous sentîmes le brick se redresser. L'eau, qui tout à l'heure chargeait sa muraille, s'était écoulée par la brèche que nous lui avions ouverte. Il partit comme un trait, écartant les lames de droite et de gauche, pareil à un cheval échappé. Restait à savoir où il allait ainsi. Je sautai sur ma carte : en faisant le sud-ouest, nous pouvions enfiler sans crainte le canal des Baléares jusqu'au cap Saint-Martin. Je donnai l'ordre de venir au sud-ouest. Deux ou trois lames nous prouvèrent bien vite que cette route était impossible. Nous essayâmes de venir au sud-est; la tentative n'eut pas plus de succès. Le vent était *franc nord*, et tout ce que nous pouvions faire, c'était de fuir vent arrière. On ne pouvait dire que la mer fût très-grosse. Elle était en quelque sorte couchée par le vent; mais la crête des lames, enlevée comme un immense embrun, jaillissait à bord dès que nous présentions à la vague l'une ou l'autre hanche. Nous passions littéralement à travers une couche d'écume, sans pouvoir, bien que la lune brillât au plus haut du ciel, rien distinguer à une encâblure devant nous. J'estimais notre vitesse à douze milles environ à l'heure. Tout flottait sur le pont, les échelles, les coffres à signaux et les cages à poules. La plupart des matelots, l'œil morne et abattu, s'étaient réfugiés sur l'arrière : quelques-uns s'efforçaient d'épuiser d'en bas l'eau qui tombait par les écoutilles dans le faux-pont. Une dizaine de gabiers, l'élite de l'équipage, raffermissait les dromes, faisait jouer les pompes et parait aux mille avaries qui se déclaraient à chaque instant. Deux de ces gabiers, Moulinier et Matty, s'étaient chargés de la barre. Ils ne la quittèrent pas de la nuit. Aucun des officiers ne s'était couché. Tous étaient à leur poste, m'entourant et me secondant. Vers six heures du matin, nous approchions évidemment de la terre. La brise, qui jusqu'alors n'avait été qu'une rafale continue, sembla mollir. Une lame énorme se dressa sur notre arrière et vint déferler sur nous. Je crus qu'elle nous engloutissait et que tout était fini. Je me souviens qu'en cet affreux moment, lorsque j'étais encore accablé sous la montagne d'eau qui nous avait couverts, que le brick semblait s'enfoncer sous mes pieds, et que je m'imaginais ne jamais revenir à la surface, j'eus le temps de faire cette réflexion : « C'est donc ainsi qu'on meurt; je m'étais figuré que c'était plus pénible. » Nous ne restâmes pourtant submergés que quelques secondes. J'entendais autour de moi ces paroles sinistres : « La barre est cassée ! » Il n'en était rien par bonheur. Deux rayons de la roue de gouvernail que serraient de leurs doigts nerveux Moulinier et Matty s'étaient seuls brisés entre leurs mains.

Je pris un grand parti. Il était évident qu'avec la route que nous avions suivie depuis deux heures du matin nous ne pouvions pas conserver l'espoir, que j'avais eu un moment, de passer au large de Minorque. Notre seule chance de salut était de trouver le passage entre cette île et Majorque. Notre point de départ était loin d'avoir le caractère de certitude qui eût été si nécessaire en pareille occurrence. L'erreur de notre position, résultat d'une estime influencée pendant deux jours par les courants, pouvait être de quinze ou vingt milles. Si nous donnions sur Minorque, nous étions en grand danger. Cependant c'est une île peu étendue, et un léger changement de route peut en faire éviter les pointes. Si nous rencontrions la plus grande des Baléares, Majorque, un miracle seul pouvait nous sauver. J'envoyai larguer la misaine et je fis gouverner au sud-sud-ouest. Nous le pouvions alors, parce que la tourmente s'était un peu apaisée. A huit heures, le maître d'équipage, qui était monté dans la hune de misaine, annonça la terre devant nous. Bientôt nous distinguâmes du pont de hautes gerbes d'écume que quelques-uns d'entre nous prirent pour des coups de canon : c'était la mer qui rejaillissait en pluie après avoir frappé la falaise. Ces brisants s'aperçoivent souvent lorsque la côte est encore voilée par la brume. Quelques minutes d'intense anxiété s'écoulèrent ; la terre se dessina plus clairement : elle s'étendait comme une longue bande noirâtre au-dessus de l'horizon ; un seul sommet arrondi en marquait à peu près le milieu. Nous reconnûmes Minorque et le mont Toro. Un soupir s'échappa de toutes les poitrines. Nous inclinâmes encore légèrement notre route sur tribord et passâmes à un ou deux milles de la pointe de Ciudadella. La brise diminuait de violence au fur et à mesure que nous avancions dans le canal. A la misaine, nous ajoutâmes successivement le grand hunier, le petit hunier, puis la grand'-voile, pour nous rapprocher de Majorque et nous abriter sous ses hautes montagnes. A midi, l'équipage riait déjà de ses émotions. Le ciel était bleu, la brise était ronde, et la *Comète* voguait sur une mer unie.... Mais combien de familles cette affreuse tempête avait plongées dans le deuil ! combien de pauvres femmes se trouvèrent avoir prié en vain Notre-Dame de la Garde ou Notre-Dame de Sicié ! combien d'orphelins fit en un seul jour le premier courrier qui arriva de la côte d'Afrique! C'est une rude existence que celle du matelot. Il gagne si peu et il a tant d'êtres à soutenir! Aimez-le, protégez-le, vous qui disposez de ses destinées; mais n'espérez pas qu'il échappe à cette dure loi qui pèse depuis les premiers jours du monde sur la majeure partie de l'espèce humaine. L'homme doit travailler, et la femme doit gémir :

For men must work and women must weep.

J'ai connu des parages plus dangereux que ceux de la Méditerranée; cependant on peut devenir marin dans la Méditerranée aussi bien qu'ailleurs. Les Anglais nous raillèrent quand ils apprirent le sort de cette escadre qui leur avait fait tout à la fois et ombrage et envie. Ils affectèrent de ne voir en nous que des marins de rade et de beau temps. Les vaisseaux de Nelson, au mois de mai 1798, n'avaient pourtant pas été plus heureux que les nôtres au mois de janvier 1841; leurs avaries avaient même été plus graves. La vérité, c'est que dans certains coups de vent exceptionnels il n'y a qu'une science qui serve, celle de les éviter; mais, chose étrange, cette Méditerranée si étroite, nos bâtiments de guerre ne la connaissaient pas. Ils en ignoraient le régime et les ressources. Les cartes que nous possédions ne nous disaient rien de ces précieux abris que la nature a pour ainsi dire creusés à chaque pas du détroit de Gibraltar à l'entrée des Dardanelles. L'Archipel seul nous était devenu familier par de longues stations. Partout ailleurs nous allions à l'aventure sur la foi d'un méchant *routier* dont on avait fixé les principaux points par des déterminations astronomiques. Le coup de vent du 24 janvier 1841 eut au moins cet heureux résultat: l'amiral Hugon découvrit le golfe de Palmas en Sardaigne. Quelque temps auparavant, le commandant Bérard, sur l'*Uranie*, avait annoncé dans la même île l'existence de la baie de Saint-Pierre. On comprit enfin la nécessité d'accorder à la navigation de la Méditerranée un peu de cette sollicitude qu'on prodiguait à celle des mers les plus lointaines. Sur un théâtre où se meuvent des escadres et où l'on expose chaque jour des millions, aucune précaution ne saurait être superflue. Il fut donc décidé qu'on allait s'occuper sans délai de l'exploration des côtes de Sardaigne, de la partie du moins de ces côtes où des flottes entières trouveraient encore aujourd'hui, comme au temps de César et de Charles-Quint, des rades aussi sûres que des ports, aussi vastes que des golfes. Pendant deux années consécutives, cette reconnaissance hydrographique occupa la *Comète*. Nos travaux étaient à peine terminés qu'un nouveau commandement m'appela sur les côtes de Catalogne. On me confia cette fois un brick de vingt canons, le *Palinure*. Quatre ans plus tard, je conduisais dans les mers de Chine une corvette. A la corvette succéda une frégate. Rien ne put me faire oublier les deux navires de mes jeunes années, le *Furet* et la *Comète*. En eux s'était personnifiée pour moi une marine qui allait disparaître.

CHAPITRE IX.

L'avenir.

Il me semble que je parle d'un siècle passé quand je retrace des souvenirs qui n'ont pas encore vingt ans de date. Lorsque les souvenirs vieillissent avec cette rapidité, il faut se hâter de les fixer avant qu'ils ne s'effacent. Qui sait ce qu'une postérité que nous pouvons peut-être voir déjà courir dans les rues réserve à cette marine qu'elle ne connaîtra que par une vague histoire ? Quand la marine de l'antiquité disparut, elle ne laissa dans l'esprit des peuples que d'incomplètes légendes. Des textes mutilés ou imparfaitement compris imposèrent aux marins confondus les plus singulières croyances[1]. Espérons qu'il n'en sera pas ainsi pour la marine dont nous avons vu la transfor-

1. Voyez à l'appendice : *La marine grecque au temps du siége de Troie.*

mation rapide. Je ne me dissimule pas cependant que des questions qui avaient un si haut intérêt quand nous pouvions, d'un jour à l'autre, livrer à nouveau les combats de La Hougue, de La Dominique ou de Trafalgar, ne soient dès à présent tombées dans le domaine de l'archéologie. Ce qu'il nous importe maintenant d'étudier dans ces grands événements, ce sont les hommes, le rôle que leur caractère y a joué, les ressorts qu'ils ont fait mouvoir. L'histoire technique de la marine peut vieillir, je ne crains pas de le répéter ; son histoire dramatique sera toujours jeune.

Je n'aurais probalement pas essayé de ressaisir les traits fugitifs des premières années que j'ai passées sur mer, si toute cette période n'eût été remplie par l'image d'un chef vénéré. Aussi, lorsque cette image me manque, je m'arrête. Dans cette période de renaissance que j'ai essayé de retracer, le rôle de l'amiral Lalande, plus sympathique qu'aucun autre, a été certainement un rôle à part. Il serait injuste cependant de vouloir le grandir aux dépens de ses émules. A côté de lui, nous rencontrons des chefs non moins autorisés, dont la marine a aussi gardé la mémoire. Je ne parle pas de l'amiral Hugon.

Cette noble et sévère figure tient par trop de côtés à la marine de la République et de l'Empire. Je ne parle pas non plus de la jeune et brillante influence qui s'efforçait déjà d'élever au-dessus de nos têtes le drapeau de l'avenir. Les chefs qui ont achevé l'œuvre ébauchée de l'amiral Lalande appartenaient à la même génération que le commandant de la *Résolue*. L'amiral de La Susse nous a révélé ce que vaut la méthode, l'amiral Casy ce que peut l'enthousiasme. L'amiral Baudin nous a montré l'énergie passionnée qui entraîne, l'amiral de Parseval la suprême dignité qui subjugue. Ce qui me paraît distinguer l'amiral Lalande entre tous ces hommes si remarquables à des titres divers, ce sont les grandes perspectives que son esprit embrassait. L'opinion publique peut avoir ses surprises; elle est en général clairvoyante. Elle avait reconnu dans l'amiral Lalande un homme supérieur et le poussait de toutes ses forces au premier rang. L'amiral se sentait lui-même digne d'y arriver. Lieutenant de vaisseau, il disait déjà en riant à ses camarades : « Quand je serai ministre! » Les événements de 1814 et de 1815 l'avaient surpris sans le décourager. Beaucoup d'officiers croyaient que c'en était fait de la marine. Les armements étaient suspendus, un transport-écurie tenait station dans le Levant, des goëlettes suffisaient aux Antilles ; la plupart des officiers vivaient péniblement d'une maigre demi-solde. Le lieutenant Lalande attendit avec confiance des temps meilleurs. Il avait deviné les prodigieuses ressources de la France. Le père de l'amiral, au grand scandale des bourgeois du pays, avait vendu la presque totalité d'un patrimoine qui n'était pas considérable pour donner une bonne éducation à ses fils. Il leur avait laissé peu de bien, mais, par cette sage prodigalité, avait assuré leur avenir. De ses quatre enfants l'aîné était notaire, le second était mort officier supérieur en Russie, le troisième était général, le plus jeune était devenu l'honneur et l'espoir de notre flotte.

Le lieutenant Lalande, mis un peu à la gêne par la réduction du budget, vécut pendant quelques années du produit des parts de prise que lui avait values une croisière heureuse sur la frégate la *Nymphe.* Il portait toute sa fortune dans une ceinture. Avant que cette réserve ne fût épuisée, le flot vint et le souleva. Il rentra joyeux dans la carrière active, y fit des pas rapides et se trouva officier-général dans un âge où, avec une meilleure santé, il eût pu rendre encore à son pays de longs services. Ce fut à Ourlac, après le retour de sa campagne d'évolutions à l'entrée des Dardanelles et sous Saint-George de Skyro, qu'il nous apparut dans toute sa séve martiale et dans tout son éclat. Il semblait, à voir son activité dévorante, qu'il n'eût plus de temps à perdre. L'amiral Lalande se mourait en effet depuis l'âge de vingt ans, il n'avait pas de corps : ce n'était qu'une volonté, il voulait vivre ; il le voulait, si je puis m'exprimer ainsi, avec acharnement. Il défendait sa vie contre une maladie implacable, et ce qu'il y avait de plus admirable en lui, c'est qu'il la défendait gaiement[1]. Il ne

1. Je ne parle que preuves en main de cette triste et inaltérable gaieté. On en pourra juger par les extraits suivants :

« Paris, 22 novembre 1843. — J'en suis revenu à mon lait pour unique aliment, et je m'en trouve fort bien. On dit qu'on peut très-bien vivre avec une ennemie comme une hydropisie bénigne ; mais je n'entends pas de cette oreille-là, et veux guérir.... Je m'arme de patience pour passer l'hiver comme un *bon à rien*, ce qui, en conscience, ne me va guère. »

« Paris, 16 décembre 1843. — Je me suis fait percer le ventre pour la sixième fois, et je suis tout dégagé en ce moment. On me dit et je veux croire que je continue à aller de

pouvait croire qu'il dût mourir si tôt, quand il avait encore tant de choses à faire. Les souffrances n'étaient rien pour lui; elles avaient été impuissantes à le lasser de l'existence, car il aimait ce monde dont tant de fous médisent. Il mourut cependant calme et fier, triste sans amertume, résigné sans espoir. C'est dans l'été de 1844 que notre marine perdit, à l'âge de cinquante-sept ans, cet homme qui avait tant fait pour elle[1].

Quoiqu'il appartînt par ses affections et par ses études à la marine d'autrefois, l'amiral La-

mieux en mieux. Je ne m'en aperçois que lorsque je ne souffre pas. Ce que je vois, c'est qu'il faut se résigner à passer l'hiver au coin du feu, bien chaudement, et en s'étudiant au rôle de *bon à rien*, que je n'aime pas. »

« Paris, 28 décembre 1843. — Tu sais toucher la corde sensible, mon cher Edmond. Oui, j'espère bien que je retournerai à l'eau et que nous y serons ensemble à parader, comme tu dis, puisque nous en sommes réduits là; mais en paradant on se dispose aux choses sérieuses, et il en peut surgir d'un moment à l'autre.... Mais quand pourrai-je d'abord, et quand voudra-t-on m'envoyer parader? Ce sont là deux grandes questions. Je suis capable d'intriguer pour résoudre la dernière, et je me résigne à tout pour attendre la première. Mes docteurs disent que je suis tout à fait en bonne voie, et je les crois. »

1. Voyez à l'appendice : *Détail des services du vice-amiral Lalande.*

lande était précisément l'homme qui eût pu porter la plus vive lumière dans la situation d'aujourd'hui[1]. Il excellait à dégager une idée

1. « Je ne suis absolu en rien, » m'écrivait l'amiral, et il le montrait par la sympathie avec laquelle il acceptait les perspectives de l'avenir. Les lettres dont j'offre ici quelques extraits ont précédé de près d'un an la *Note sur les forces navales de la France*, publiée dans la *Revue des Deux-Mondes*, du 15 mai 1844, note qui traçait avec une grande hardiesse et une rare fermeté de coup d'œil tout un programme nouveau pour le développement de notre marine.

« Paris, 9 octobre 1843. — .... Je te crois en conscience quand tu me dis qu'on laisse jeûner la voile, tandis que la vapeur est dans la litière jusqu'au ventre. Ce n'est peut-être pas un mal, car pour arriver à bien faire, il faut faire beaucoup et même trop. C'est de l'argent gaspillé; mais, s'il y a des résultats, je m'en consolerai facilement. »

« 21 octobre 1843. — Si je ne puis approuver les capitaines qui n'ont jamais assez, qui ne trouvent bien que ce qu'ils ont fait faire, défaire ou refaire, je n'ai pas non plus la moindre estime pour ceux qui trouvent tout bien, sans avoir même regardé, et s'en rapportent aux autorités du port et au règlement pour qu'il ne leur manque rien. »

« Paris, 1er décembre 1843. — Les bureaux sont obligés de convenir que M. de Mackau s'occupe sérieusement et fructueusement de son affaire; mais ils sont fort mécontents de l'allure qu'il prend de les faire beaucoup travailler, de leur demander mille renseignements, et puis de décider sans qu'ils en sachent rien. Ce n'est pas leur compte, quoique ce soit raisonnable....

« Tu es ou plutôt nous ne sommes pas les seuls effrayés de la dépense des vapeurs. Le ministre en est tourmenté. Il est venu me voir l'autre jour, et nous n'avons guère parlé que de juste et fondamentale des détails au milieu desquels il est si facile de s'égarer. En marine, il partait d'un principe aussi simple qu'absolu : tout pour la flotte, — c'est-à-dire faire tout converger vers le bon et prompt armement du plus grand nombre de vaisseaux possible. Le faste des arsenaux ne lui imposait pas. Ce n'était point aux monuments des ports qu'il jugeait la force d'une marine : il la reconnaissait à la puissance productive des chantiers, à la richesse des approvisionnements, et surtout à la forte constitution du personnel. Il rêvait une armée de mer permanente, se rapprochant beaucoup sous ce rapport des idées qui ont prévalu en Russie. Je ne sais s'il avait bien mesuré toute l'étendue de son vaste programme ; mais il est certain que, s'il eût vécu de nos jours, son ambition eût reçu des modernes découvertes que nul en 1840 ne pouvait encore soupçonner un encouragement

cela. Il revient sans cesse sur ce grand *hic*. « Les transatlanti-« ques, dont nous allons peut-être rester chargés, coûteront « plus d'entretien à eux seuls que toute la flotte à voiles ! » Je réponds : « Tous les perfectionnements doivent avoir pour « but de diminuer cette énorme dépense et de fondre les deux « marines, comme on a fait de la lance et de l'arquebuse. La « marine de nos jours doit être — *un fusil à baïonnette*. »

inattendu et comme une impulsion nouvelle. Sa flotte, quel que fût le nombre des bâtiments dont il l'eût composée, eût été avant tout une flotte de combat. C'est lui qui se déclara si énergiquement l'ennemi de la *poussière navale* : il appelait ainsi, non pas tous les bâtiments qui ne pouvaient pas figurer en ligne, mais tous ceux, grands ou petits, qui n'avaient aucune valeur militaire. Quand la Constituante, en 1790, voulut se rendre compte de ce que c'était qu'une marine, les uns lui affirmèrent que c'était une administration, d'autres soutinrent que ce ne pouvait être qu'une armée. Pour l'amiral Lalande, la marine n'était pas seulement une armée, c'était, dans la plus étroite acception du mot, une escadre.

J'accepte volontiers la définition ; mais cette grande escadre qui doit embrasser la marine dans son ensemble, comment la constituer en 1865 ? La situation n'est plus aussi simple qu'elle l'était en 1844. La Révolution a été déchaînée, et ceux qui l'ont introduite dans le monde naval ne savent plus eux-mêmes où elle les mène. Une flotte est à peine construite qu'il en faut bien vite ébaucher une autre. On marche et l'on trébuche à chaque pas sur un progrès nouveau. Les budgets se lassent et les haches s'émoussent. Des forêts entières descendent des montagnes dans nos arsenaux, des armées d'ouvriers sont debout auprès des chantiers attendant le modèle qui n'est pas encore sorti du cerveau de l'ingénieur. C'est une heure de fièvre, mais c'est aussi une heure de trouble. Gardons encore, s'il se peut, notre sang-froid. Ce bouleversement est pour nous une moins rude épreuve que pour l'Angleterre. Il n'atteint d'ailleurs que le matériel. Les questions qui concernent le personnel marin ont gardé toute leur importance et peuvent être résolues avec la même précision qu'il y a vingt ans.

Chargé de passer l'inspection générale des bâtiments qui portèrent au Mexique une armée de plus de trente mille hommes, j'ai fait en quelque sorte défiler sous mes yeux toutes les forces vives de notre marine. J'ai vu un corps d'officiers dans la force de l'âge et déjà pleins de maturité, d'une instruction si vaste, si variée, si profonde, qu'il n'est pas de problème qui leur soit étranger. Agrandissez autant qu'il vous plaira la sphère de leur action, vous trouverez à peine un rayon assez étendu pour embrasser toutes les aptitudes que cet admirable personnel vous offre. Je puis le louer sans crainte; j'appartiens à un autre âge. J'ai beaucoup fréquenté la marine anglaise; je la tiens en très-haute estime, et personne ne sait mieux que moi ce que nous avons gagné à l'étudier de près. Je ne crois pas cependant qu'à aucune époque nous ayons été en meilleure situation pour soutenir une guerre exclusivement maritime. Richard Cobden le proclamait il y a quelques jours en plein parlement sans provoquer un seul démenti : plus de la moitié du peuple anglais vit aujourd'hui du blé qui lui vient du dehors. C'est une garnison dont la subsistance est compromise, si ses communications sont coupées. L'assaut est donc inutile contre cette place qu'on pourrait aisément affamer; seulement il faut se tenir en garde contre les sorties.

Il est dans la destinée des deux plus grandes puissances de l'Europe de se mesurer sans cesse des yeux, et, alors même que la cordialité de leurs rapports est le mieux assurée, de se prendre mutuellement pour objectif. Acceptons cette nécessité, mais luttons d'industrie plutôt que de vitesse. Du jour où je suis entré dans la marine, je n'ai entendu parler que de guerre contre l'Angleterre. Voilà trente-quatre ans que nous nous y préparons, et c'est hier encore que, des hauteurs de l'Alma, nos soldats volaient au secours des *life-guards* et des *highlanders*. Depuis cette époque, le fantôme de l'invasion a fait sortir de terre une armée de volontaires effarés; mais le clairon des zouaves ne s'est encore fait entendre des Anglais que dans la journée d'Inkermann. Nous avons donc le temps d'affermir notre programme et de le bien considérer sous toutes ses faces. Nous avons eu jusqu'ici l'initiative des plus hardies et des plus fécondes nouveautés ; ne souffrons pas que sous ce rapport on nous devance. Tranquilles du côté des instruments qu'on nous prépare, nous aurons plus sujet encore de l'être du côté de ceux qui s'en serviront. Je le répète, notre corps d'officiers n'a pas son pareil en Europe; celui des sous-officiers a la même valeur. Les matelots, peu nombreux, le sont assez depuis que les équipages, réduits de plus de moitié sur les étranges et formidables navires de nos jours, tendent à se restreindre encore. Ils sont instruits, vaillants et d'une douceur qui fait de la discipline navale un jeu. Les châtiments corporels n'ont été abolis sur la flotte que par un décret de la République. L'exemple de l'amiral Lalande les avait depuis quelques années presque abolis de fait. En rendant nos matelots des artilleurs habiles, en demandant chaque jour davantage à leur intelligence, on éprouva le besoin de ménager leur dignité et de les relever à leurs propres yeux. La discipline repose aujourd'hui à bord de nos bâtiments sur l'ordre et sur la méthode. Il n'y a que la France qui puisse jeter un équipage sur un navire armé de la veille et trouver le soir même chaque matelot à son poste. Si, comme on l'a dit souvent, la marine est la plus fidèle image de l'état social d'un pays, nous avons lieu de nous féliciter de la situation morale de la France.

En fait de matériel, il est urgent, sans doute, d'être novateur. Quand il s'agit de personnel, j'incline vers la conservation, vers celle, bien entendu, qui améliore, qui perfectionne avec soin les détails, mais qui respecte les principes des choses. Ce bien dont nous jouissons, il n'est pas né en un jour. Il est d'abord l'héritage du grand siècle, le legs respectable et précieux de Colbert. Le règne de Louis XV lui-même a eu ses traditions. Les officiers qui avaient connu Duguay-Trouin, l'amiral de Court et M. de l'Étenduère n'ont pas été inutiles à la génération qui a fait la guerre d'Amérique. Les chefs qui nous ont instruits sous la Restauration et sous le gouvernement de Juillet nous venaient de l'Empire[1]. Nous-mêmes nous transmettons

1. Une de mes querelles avec l'amiral Lalande, — car il avait assez de condescendance pour me permettre de soutenir, non sans vivacité, des opinions qui n'étaient pas toujours d'accord avec les siennes, — portait sur les critiques, à mon gré, un peu trop sévères qu'il adressait souvent à une époque marquée, il est vrai, par de grands désastres. Je retrouve une lettre, datée du 29 juin 1841, dans laquelle l'excellent amiral veut bien prendre la peine de m'expliquer à ce sujet sa pensée. « Je crois important, me dit-il, de redresser ton jugement sur l'opinion que tu m'attribues à l'égard de mon temps, c'est-à-dire à l'égard de la marine de la République et de l'Empire. Les Duperré, les Jurien, les Bourayne, les Bouvet, les Dupotet, etc., ont mille fois raison d'être glorieux de leurs hauts faits, car avant et depuis eux on n'a rien fait ni de mieux, ni d'aussi bien; mais à qui doivent-ils et devons-nous cette gloire? A eux, à eux tout seuls, à leur valeur personnelle, car il n'existait rien dans les institutions ni dans les usages qui leur vînt en aide. Où ils ont non-seulement passé, mais triomphé, cent autres seraient restés, et cent autres ont succombé à bien plus faible épreuve. Ceux qui n'avaient pas une valeur supé-

à une jeunesse impatiente les leçons que nous avons reçues des Duperré, des Roussin, des Rigny, des Baudin, des Hugon, des Lalande, des La Susse, des Parseval, des Hamelin et des Bruat. La marine à vapeur a ses ancêtres dans la marine à voiles; la marine d'aujourd'hui trouvera le phare qui la doit guider dans la trace lumineuse que laisse après elle la marine d'autrefois. Un établissement qui a pu survivre à tant de mécomptes et à tant de catastrophes, qui s'est

rieure, qui n'avaient pas *ce mérite si rare d'inspirer confiance et affection*, ont tous succombé, quelle que fût leur valeur comme marins et comme militaires. Or ce n'est pas pour les hommes supérieurs et hors ligne qu'il faut faire des règles, c'est pour le commun des martyrs; et c'est pour ce commun des martyrs que nous sommes mille fois mieux en mesure qu'autrefois. L'armée de Ganteaume, dont je faisais partie, sortait pour combattre, sans avoir jamais tiré un coup de canon et sans avoir essayé de prendre un ris. Vit-on jamais une incurie pareille? Et pas lus tard qu'en 1831 n'a-t-on pas vu quelques-uns des vaisseaux qui allaient forcer l'entrée de Lisbonne dans le même état d'ignorance? Et en 1836! En 1836, on sortait, pour aller dicter la loi aux Américains, dans un état pire encore. C'était un fouillis comme ceux que j'ai vus à nos sorties sur le *Colosse* en 1819 et sur l'*Eylau* en 1824, c'est-à-dire que ces vaisseaux ne valaient pas pour quoi que ce fût la plus mince des frégates. Avec ce système, on ne peut avoir que des défaites, à moins, comme je te l'ai dit, de confier chaque bâtiment à un de ces hommes qui domptent les événements et la fortune. S'en trouve-t-il beaucoup? — *Dixi.* »

relevé après les plus longues périodes d'abandon et d'oubli, doit avoir dans sa constitution même une vitalité qu'il serait au moins imprudent de méconnaître.

La campagne de Crimée, par la rapidité de mouvement qu'elle n'avait cessé d'exiger, par le spectacle de cette magnifique escadre russe, condamnée à l'immobilité dans le port de Sébastopol, vint précipiter la déchéance du vaisseau à voiles; mais avant d'entreprendre la création d'une marine qu'on voulait mettre tout d'un coup au niveau des plus récents progrès de l'art naval, on prit soin d'étudier dans leur ensemble les crédits qu'exigerait annuellement la constitution de la flotte nouvelle. C'est ainsi que fut déterminée en 1857 l'importance de notre établissement maritime. L'armée de terre avait 100 régiments, l'armée de mer dut avoir 150 navires de combat, ou pour mieux dire l'équivalent de ces 150 navires, car on prévoyait déjà le remplacement des vaisseaux et des frégates à vapeur par des types plus coûteux, modèles insaisissables encore qu'allait fournir une science constamment en travail et qui de longtemps ne devait être stationnaire. Le jour où fut arrêté ce programme, *la marine d'autrefois* eut vécu. Une sorte de solennité sembla présider à sa condamnation. Ce fut en plein conseil d'État, les sections de la guerre, de la marine et des finances réunies, que l'arrêt rigoureux, un arrêt suprême et sans appel, lui fut signifié. Après une délibération, telle qu'on la pouvait attendre de cette grande assemblée au sein de laquelle tant de questions sont venues chercher la lumière, il fut décidé qu'à dater du 1er janvier 1858 un navire à voiles, quel que pût être le nombre de ses canons, cesserait d'être considéré comme un navire de guerre. Ainsi finit une marine qui avait duré 200 ans. La marine de Louis XIV, de Louis XV et de Louis XVI, celle de la république et de l'empire, la marine même du gouvernement de Juillet, ce ne sont pas des marines différentes; c'est la même marine à différents âges. Entre le *Soleil-Royal* monté par le maréchal de Tourville et l'*Océan* monté par l'amiral Hugon, il n'y a que des perfectionnements de détail, perfectionnements que deux siècles ont été bien lents à réaliser. Entre l'*Océan* et le *Napoléon*, il y a toute la distance qui sépare le reptile de l'oiseau.

Saluons de nos espérances cet astre nouveau sous lequel notre carrière s'achève. L'avenir est plein de promesses. Le passé est plein d'encouragements. Il est plein de leçons aussi. Il nous apprend que nous avons eu une grande et respectable marine toutes les fois que nos finances ont pu nous donner une flotte suffisante. Grâce à la force de nos institutions, le personnel — chose étrange et presque incroyable! — n'a jamais manqué au matériel, je ne dis pas pendant la période révolutionnaire, mais dans le cours du dix-huitième siècle. Aujourd'hui plus que jamais la question se trouve reportée tout entière sur le terrain financier. C'est en vain que nous remanierions chaque jour notre organisation intérieure, si nous n'avions pas l'appui assuré du trésor public. Tout nouveau vaisseau que nous mettons à la mer, en même temps qu'il nous apporte un surcroît de force, nous impose une nouvelle charge et une augmentation inévitable de dépenses. C'est un fonds dont il faut à la fois servir régulièrement l'intérêt et amortir, en dix-huit années au plus, le capital. Rien ne sert donc de grossir le chiffre de sa flotte, si l'on ne s'assure à l'avance les moyens de ne pas la laisser dépérir. En toute chose, sans doute, mais bien plus encore en marine, il est essentiel de régler ses aspirations sur ses ressources. Pour constituer une puissance durable, il vaut mieux suivre avec persévérance un sage programme, qu'afficher un programme ambitieux qu'on ne suivra pas.

Le programme de 1857 convenait au temps où il fut arrêté. On peut s'y tenir jusqu'au jour où les circonstances permettront un plus grand effort. La puissance de la France n'a pas dit son dernier mot.

LA SARDAIGNE

EN 1842.

LA SARDAIGNE

EN 1842.

PRÉFACE.

J'ai déjà raconté dans les pages qui précèdent comment vers la fin du mois de janvier 1841, une escadre de cinq vaisseaux, sortie de Toulon pour se rendre aux îles d'Hyères, fut dispersée par un violent coup de vent, et forcée de chercher un refuge dans les ports de la Sardaigne. Bien qu'à proximité des possessions françaises, cette île avait été jusqu'alors négligée par notre marine, et nos cartes n'en donnaient qu'une idée très-imparfaite. L'accident qui nous y conduisit fit sentir la nécessité de la mieux connaître. Le gouvernement français obtint donc de la cour de Turin l'autorisation de faire lever par un de nos bâtiments les plans des ports de la Sardaigne.

Le brick la *Comète* fut désigné pour remplir cette mission. Au mois de mai 1841, nous quittions Toulon, faisant voile pour Cagliari.

Les circonstances étaient alors très-favorables pour une exploration définitive de cette région intéressante. M. le général de La Marmora, directeur de l'école de marine à Gênes, venait d'achever, avec le concours de M. le chevalier de Candia, la rédaction d'une carte générale de l'île. Leur travail avait été soigneusement relié à la grande triangulation de la Corse. C'était un précieux avantage que de pouvoir s'appuyer sur une pareille base, au lieu de se borner à des déterminations astronomiques, comme l'avaient dû faire les hydrographes qui nous avaient précédés. Notre entreprise devait encore être facilitée par l'hospitalité empressée, les recommandations, les renseignements de plusieurs personnages aussi bienveillants qu'éclairés.

Dès notre arrivée à Cagliari, le consul de France, M. Cottard, se chargea de nous présenter au vice-roi. On nous fit attendre quelque temps dans une vaste salle où se trouvent appendus, à une haute muraille grise, les portraits de tous les vice-rois qui ont gouverné l'île depuis sa réunion à la couronne d'Aragon. Rien ne semblait moins encourageant que la contenance rébarbative de toutes ces Excellences bardées de fer, qui nous jetaient un fier regard du haut de leurs cadres vermoulus. Nous nous trouvâmes plus à l'aise avec leur successeur. M. le comte dell' Assarte nous reçut de la façon la plus gracieuse, et cet accueil nous parut d'un heureux augure pour l'avenir de notre expédition. C'est en effet à l'intérêt constant que M. le comte dell' Assarte voulut bien nous témoigner que nous dûmes de rencontrer partout un dévouement affectueux. Outre les recommandations qu'il prit la peine d'expédier de tous côtés, il eut encore la bonté de nous faire remettre une espèce de firman, revêtu de ses armes, dans lequel il intimait l'ordre aux autorités de la côte et de l'intérieur de nous venir en aide en toute occasion. Au moyen de ce talisman, les difficultés que nous aurions pu rencontrer dans le mauvais vouloir des habitants s'aplanirent devant nous. Deux campagnes nous suffirent pour explorer minutieusement les côtes méridionales de la Sardaigne, depuis la baie de Saint-Pierre jusqu'au cap Ferrato.

De tous les pays que j'ai visités, je ne sais

pourquoi la Sardaigne seule m'a laissé une secrète sympathie. Peut-être l'obscurité où elle a vécu jusqu'ici, et qui l'a préservée de l'invasion des touristes, est-elle un grand charme à mes yeux ; car j'ai pour les pays que j'aime une sorte d'affection jalouse qui n'admet pas volontiers de partage. Il semble que trop de regards profaneraient les sites qui m'enchantent, et qu'ils cesseraient de me plaire, si chacun pouvait les admirer. Le secret de ma prédilection pour la Sardaigne n'est point cependant tout entier, je l'espère, dans cette jouissance ombrageuse, dans ce besoin envieux de possession exclusive dont je m'accuse sans détour. Il doit s'y mêler, si je ne suis pas un ingrat, quelque souvenir des bontés dont j'ai été l'objet pendant mon séjour dans cette île.

Notre expédition avait un but purement scientifique. Elle eut pour résultat, outre le levé détaillé des golfes de Cagliari, de Palmas et de Saint-Pierre, la reconnaissance de l'écueil qui a succédé à l'île Julia dans le canal de Malte et l'exploration du vaste plateau sous-marin qui s'étend au sud de la Sardaigne[1]. Mais cette ex-

1. Voir à l'appendice : 1° *L'île Julia et l'écueil qui lui a succédé;* 2° *Recherche du danger signalé au sud du Toro.*

pédition, dans laquelle nous n'apportions que le zèle et les espérances d'hydrographes pénétrés de l'importance de leur mission, devait nous présenter un attrait auquel nous n'avions pas songé, et qui tient au singulier oubli dans lequel a été laissé, depuis des siècles, le pays que nous visitions. La Sardaigne était à peu près inconnue, il y a quelques années. L'étroite ceinture des flots bleus de la mer Tyrrhénienne avait mis plus de distance entre cette île et le continent européen, que l'immensité de l'Océan n'en met aujourd'hui entre l'Australie et la Grande-Bretagne. La marine sarde, n'ayant rien à exporter d'une terre appauvrie, se bornait à un petit commerce de cabotage sans cesse menacé par les Barbaresques. Le commerce d'importation était éloigné par des droits excessifs et des prohibitions sans but; les curieux, ne trouvant point de communications régulièrement établies, reculaient devant des traversées qu'il eût fallu tenter la plupart du temps sur des bateaux peu sûrs. Aussi, après avoir partagé avec la Sicile l'honneur de nourrir le peuple romain, et avoir servi de théâtre aux querelles des républiques italiennes pendant le moyen âge, cette île était depuis plus de trois cents ans retombée dans un oubli à peu près général, malgré quelques estimables tentatives pour la signaler à l'attention de l'Europe.

En 1798, un écrivain né en Sardaigne, Azuni, jurisconsulte habile accueilli en France sous le Directoire, fit paraître sur son pays un essai qui, bien que composé à la hâte, méritait cependant plus de succès qu'il n'en obtint. En 1819, trois autres ouvrages furent publiés sur la Sardaigne, l'*Histoire ancienne et moderne* de l'île, par M. Mimaut, consul de France à Cagliari, et deux descriptions complètes du pays, l'une par M. William Smyth, capitaine de la marine anglaise, l'autre par M. le comte de La Marmora, qui n'était alors que capitaine d'état-major. De ces trois publications, l'ouvrage de M. le comte de La Marmora, dont la seconde édition a paru en 1839, est sans contredit la plus remarquable. Cet écrivain distingué a su appliquer à l'étude d'un pays où tout était nouveau, où tout était à décrire, des connaissances très-étendues et très-variées, un jugement plein de netteté et de profondeur. Mais pendant que ces observateurs étudiaient avec étonnement une civilisation qui, restée enfouie sous la lave du moyen âge, datait encore du quatorzième siècle, il se passait une chose qui allait ravir bientôt à la Sardaigne le charme de son originalité et de sa mystérieuse existence. Un jour, les Sardes aperçurent de leurs rivages une colonne de noire fumée qui s'avançait vers leurs ports. C'était l'Europe qui venait à eux. Un service régulier de bateaux à vapeur avait été organisé par les soins du roi Charles-Albert entre Gênes et les deux extrémités de la Sardaigne; le premier paquebot se dirigeait sur Cagliari.

Ces bateaux à vapeur sont de singuliers agents de propagande. Leur course infatigable efface les distances; sans cesse ils transvasent les populations d'une rive à l'autre, et les assimilent en les mêlant. Un peuple qui communique tous les quinze jours avec le continent ne peut rester longtemps étranger à ses mœurs et à ses institutions. Devenue accessible aux voyageurs les moins entreprenants, la Sardaigne ne tardera pas à perdre le genre d'intérêt qu'elle excite encore. Si l'on veut conserver le souvenir d'une physionomie que les influences extérieures auront altérée avant peu, il y a en quelque sorte urgence d'en prendre une dernière empreinte : c'est là ce qui m'a déterminé à reproduire ici les impressions et les notes que j'ai recueillies en Sardaigne, pendant un séjour de deux années.

CHAPITRE I.

Description de l'île de Sardaigne.

La Sardaigne, dont la longueur du nord au sud est de cent quarante-quatre milles géographiques, et la largeur moyenne d'environ soixante milles, n'est séparée de la Corse que par un étroit canal de six milles et demi. Par le nord, elle est à cinquante-trois lieues de Toulon; par le sud, à quarante-deux lieues de Bone et quatre-vingt-quinze d'Alger. Pour constater en peu de mots l'intérêt qui s'attache à la position maritime de la Sardaigne, il suffit de rappeler que cette île commande le plus important des bassins formés par la Méditerranée; qu'également menaçante sur ses quatre faces, elle semble s'élever entre l'Italie, l'Espagne et l'Afrique, ainsi qu'une immense forteresse, présentant à chaque angle un port comme bastion, obligeant Marseille et Livourne à passer sous ses glacis, et dominant en même temps la grande route commerciale qui vient de Gibraltar et se bifurque à l'entrée du canal de Malte pour aller aboutir à Constantinople et à Alexandrie.

Un hydrographe de l'antiquité classait ainsi les îles de la Méditerranée, d'après leur étendue. « La Sardaigne, disait-il, est la plus considérable, la Sicile vient ensuite. Après elle, il faut placer la Crète, Chypre, l'Eubée, la Corse et Lesbos. »

La Sardaigne, en effet, d'après les calculs du capitaine Smyth, quoique moins riche et moins peuplée que la Sicile, l'emporterait sur elle par son étendue[1]. La superficie de la Sardaigne, en y comprenant celle des petites îles adjacentes, est de près de sept mille milles géographiques carrés, ou environ deux cent trente-neuf myriamètres; mais ce qui lui mériterait le premier rang entre les îles méditerranéennes, ce n'est pas sa superficie, ce n'est pas même la fertilité de son sol : c'est sa ceinture de ports; ce sont ces dix mouillages qui, sur un périmètre de

1. Il faut dire cependant que d'autres calculs établissent au contraire un avantage de 22 à 30 myriamètres carrés du côté de la Sicile.

plus de deux cents lieues, forment autant d'étapes pour le commerce ou pour la guerre.

Si nous commençons l'exploration de ce littoral, qui s'enfonce à chaque pas en des golfes profonds ou se découpe en archipels tutélaires, par l'extrémité nord-est de la Sardaigne, nous voyons d'abord le groupe des îles de la Madeleine abriter les baies d'Arsachena et d'Azincourt, où Nelson venait se réfugier pendant ses longues croisières devant Toulon. A quinze lieues de là, l'île d'Asinara, qui touche à la Sardaigne et forme son extrémité nord-ouest, présente sur sa côte orientale les mouillages de la Reale et des Fornelli, excellents abris auxquels peut se confier une frégate, et qui servent pour ainsi dire de rade à la darse insuffisante de Porto-Torrès. Tournant la pointe d'Asinara, nous n'avons pas fait onze lieues vers le sud que nous rencontrons un autre port. C'est Porto-Conte, près de la ville d'Alghero, le plus sûr et le plus abrité des ports de la Sardaigne. Seize lieues plus bas, sous le cap de la Frasca, à la pointe sud du golfe d'Oristano, une frégate peut mouiller en toute sécurité. Après Oristano, à douze lieues plus loin, commence enfin, dans le sud, la magnifique série des vastes bassins creusés par la nature. Cette partie du littoral comprend dans son développement la baie de Saint-Pierre, formée par l'île de cė nom; celle de Palmas, entre le continent sarde et l'île de Saint-Antioche; celle de l'île Rousse, vers le cap Teulada, et enfin le grand golfe de Cagliari, dont l'entrée, de Pula à Carbonara, a vingt-quatre milles d'ouverture. La côte orientale est moins bien dotée que les autres. L'abri de la petite île de Tortoli, à dix-sept lieues du cap Carbonara, ne saurait donner de sécurité qu'à des bricks, et il faut remonter jusqu'aux golfes de Terra-Nova et de Congianus, situés à trente-six lieues de Carbonara et à huit lieues environ des îles de. la Madeleine, notre point de départ, pour renouer cette riche et forte chaîne de baies spacieuses, de ports faciles à défendre.

L'aspect général de la Sardaigne est celui d'une contrée montagneuse et accidentée. Toutefois, ses montagnes, comparées à celles de la Corse, n'ont qu'une médiocre élévation, et semblent la continuation affaiblie des croupes gigantesques du Monte-Rotondo et du Monte-Cinto. En effet, une chaîne granitique dirigée du nord au sud, prenant naissance au nord de la Corse et venant mourir au cap Carbonara, à l'extrémité méridionale de la Sardaigne, forme le noyau de terrain primitif dont paraît avoir été composée, dans les premiers âges géologiques, cette portion de continent aujourd'hui divisée en deux îles, la Corse et la Sardaigne. Cette chaîne centrale, prolongée transversalement par des ramifications secondaires, souvent interrompue par de profondes coupures ou par de larges plateaux, bouleversée par des perturbations qui ont couvert le sol de grandes nappes de roches d'éruption, atteint, vers le centre de l'île, sous le nom de Gennargentù, la hauteur de 1917 mètres. Celle du Monte-Rotondo, en Corse, est de 2672 mètres.

L'aridité de ces montagnes n'en détruit cependant pas la majesté, à en juger du moins par l'aspect de la région méridionale, que nous avons particulièrement explorée. Le chaînon qui se ramifie vers le sud-est, en poussant jusqu'à la mer la pointe de Carbonara, est un entassement de blocs granitiques qui affectent des formes tourmentées et bizarres, comme pour conserver le souvenir d'un gigantesque bouleversement.

Des tableaux encore plus saisissants s'offrirent à nous pendant les laborieuses journées que nous employâmes à sonder la rade de Saint-Pierre. Vers une heure, quand le soleil de juin devenait intolérable, et que la faim nous pressait, nous cherchions à terre un abri pour quelques instants. Tantôt nous trouvions l'ombre et la fraîcheur dans les fractures d'un terrain bouleversé; tantôt une falaise qui semblait avoir été tranchée d'un seul coup, tant elle était lisse et inaccessible, se dressait bariolée par de larges stries d'ocre jaune et rouge. D'autres fois, c'était un promontoire de trachyte bleuâtre qui surgissait à nos yeux, et ses colonnes juxtaposées, avec leurs découpures bizarres et leur merveilleuse efflorescence, nous donnaient l'idée d'un château gothique sorti par magie du sein des eaux. Des falaises de porphyre, d'un rouge brun luisant, nous ont parfois offert des asiles splendides. Une étroite fracture qui se prolongeait jusqu'au haut de la falaise, et qui laissait à peine passage à notre canot, nous introduisait dans un vaste bassin rempli d'une eau limpide et profonde. Les massifs rochers, inclinés l'un vers l'autre, pressaient entre eux, au sommet du dôme qu'ils formaient sur nos têtes, une gigantesque clef de voûte mal attachée, menaçante, et qu'on eût dit devoir s'abattre à la moindre vibration de l'air. Néanmoins, fascinés par la magnificence du spectacle, nous prenions possession de ce palais de fées en poussant notre canot jusqu'au centre du bassin. Au dehors, la mer venait en mugissant se briser sur les roches, mais elle semblait respecter notre asile enchanté, et, à l'intérieur, sa surface restait calme et transparente.

Les plaines les plus étendues comprises entre les contreforts des différentes chaînes de montagne, sont arrosées par de nombreux ruisseaux, mais aucun grand cours d'eau ne les traverse : la constitution géologique de la Sardaigne s'y oppose ; le sol y est trop tourmenté pour permettre à une rivière un peu considérable de développer son cours. Les principaux ruisseaux sont en été de maigres filets d'eau que l'hiver transforme en torrents. Alors, grossis par des pluies diluviennes, ils descendent des montagnes, entraînant les terres sur leur passage, franchissant les ravins et les précipices, et sortant de leur lit mal encaissé pour se répandre dans de vastes plaines qu'ils changent, pendant la moitié de l'année, en marécages.

La Sardaigne réunit aux avantages attachés à l'admirable position qu'elle occupe dans la Méditerranée celui de posséder un sol fertile et propre aux plus riches cultures. Sa population n'est cependant que d'environ 515 000 âmes, un peu plus de 21 habitants par kilomètre carré. Les calculs qu'on a faits sur la population spécifique de la Corse ont donné à peu près les mêmes résultats. C'est rester bien loin des 181 habitants qui représentent la densité de la population dans le département du Nord, et même des 63 qui expriment en moyenne celle de la France. Des 515 000 habitants de la Sardaigne, 94 000 résident dans les villes de Cagliari, Sassari, Alghero, Castel-Sardo, Tempio, Ozieri, Nuoro, Oristano et Iglesias; les autres sont répandus dans les 368 communes de l'île.

Cagliari renferme près de 26 000 âmes. C'est en vain que Sassari, chef-lieu de la partie septentrionale, prétend lui disputer le premier rang. La prépondérance de Cagliari, ville maritime et place de guerre, est suffisamment justifiée. Élevée en amphithéâtre au fond du golfe auquel elle donne son nom, sur une colline calcaire dont le sommet est à une centaine de mètres au-dessus du niveau de la mer, cette antique cité présente de loin l'aspect d'une colline blanchâtre, isolée au milieu d'étangs et de salines. Dans le nord seulement, cette colline se relie par une vallée à la hauteur sur laquelle est bâti le château ruiné de Saint-Michel, élevé de cent soixante mètres au-dessus du niveau de la mer. La ville se compose de quatre parties bien distinctes : la cité proprement dite, qui comprend dans son enceinte bastionnée le faubourg de la Marine; en dehors de cette enceinte, deux autres faubourgs, à l'est celui de Villa-Nova, qui fait face à la baie de Quartù; à l'ouest, celui de Stampace, qui conserve encore des vestiges de l'antique cité fondée par les Athéniens sous les ordres d'Iolas, et enfin le Château, ou Castello, qui couronne la colline sur laquelle est bâtie Cagliari, et forme une acropole entourée d'une seconde enceinte qu'habitent les autorités et la noblesse.

La tour pisane de Saint-Pancrace s'élève au sommet de cette acropole; celle de l'Éléphant en défend les approches. Ces constructions remontent à l'année 1307. Combien de fois je me suis arrêté à contempler ces tours massives que ne se lassait pas d'admirer Charles-Quint! Combien de fois ai-je pris plaisir à repasser sous ces guichets qui gardent encore suspendue la herse aux lourds barreaux de fer à travers lesquels volaient les traits des arbalétriers! Dans la vue de cette herse gothique endormie sur les deux poteaux qu'on a encastrés dans les rainures de pierre, dans la vue de cette herse rouillée et levée aujourd'hui pour toujours, il y avait encore pour moi tous les souvenirs d'un assaut de guelfes et de gibelins. C'est ainsi qu'à chaque pas on retrouve en Sardaigne quelque débris du moyen âge laissé là par mégarde, et qu'on a oublié de détruire.

La colline de Cagliari est une de ces positions que recherchaient les anciens pour y asseoir leurs citadelles. Elle n'est accessible que par le faubourg de la Marine : sur ses trois autres faces, elle présente de formidables escarpements qui défient l'escalade. Les fortifications de Cagliari sont du reste assez négligées. Le bastion de Sainte-Catherine, au sud-est de la ville, a été converti en promenade d'hiver. L'enceinte du château est fort dégradée et en partie désarmée; elle ne figure plus dans le système de défense de la ville, qui paraît se concentrer du côté de la mer. J'ignore pourquoi, avec une pareille préoccupation, on a renoncé à entretenir les ouvrages qui défendaient les hauteurs de Saint-Élie et du mont Urpino.

A la distance de quelques milles, l'aspect de Cagliari, vue de la mer, est assez imposant; mais, en approchant, on remarque je ne sais quel air de négligence et de dégradation répandu sur toute cette façade grisâtre. Les dômes des églises sont mesquins et écrasés, les clochers sans hardiesse, les maisons couvertes d'un badigeon qui a bavé partout. A part les souvenirs qu'ont laissés Pise et l'Espagne dans ces bastions bien assis, dans ces tours luisantes au soleil, il y a peu de monuments qui méritent d'être cités. Le palais du vice-roi, grand édifice sans caractère, a toute l'apparence d'une caserne. La cathédrale, commencée par les Pisans, restaurée et modifiée par les Espagnols, qui l'ont gâtée, se présente aujourd'hui grossièrement revêtue de plaques de marbre d'un effet assez médiocre. L'université est un monument d'une architecture simple qui ne manque pas de grandeur; toutefois, ses principaux titres à l'attention du voyageur sont un musée et une bibliothèque de dix-sept mille volumes où dominent, comme d'ordinaire, la vieille jurisprudence et la théologie.

Le principal attrait du musée consiste dans une collection d'antiquités phéniciennes et carthaginoises. Plusieurs sarcophages et bas-reliefs y ont été apportés des diverses parties de la Sardaigne. On y a réuni tout ce qu'on a pu recueillir des antiquités de l'île : de petites figurines de bronze, retrouvées dans l'Ogliastra, qui ont été reconnues pour des idoles phéniciennes, et dont quelques-unes présentent le grotesque et curieux emblème d'une hideuse trinité ; une armure presque complète, provenant des fouilles faites à Saint-Antioche ; de lourdes épées, des boucliers, des socs de charrue, des clefs, des serrures, mille objets en bronze, pour lesquels on ignorait encore l'emploi du fer. A tout cela joignez des congés romains gravés sur d'étroites plaques d'airain, de nombreuses inscriptions phéniciennes, grecques et latines, des talismans juifs ou arabes, des médailles et des monnaies de tous les âges, de petites statuettes délicieuses, et enfin des vases romains d'un verre remarquable par ses nuances nacrées, et vous aurez une idée des richesses du musée d'antiquités de Cagliari.

En résumé, la capitale de la Sardaigne gagne peu à être vue de près. Les rues sont pavées d'un cailloutis qui n'a son pareil qu'à Lyon. Ce pavé de galets, avec les rampes qu'il faut gravir pour arriver jusqu'au château, n'invitent guère à parcourir la ville et prédisposent le voyageur aux injustes préventions. Quoique mal bâties pour la plupart, les maisons ne manquent pas d'une certaine apparence. De larges balcons de fer capricieusement contournés en corbeilles et d'un effet pittoresque rappellent, avec plus d'élégance encore, les miradors de Cadix ; mais qu'il est regrettable qu'on ne trouve pas également à Cagliari la propreté du midi de l'Espagne! Hélas! dès qu'on pénètre dans une de ces vastes maisons, sous ces arceaux moresques qui supportent de massifs escaliers de pierre, il est rare qu'on ne rencontre pas, au pied même de l'escalier, un bourbier infect qu'on y laisse accumuler pendant plusieurs jours. Cette négligence n'est pas générale, je m'empresse de le reconnaître, mais elle ne manqua pas de frapper, comme nous, le capitaine Smyth, pendant le séjour qu'il fit à Cagliari. Une autre habitude bizarre donne à la ville un singulier air de fête : des bannières flottent dans toutes les rues ; d'un côté à l'autre, des cordes sont tendues pour les recevoir ; on se croirait à l'entrée d'Henri IV à Paris : c'est tout simplement qu'à Cagliari chacun lave son linge sale en famille et le fait sécher en public.

Ce qu'il y a peut-être de plus remarquable dans la capitale de la Sardaigne, c'est la magnifique promenade créée récemment dans l'enceinte même de la ville, au pied des escarpements que domine le château. Chaque soir, pendant l'été, quand le soleil commence à disparaître derrière les crêtes du mont Arenosù, on est certain de trouver réunie sur cette promenade toute la société de Cagliari. Là, du même coup d'œil, vous pouvez embrasser et la population et le pays sous leurs divers aspects. Dans la foule, où brillent ces yeux noirs plein de feu qui se cachent à demi sous le voile de blonde ou la cape catalane, vous reconnaissez, mêlés aux gracieux uniformes des carabiniers ou des chasseurs-gardes, le *collettù* de cuir des bouchers de Cagliari; les bas violets des chanoines et le froc des capucins; en même temps, vous voyez s'étendre devant vous le vaste golfe qui s'ouvre de Pula à Carbonara. A vos pieds, l'industrieux faubourg de Villa-Nova résonne encore du bruit des marteaux et des enclumes, et dans les champs fertiles qui forment le Campidano de Cagliari, huit clochers signalent les gracieux villages qui enrichissent la plaine, depuis l'étang de Molentargiù jusqu'au pied des montagnes granitiques de Sarpeddi.

Plus d'une fois nous eûmes occasion d'admirer cette belle plaine de Cagliari, plantée d'oliviers et de vignes, couverte de splendides moissons, et découpée en nombreux enclos par des haies de *cactus opuntia*. Cette plante vivace, qui étend ses grands bras épineux à cinq ou six pieds de distance du tronc principal, forme la meilleure de toutes les clôtures. Originaire de l'Afrique, et se propageant avec une activité merveilleuse dans tous les lieux où le climat la favorise, elle donne aux campagnes de la Sardaigne une physionomie toute moresque, qui les ferait aisément confondre avec les environs de Tunis ou d'Alger. Ses fruits, appelés figues de Barbarie, quoiqu'un peu secs et filandreux, sont d'un goût agréable; ses feuilles épaisses et charnues servent, pendant une partie de l'automne, de nourriture aux bestiaux. Mais ce serait payer bien cher les avantages que procure cette plante, s'il était vrai que ses débris, amoncelés dans les fossés, devinssent une cause active d'épidémie.

Autour de la Sardaigne sont semés, comme autant de postes avancés, plusieurs îlots, blocs de granit qui semblent avoir été entassés par la main des cyclopes, et rivés à jamais au fond des mers. Nos travaux nous obligèrent précisément à visiter les deux plus remarquables de ces petites îles, celles de Saint-Pierre et de Saint-Antioche, qui dessinent au sud-ouest du continent sarde la magnifique baie dite de Saint-Pierre, et le golfe plus spacieux encore de Palmas. Envoyés à la recherche d'un danger signalé par les navigateurs, à quinze milles environ du cap Teulada, nous quittâmes Cagliari au commencement de juin 1841, munis des utiles documents que nous donnèrent, avec une grâce et un empressement que nous n'avons pas oubliés, M. le comte de Bellegarde, commandant de la marine à Cagliari, et M. le chevalier de Candia, collaborateur très-distingué de M. le général de La Marmora.

L'île de Saint-Pierre, dont tout révèle l'origine volcanique, est peu élevée. De loin, ses collines noirâtres sont écrasées par le voisinage des pics plus audacieux qui forment en cet endroit la côte de Sardaigne. Ce n'est qu'à la distance de six à sept milles qu'on peut observer les falaises de Saint-Pierre. La côte du nord, battue par le mistral, est à peu près inabordable; la côte méridionale n'est guère moins abrupte. Ces deux faces de l'île, également sinistres et désolées, se distinguent cependant par leurs teintes : au nord, c'est un trachyte bleuâtre ; au sud, un porphyre brun. Au moment d'entrer dans la baie, on range d'assez près une haute colonne à pans carrés, détachée de quelques mètres du rivage, et sur le sommet de laquelle une aigle pygargue a grossièrement étalé son nid. Cette aiguille a valu à ce lieu le nom de cap Colonne. Le coup d'œil de la baie n'a rien d'attrayant. Sur un rivage peu élevé qui court tout droit vers le nord, s'élève une tour grise et sombre destinée à couvrir les approches de Carlo-Forte : tel est le nom du chef-lieu de l'île. Cette petite ville flotte dans son enceinte, pentagone garni de tours qui contiendrait aisément une ville trois fois plus considérable. Ses maisonnettes blanches s'étalent à leur aise au soleil ; un petit clocheton les domine, et la statue de Charles-Emmanuel, bienfaiteur de Carlo-Forte, se dresse sur son piédestal au bord du quai.

La population de Saint-Pierre tire son origine de quelques familles de corailleurs génois qui s'étaient établis sur l'île de Tabarque, située à la limite des régences d'Alger et de Tunis. En 1737, plusieurs de ces familles quittèrent Tabarque et vinrent s'installer dans l'île entièrement inhabitée de Saint-Pierre, qui était alors un fief du marquis de la Guardia. Quatre ou cinq ans plus tard, Charles-Emmanuel réunit à ces premières familles cent vingt captifs de même origine qui avaient été emmenés en esclavage par les Tunisiens, et qu'il racheta. Il obtint en même temps du marquis de la Guardia la cession de tous ses droits, et fit élever un fort, aujourd'hui ruiné, qui devint le centre de Carlo-Forte. L'industrieuse population de cette petite ville atteint presque le chiffre de trois mille âmes. Fidèle à sa nationalité tabarquine, elle n'a rien de commun avec les farouches habitants de la Sardaigne, dont tout la sépare, son langage, la douceur de ses mœurs, ses habitudes civilisées et son amour pour le travail. La pêche du thon, qu'exploitent quatre madragues établies sur la côte occidentale de la Sardaigne, est pour elle une source d'occupations et de profits pendant trois mois de l'année. Mais, après tout, le Tabarquin n'est jamais embarrassé de son temps. Quand la pêche ne l'emploie pas, il fait un petit cabotage; il s'aventure même en été jusqu'aux côtes de l'Algérie; dans ses moments perdus, il bêche un coin de terre. Ce n'est point là un hardi pêcheur comme le corailleur sicilien qu'on voit quitter Marsala ou Drapani dès le mois d'avril pour aller affronter dans son bateau ponté les orages du canal de Malte. Le Tabarquin n'est pas si entreprenant: il n'y a rien d'aventureux dans son caractère, et, à tout prendre, je ne le crois pas un grand marin; mais il est patient, sobre, laborieux, de mœurs douces et honnêtes: s'il se refuse à courir de grands risques, c'est qu'il se trouve trop heureux pour cela. La ville de Carlo-Forte a un aspect de propreté qui charme; les enfants y ont l'air sain et vigoureux, les femmes y sont gracieuses et bien faites; les hommes, généralement grands et robustes, ont une physionomie bienveillante qui inspire la confiance. Les tribunaux ont peu à faire à Carlo-Forte.

Nous réservâmes, pour notre seconde campagne, l'exploration du golfe de Palmas. L'île de Saint-Antioche, qui en forme la partie occidentale, est très-fertile. Elle est jointe au continent sarde par deux étroites langues de terre qui encadrent de vastes étangs, avantageusement exploités comme pêcheries. Au point de jonction s'élève un petit fortin qui protége le pont sur lequel passe la route d'Iglesias à Saint-Antioche. Sous les arches de ce pont, un canal presque à sec unit, par un mince filet d'eau, le golfe de Palmas et celui de Saint-Pierre. Cette communication d'un si grand intérêt et si facile à entretenir est tellement négligée cependant, que, pour passer d'un golfe à l'autre, il faut traîner les plus légers bateaux plats sur le sable et leur faire franchir à force de bras un espace de trois à quatre cents mètres. Nos pauvres canotiers, ainsi attelés presque tous les jours à nos lourdes embarcations, faisaient comprendre le miracle opéré par Mahomet II, qui fit traverser une vallée à sa flotte pendant le siége de Constantinople. Tout n'était pas fini quand le pont était passé : le canal était si étroit, si tortueux pendant plusieurs milles, que, s'il nous arrivait de nous laisser surprendre en route par la nuit, nous tombions dans des difficultés inextricables. Nous étions arrêtés à chaque pas par des bancs d'herbe ou de sable. Notre position ne faisait que s'aggraver par nos infructueuses tentatives. Il nous est arrivé de passer des heures entières dans ces perplexités, nous demandant par quelle incurie on avait ainsi laissé se combler un canal qui conduisait autrefois les galères de Rome aux quais de Sulcis.

Ces quais, dont les débris bordent encore la côte, indiqueraient à eux seuls l'existence d'une grande ville sur l'emplacement même où s'élève le village de Saint-Antioche. Sulcis était en effet si riche à l'époque de la ruineuse visite que César rendit à la Sardaigne, qu'elle put être condamnée à payer, outre une forte contribution en blé, la somme de cent mille sesterces, en expiation de l'attachement qu'elle avait montré au parti de Pompée. Des médailles et des vases sont fréquemment trouvés au milieu de ses ruines. Nous fûmes nous-mêmes témoins de fouilles exécutées devant le vice-roi. Au pied d'un rocher de porphyre, on découvrit toute une nécropole d'urnes funéraires juxtaposées, et contenant des cendres et des os à demi consumés. Cette violation des tombeaux séculaires fut peu profitable: on trouva bien quelques bas-reliefs de médiocre valeur, mais les urnes funéraires ne contenaient ni médailles ni anneaux d'or ou d'argent. Elles ne renfermaient que de tristes restes de l'espèce humaine, réduits à leur plus simple expression: des mères et des époux, des enfants morts à la fleur de l'âge, des héros, peut-être....

Impositique rogis juvenes ante ora parentum.

Il y a une sorte de prescription pour le respect qu'on accorde aux morts. Tous ces paysans, qui eussent cru commettre un sacrilége s'ils avaient seulement marché sur une tombe fermée depuis vingt ans, piochaient sans remords parmi ces sépultures antiques, et jetaient au vent les cendres romaines ou carthaginoises qui y avaient reposé pendant tant de siècles.

En considérant l'importance de la Sardaigne,

comme position stratégique, on s'étonne de la trouver à peu près désarmée. Cagliari mérite seule aujourd'hui le nom de place de guerre. Deux autres villes, jadis fortes et respectées, Alghero et Castel-Sardo, ont perdu leur prestige depuis que l'artillerie est devenue le principal moyen d'attaque et de défense. Après avoir joué un grand rôle du douzième au quatorzième siècle, d'abord sous le nom de Castel-Genovese, quand elle était au pouvoir des Dorias, ses fondateurs, puis sous celui de Castel-Aragonès, qu'elle prit en passant sous la domination des rois d'Aragon, Castel-Sardo reçut son dernier nom en 1769, de la dynastie qui règne encore. Alghero, fondée aussi par les Dorias, au commencement du douzième siècle, tomba au pouvoir des Aragonais en 1354. Bâtie sur une pointe de roches qui surgit du milieu d'une plage de sable, cette ville a la forme d'un parallélogramme, et est entourée de murs très-épais flanqués de bastions et de tours. Ces fortifications sont encore assez bien entretenues, mais, comme celles de Castel-Sardo, elles sont dominées par deux hauteurs voisines.

Outre ces places, fort peu redoutables malgré

leur aspect menaçant, il existe sur tout le littoral des tours de défense établies par les vice-rois espagnols, pour protéger l'île contre les descentes des Barbaresques. Ces tours étaient au nombre de quatre-vingt-quatorze. On n'en compte plus que soixante-sept qui soient encore habitables. Elles défendaient autrefois les seuls endroits abordables de la côte, et, communiquant entre elles par des signaux et des feux, avertissaient les populations des villages voisins de l'approche de l'ennemi et de la nécessité de s'enfuir dans les montagnes, à moins qu'on ne fût en force pour le repousser. Si délabrées qu'elles soient aujourd'hui, elles suffisent à faire observer les règlements de l'intendance sanitaire et de la douane. Leur personnel ne se compose ordinairement que de trois ou quatre miliciens appelés *torrari*, et d'un gardien, désigné sous le nom d'*alcaïde*. Ces édifices, toujours assis, comme des nids d'aigles, en des lieux escarpés et agrestes, projettent autour d'eux je ne sais quel reflet romantique qui saisit l'imagination et la transporte dans un autre âge. J'aime à me représenter encore la vieille tour du cap Teulada, et les *torrari* appuyés sur le parapet ruiné, retirant, à notre approche, l'échelle de corde qui seule peut donner accès à l'intérieur. Leur canon sans affût, et soulevé sur deux pierres, était présenté tout chargé à une des embrasures; le seul fusil de rempart qui fût en état reposait aussi sur sa fourche, prêt à faire feu. Ainsi préparés, ils attendaient de pied ferme les Barbaresques, et bien que l'un d'eux fût boiteux et que l'autre n'eût qu'un œil, ils eussent fait au besoin une énergique résistance. Ce ne fut pas avec une force plus considérable que l'alcaïde Sébastien Milis repoussa les Turcs qui vinrent l'attaquer, en 1812, dans la tour de Saint-Jean de Salarà, sur la côte de l'est. Il n'avait avec lui que son fils et un simple canonnier. Son fils tomba mort près de lui, son compagnon fut grièvement blessé. Atteint lui-même par le feu de l'ennemi, il n'en continua pas moins à combattre. Au bout de dix heures seulement, l'arrivée des habitants des villages voisins vint mettre fin à cette lutte inégale.

La garnison de Teulada, j'aime à le croire, malgré son aspect misérable, aurait eu aussi son Mazagran, si les Turcs l'avaient mise à l'épreuve. Ce n'était pas votre faute, vaillants *torrari*, si l'affût de votre unique canon n'existait plus. Tout ce qu'on pouvait faire, vous le faisiez. Une barque n'approchait pas sans que vous fissiez retentir, pour l'interroger, votre énorme porte-voix en ferblanc. S'il arrivait que cette barque, forcée de chercher un refuge contre le mauvais temps, ne fût pas un bateau de pêche, exempt pour cela seul de tout droit, il fallait qu'elle fût bien habile pour se dérober au payement des droits d'ancrage. Vous n'hésitiez pas au besoin à risquer une sortie ; quand c'était à un brick ou à un trois-mâts que vous aviez affaire, après les trois sommations au porte-voix, venait un coup de canon à poudre; puis un boulet suivait, atteignant Dieu sait où! Les Napolitains, les Génois, se laissaient quelquefois intimider, et se rendaient à terre afin d'acquitter le tribut dont une partie entrait pour beaucoup dans les émoluments de vos nobles fonctions; quant aux Grecs, je le dis à regret, ils se moquaient de vous , les maudits, et vous eussiez épuisé vos munitions avant de les décider à sortir un talari de leur escarcelle.

Rien ne prouve mieux la terreur qu'inspirèrent longtemps les pirates, que la présence de ces tours sur toutes les côtes exposées à leurs incursions. Les traces laissées en Sardaigne par les dernières apparitions des Maures sont encore saignantes. En 1798, six bâtiments tunisiens mouillèrent pendant la nuit dans la baie de Saint-Pierre ; au point du jour, ils débarquèrent sur la plage environ deux mille hommes. La tour Vittorio fut prise sans coup férir, et la ville livrée au pillage. Une partie des habitants s'enfuit dans les montagnes. Huit cent cinquante personnes, hommes, femmes et enfants, furent emmenées à Tunis, et y restèrent jusqu'en 1815. Le gouvernement sarde parvint alors à traiter de leur rançon. Un dernier coup de main fut tenté en 1816, avec un égal succès. Les Tunisiens débarquèrent dans le golfe de Palmas, enlevèrent le château de Saint-Antioche, saccagèrent le village, et entraînèrent comme esclaves une partie des habitants.

Il faut oser l'avouer : un funeste fléau, que l'énergie humaine ne parviendra peut-être jamais à conjurer, semble opposer un insurmontable obstacle à la régénération de la Sardaigne; ce fléau c'est l'insalubrité de l'île, déjà proverbiale dès l'époque romaine, malgré les grands développemens qu'avait alors reçus l'agriculture. Si l'on en jugeait par la moyenne de la température, la Sardaigne serait une terre favorisée : cette moyenne est, suivant de nombreuses observations, de seize degrés centigrades dans la ville de Cagliari, un degré de moins que la température moyenne de Naples; mais les variations atmosphériques qu'on y subit sont fréquentes et perfides. J'ai pris date, par exemple, d'une de ces journées de février qui, délicieusement attiédies par le premier souffle printanier, et se confondant avec les sécheresses de janvier, *le secche di gennaro*, font de la fin de l'hiver la plus belle saison dans le midi de l'Europe. Le soleil était resplendissant et doux. Le ciel ne formait qu'une vaste coupole d'azur, et le sein de la mer, mollement soulevé, trahissait à peine une émotion secrète. Les plongeons, dans leurs nids grossiers semés sur de petits îlots, couvaient leurs œufs en toute sécurité ; les amandiers se paraient prématurément de fleurs. Qui ne s'y fût trompé ? Pour moi, je m'y laissais prendre avec la nature entière. Je croyais l'hiver refoulé au delà de Paris, et je m'applaudissais d'en avoir fini sitôt avec le vent, avec la pluie, avec les gros nuages chargés de toutes les colères du ciel; mais pendant ce beau rêve, de petits nuages aux formes indécises, aux contours mous et floconneux, s'élevaient de l'horizon, et, se succédant rapidement, allaient s'arrêter et se grouper au sommet des montagnes. A l'ondulation légère de la mer se joignait par intervalles une lame plus creuse et plus brusque que les autres; puis toutes les pointes, tous les écueils blanchissaient graduellement; la houle s'animait de plus en plus, et cependant on ne sentait encore aucune brise, si ce n'est une folle bouffée de vent, rapide et fugitive, qui s'éteignait avant qu'on eût pu en reconnaître la direction.

Suffisamment avertis par ces indices, nous abrégeâmes notre course. Notre canot, armé de six avirons maniés par de vigoureux gabiers, était guidé par un excellent pilote. Nous eûmes le temps de gagner le rivage et de nous rendre à Carbonara, pour y recevoir l'ouragan dans notre lit, les portes et les fenêtres bien closes. Vers quatre ou cinq heures du matin, nous fûmes réveillés par le bruit du vent. C'était le sud-est, le *sirocco*, qui commençait, accompagné de grains de pluie se succédant sans interruption.

Vers midi, il abandonna la partie, et fut remplacé par le *libeccio* ou sud-ouest, qui souffla plus violemment et plus constamment. Ce n'était rien encore. Pendant la seconde nuit, le mistral vint chasser tous ces vents qui se combattaient. Le fougueux aquilon parla réellement en maître. La maison semblait tressaillir, on eût dit qu'elle allait s'écrouler. Le mistral continua ainsi, toujours pluvieux, toujours renforcé par des grains plus terribles les uns que les autres. Un instant, dans la journée, il parut s'apaiser : c'était pour reprendre bientôt avec une nouvelle furie, dont nous avions à peine l'idée. Armé d'un petit marteau géologique, je courais partout, assurant les portes et les fenêtres ; les clous ébranlés cédaient et s'arrachaient. Nous voyions pleuvoir les débris du plafond. Ce n'était pas un coup de vent, c'était un *terre-moto*, comme disait notre digne hôte, tremblant pour son village menacé d'être emporté tout d'une pièce à la mer.

Plus tard, quand les chaleurs de juillet et d'août succédèrent à la température plus modérée du mois de juin, il y eut pour nos marins des journées où l'ardeur du soleil devint vraiment insupportable : c'étaient celles où régnait ce calme lourd qui précède le vent venu d'Afrique, *plumbeus Auster*. Elles étaient annoncées dès le matin par la sécheresse de l'atmosphère, la netteté avec laquelle les contours des montagnes, dégagés de toute vapeur, s'accusaient dans le ciel, les teintes pâles du lever du soleil, et quelques nuages maigres et effilés répandus vers l'est. Le calme durait souvent jusqu'au soir; le lendemain, la mer était unie comme un miroir et sans aucune vibration à la surface. Le soleil, qui produisait un capricieux mirage, avait toute l'intensité d'un soleil tropical. Vers le soir, il se couchait au milieu d'une bande de vapeurs que les pêcheurs du pays appelaient la *cargadura del sirocco*. Le vent du sud-est, qui suivait de près ces chaleurs insolites, durait deux ou trois jours : le troisième jour, presque infailliblement, le nord-ouest, ce *maître inquiet* de la Méditerranée, ripostait avec une subite violence. Il parcourait aussi sa carrière de trois jours, et quelques belles journées de brises solaires nous étaient alors acquises.

Ces soudaines variations ne peuvent manquer d'exercer une fâcheuse influence sur l'état sanitaire de la Sardaigne; mais elles ne sauraient suffire à expliquer l'insalubrité du pays. Au moyen âge, Dante confondait dans la même fosse les fièvres de la Sardaigne et celles des maremmes. Il y a en effet de grands rapports entre les fièvres pernicieuses qui désolent la Sardaigne depuis la fin de juin jusqu'au mois de décembre, et la *malaria*, qui exerce ses ravages dans les campagnes de Rome et de la Sicile. On retrouve dans ces fièvres, nommées par les Sardes *intempérie*, de même que dans la malaria, les caractères généraux des fièvres miasmatiques communes à tous les pays marécageux et produites par les gaz délétères qui s'exhalent des eaux stagnantes. En Sardaigne, où la constitution volcanique du pays, les nombreuses dépressions de terrain qui en sont la suite, et le peu de perméabilité d'un sol argileux, retiennent les eaux à la surface, on peut prévoir les effets d'un soleil ardent sur les mares croupissantes qui se forment de toutes parts dans de vastes plaines en partie inondées pendant l'hiver.

Ce qui distingue l'intempérie sarde de toutes les fièvres de même origine, c'est la rapidité de ses ravages; elle est presque toujours mortelle. Parfois, l'invasion en est lente et sournoise; elle ne se manifeste d'abord que par un état de malaise auquel il faut se hâter de porter un prompt remède ; dans la plupart des cas, elle est tellement foudroyante, qu'elle ressemble à un empoisonnement. L'inflammation gastro-entérite, qui est la condition morbide la plus remarquable de cette maladie, révèle alors à l'autopsie les plus affreuses lésions dans les intestins. Quand ces terribles fièvres ne vous enlèvent pas ainsi soudainement, elles deviennent chroniques et laissent après elles des obstructions du foie ou de la rate.

L'intempérie épargne d'ordinaire les habitants des localités où elle sévit ; ils sont généralement acclimatés et respirent sans danger cet air empoisonné. Cependant la population qui habite la mortelle plaine de Pula, celle qui vit au milieu des cloaques qui couvrent le littoral de la province de Sulcis, depuis Porto-Paglia jusqu'aux marécages de Teulada, témoignent toutes deux, par leur teint jaune et leur aspect maladif, que ce n'est pas avec une entière impunité qu'elles subissent l'influence d'une atmosphère viciée. Rien n'est plus misérable surtout que l'apparence de ces enfants demi-nus, à la face pâle, aux jambes grêles et au ventre ballonné, qu'on voit grelotter en hiver sur le seuil de chaque maison. Par une exception inexplicable, le village de Cabras, près d'Oristano, situé au centre des marais qui font de ce golfe le lieu le plus redouté de la Sardaigne, semble, par la beauté extraordinaire et la longévité de ses habitants, donner un éclatant démenti à cette inévitable influence des miasmes délétères.

La terreur qu'inspire l'intempérie est générale en Sardaigne. On évite avec soin d'approcher des lieux mal famés pendant la mauvaise saison. La population de Cagliari reste tout entière confinée dans l'étroite enceinte de la ville; ceux qui s'aventurent pendant quelques heures au dehors ne le font qu'avec un luxe de précautions qui trahit leurs inquiétudes. L'île vit pour ainsi dire dans une espèce de quarantaine pendant six mois de l'année. Si un étranger arrive à cette époque redoutée, il ne peut manquer d'être frappé de cette préoccupation universelle. De bienveillantes recommandations le mettent en garde contre les dangers du climat; on s'alarme pour lui, on lui demande ce qu'il vient faire dans une pareille saison; on l'engage à fuir, à revenir dans des temps meilleurs. L'intempérie est dans toutes les bouches; les noms d'Oristano, de Pula, de Terra-Nova, bien d'autres encore, traînent toujours avec eux un cortége de lamentables histoires. On est tellement ému de la vio lence de l'intempérie, qu'on se refuse généralement en Sardaigne à lui reconnaître avec les fièvres miasmatiques des autres pays une commune origine. Parmi les personnes qui veulent en trouver l'explication dans l'intervention d'agents plus énergiques que les exhalaisons ordinaires des terrains marécageux, les unes attribuent cette action délétère à la décomposition de certaines plantes de la famille des iridées, propres aux marais de la Sardaigne, d'autres admettent l'existence de gaz souterrains que la terre laisserait échapper en se fendillant pendant les grandes chaleurs; mais les hommes spéciaux ont tous résolu la question dans le même sens : l'intempérie n'est qu'une fièvre miasmatique; des travaux de culture et de desséchement dirigés avec intelligence contribueraient à en délivrer la Sardaigne.

Il est heureusement plus facile qu'on ne le croirait de se soustraire à l'influence de ces miasmes pernicieux. La sphère où ils règnent paraît fort bornée. Cagliari, dont la colline s'élève au milieu d'étangs et de marais, est un lieu de sûreté pendant la mauvaise saison. L'île de Saint-Pierre, située en face des marais de Porto-Scuso, ne connaît pas l'intempérie, et les bâtiments qui séjournent dans le golfe de Palmas, entre la plaine marécageuse de Villarios et la vallée si malsaine de Maladrossia, n'ont rien à redouter de cette maladie, pourvu qu'ils évitent de laisser leurs marins descendre à terre. Sans ce droit d'asile octroyé à certains lieux, la Sardaigne ne serait pas habitable. Quiconque n'aurait point été acclimaté dès l'enfance n'y pourrait séjourner pendant la moitié de l'année. On comprend sans peine que des Piémontais, des soldats du comté de Nice ou de la Savoie n'abandonnent pas sans répugnance un pays sain, des villes heureuses, de riantes campagnes pour venir affronter ces champs fétides et pestilentiels. Leurs regrets les rendent même souvent injustes envers *cette Sardaigne* qu'ils traitent peut-être avec trop de dédain et d'amertume. Il est à regretter surtout que ce dégoût, partagé par les Piémontais qui occupent en grande partie les emplois de l'île, soit souvent exprimé sans ménagement et avec une rudesse qui ne peut manquer de blesser le sentiment national. Et cependant on se sent disposé à excuser l'emportement de ces discours. Peut-on juger de sang-froid cette nouvelle Tauride dont on ne touche point le funeste rivage sans inquiétude? Tout ne sépare-t-il pas en Sardaigne le peuple acclimaté de celui qui ne saurait jamais l'être? Il faut bien en convenir, la fusion est impossible entre gens qui ne peuvent respirer le même air.

CHAPITRE II.

Productions de la Sardaigne.

Par quelle raillerie du sort se trouve-t-il qu'une terre si souvent désolée soit d'une merveilleuse fécondité? Convenablement cultivée, la Sardaigne, à peu près dépeuplée aujourd'hui, pourrait nourrir la population la plus compacte, et s'enrichir par l'exportation de ses produits naturels. Son sol argileux est particulièrement favorable à la culture des céréales. Sous l'empire romain, non-seulement elle alimentait une population trois fois plus nombreuse que de nos jours, douze à quinze cent mille âmes; mais elle fournissait une exportation tellement considérable, que, payant ses impôts en froment, le dixième de ses produits suffisait, avec le contingent de la Sicile, pour remplir les greniers de Rome. Aujourd'hui, le tiers environ de la surface de l'île est occupé par les étangs, les marais, les salines, et par des terres arides et sablonneuses impropres à la culture. Les forêts et les pâturages en comprennent à peu près autant; le reste du sol, c'est-à-dire une superficie évaluée à sept cent quatre-vingt-dix-sept mille hectares, est cultivé en vignes, oliviers, vergers et jardins. Près de quatre cent mille hectares sont consacrés à la culture du blé, qui, malgré l'imperfection des procédés agricoles, donne communément un produit de sept ou huit pour un.

Les vins sardes sont généralement capiteux; ils se conservent bien et devraient former un des articles les plus avantageux du commerce d'exportation ; mais aucun marché ne leur est ouvert. Le droit d'introduction auquel ils sont soumis à leur entrée dans les États piémontais a été élevé à la moitié de celui qui frappe les vins étrangers, ce qui équivaut presque à une prohibition; la culture de la vigne tend donc chaque jour à se restreindre dans l'île. Cependant cette culture conviendrait parfaitement au climat de la Sardaigne et mettrait en valeur des terrains pierreux laissés en friche, parce qu'ils sont impropres à donner d'autres produits.

Une autre culture dont la concurrence continentale tend aussi à arrêter l'extension, c'est celle de l'olivier. Les encouragements du gouvernement ne lui ont pas manqué. Dès le dix-septième siècle, l'assemblée des états de Sardaigne enjoignit à chaque propriétaire de greffer tous les ans dix oliviers sauvages. Celui qui possédait cinq cents pieds d'oliviers devait en outre établir un moulin à huile. La maison de Savoie de son côté, pendant son séjour dans l'île, accorda par un décret royal des titres de noblesse à tout particulier qui aurait planté et cultivé une quantité déterminée de ces arbres. Du reste, l'olivier sauvage se rencontre partout en Sardaigne : une des provinces les plus incultes de l'île, l'Ogliastra, qui n'a point d'autre port que le golfe peu sûr de Tortoli, a reçu son nom des magnifiques bois d'oliviers qui couvrent ses montagnes, et dont on dédaigne la richesse. L'oranger réussit parfaitement; dans la vallée de Milis, près d'Oristano, il forme une véritable forêt. On cultive aussi le lin, le mûrier, le coton et le tabac; mais à part cette dernière culture, qui donne de très-beaux résultats dans le nord, les autres articles que je viens de citer ne sont jamais entrés que pour une quantité très-insignifiante dans la production générale de l'île.

Des forêts considérables s'étendent sur les versants des hautes montagnes du centre, dans la Barbargia et la Gallura. Là, de vastes plateaux sont couverts de chênes séculaires, de chênes-liéges et de châtaigniers. Les montagnes du littoral sont au contraire dépouillées de toute végétation. La faute en est à la loi, qui autorise les paysans à mettre le feu aux broussailles vers la fin du mois d'août, soit pour se procurer un peu d'herbe fraîche pendant l'automne, soit pour déblayer un terrain destiné à être défriché. Il en résulte que l'incendie gagne souvent les forêts voisines et y cause d'irréparables dommages. J'ai vu quelquefois, de la rade de Saint-Pierre, d'immenses incendies, animés par un vent violent de sud-est, parcourir rapidement toute la crête des montagnes qui s'étendent vers Oristano, et ne laisser derrière eux que la roche nue et quelques tiges noircies restées debout au milieu des cendres. Ces incendies étaient défendus par les anciennes chartes de l'île jusqu'au 8 septembre, et ceux qui désiraient mettre le feu à leur terrain devaient, d'après le même code, dès le 29 juin, jour de la Saint-Pierre, former autour de ce terrain un cercle dégagé d'herbes et de buissons, afin d'empêcher l'incendie de se propager. Je ne pense pas que ces sages prescriptions aient été abrogées; mais soit défaut de surveillance, soit insuffisance, le mal qu'elles tendaient à prévenir n'en a pas moins continué de faire de désastreux progrès.

Malheureusement, dans cette île où les pâturages naturels sont si abondants, on ignore complétement l'art de se procurer des fourrages secs pour l'hiver. Dès le mois de juillet, les herbes sèchent sur pied, et c'est pour obtenir ce misérable regain, rendu indispensable par le défaut d'industrie, que le feu est mis aux herbes et aux broussailles. Le bois est devenu excessivement rare dans la plupart des districts cultivés, et surtout dans le campidano de Cagliari. Le charbon y remplace le bois, que le défaut de routes empêche de faire venir des vastes forêts du centre. L'industrie des charbonniers, qui n'est soumise à aucune surveillance, contribue beaucoup au déboisement du littoral. J'éprouvais je ne sais quel sentiment de vague tristesse en voyant les bûcherons de Carbonara tondre à leur gré la montagne, et changer en désert un site verdoyant. Comme la touffe de cheveux que le guerrier indien conserve au sommet de sa tête chauve, quelques bouquets d'arbres, sauvés de cette dévastation par leur éloignement de la mer, témoignaient encore, sur les cimes élevées, quelle vigoureuse végétation eût couvert ces rochers, sans la funeste incurie du gouvernement.

Les troupeaux de mérinos ont ruiné, dit-on, l'agriculture en Espagne. Les chèvres et les brebis qui couvrent la surface de la Sardaigne n'y ont pas été moins funestes à la prospérité agricole du pays. Longtemps on a méconnu avec une fatale obstination la véritable richesse du sol, et on a sacrifié les cultivateurs aux bergers. Avant un décret qui ne date que de 1820, tous les terrains qui n'étaient point entourés d'une haie ou de murs étaient divisés par une ligne idéale en deux ou plusieurs régions. Une seule de ces régions était destinée chaque année à être ensemencée, l'autre restait inculte et était affectée à la pâture des troupeaux. Les terres de la région destinée à la culture étaient alors réparties entre ceux qui se présentaient pour la cultiver, ce qui s'exécutait par la voie du sort, ou par élection du propriétaire, quand elles appartenaient à des particuliers. L'année suivante, on mettait en culture la région laissée en friche, et ainsi de suite, successivement; les terres même appartenant aux particuliers, qui se trouvaient comprises dans cette étendue de terrains appelés *vidazzoni*, devaient subir la loi commune. Ce ne fut qu'en vertu du décret de 1820, qu'on donna aux propriétaires des terrains libres enclavés dans les *vidazzoni* la faculté de les clore et de les cultiver à leur gré; depuis cette époque, les clôtures se sont beaucoup multipliées et sont même devenues quelquefois le prétexte d'empiétements abusifs. Ne suffirait-il pas de ce seul fait pour prouver quel était encore, il ya quelques années, l'état vraiment primitif des institutions ?

La quantité de bestiaux que possède la Sardaigne est très-considérable. Un document officiel, qui date, il est vrai, de plus d'un demi-siècle, portait cette quantité à près de deux millions, sur lesquels on comptait environ soixante-six mille chevaux. Les bœufs sont petits, mais vigoureux et pleins de feu. Dans plusieurs cantons, on les préfère au cheval, même comme monture. Une espèce de cheval particulière à la Sardaigne est de si petite taille, que quelques individus de cette famille lilliputienne ne sont guère plus hauts qu'un gros chien de Terre-Neuve. La race ordinaire est d'origine espagnole, vive, intelligente, sobre, et d'une grande sûreté de jambes. L'ancienne noblesse espagnole estimait ces coursiers naturalisés en Sardaigne à l'égal des plus fiers andalous. Dans l'intérieur de l'île, les paysans vont rarement à pied. Aussi confiants dans leur monture que dans leur propre adresse, rien ne les arrête : ils franchissent au galop les sentiers les plus rudes, et se lancent à corps perdu à travers les ravins et les rochers.

L'âne est aussi très-petit en Sardaigne, mais il y rend d'importants services. Il s'y est fait meunier, et remplace très-bien les moulins à vent que l'on ne connaît pas dans l'île, et les moulins à eau qu'on n'a pu y établir, parce que les cours d'eau y sont insuffisants. Chaque ménage est obligé de moudre pour sa propre consommation, et il n'y a pas une maison où l'on ne voie dans un coin de l'appartement un de ces petits ânes laborieux tourner d'un pas égal et patient la meule du moulin de famille. Il faut dire à leur honneur qu'il n'y a pas un pays au monde où le pain soit plus blanc qu'en Sardaigne.

La quantité de porcs que l'on consomme dans l'île est immense, on en exporte aussi beaucoup en Corse; mais ce sont les chèvres et les brebis qui composent en Sardaigne les troupeaux les plus considérables. Le nombre de ces animaux a été porté à plus de treize cent mille têtes par le recensement que j'ai déjà cité. L'utilité de ces troupeaux consiste surtout dans les fromages que l'on confectionne avec leur lait, car la laine des brebis est sans valeur au dehors et n'est employée que dans le pays à la fabrication d'une étoffe grossière appelée *furesi*, qui joue le principal rôle dans l'habillement des habitants de la campagne.

La chasse est une des grandes ressources de la Sardaigne. Toutes les espèces de gibier s'y trouvent en abondance, et le marché de Cagliari ne manque jamais de venaison. Les perdrix, les lièvres, les grives, se rencontrent partout; les pigeons ramiers n'abandonnent guère les falaises escarpées de la côte. Les étangs du littoral se couvrent aussi, vers la fin de l'été ou pendant l'automne, de flamants, de cygnes, d'oies et de canards sauvages, dont on voit les longues files déployées dans le ciel arriver sans cesse du nord et du midi et venir s'abattre sur le rivage. Les sangliers habitent les forêts du centre. Les cerfs, d'une taille médiocre il est vrai, se trouvent en grand nombre dans la province de Sulcis, la Barbargia et la Gallura. Les daims, ordinairement réunis en troupes de vingt à trente, sont assez faciles à tuer. Quant au moufflon, animal ruminant et qui se laisse difficilement approcher, il est assez commun dans les lieux escarpés, qu'il préfère.

La mer est pour la population sarde un trésor inépuisable. Tous les poissons de la Méditerranée propres à la salaison se trouvent en abondance dans les parages voisins. Pour quelques pièces de monnaie, nos matelots ornaient leur table d'un homard magnifique ou de ces beaux poissons qu'on appelle des *denties*, et que j'ai retouvés au musée de Cagliari sous le nom de *dentatus*. Souvent une occupation lucrative devient un plaisir : telle est la pêche aux flambeaux, dont le spectacle fit diversion à nos fatigues pendant notre exploration du golfe de Palmas. Qu'on se représente dans un canal étroit et peu profond une centaine de petites barques maniées par un seul homme avec une dextérité surprenante, et voltigeant sur l'onde, à la lueur d'un grand feu de bois résineux allumé à la proue. Sur l'avant se tient debout, attentif et silencieux, le pêcheur armé de la fouine aux cinq dents aiguës; sa silhouette, enluminée par les reflets sataniques d'une flamme rougeâtre, se détache d'une façon bizarre sur le ciel. D'une main, il dirige le rameur qui doit suivre le poisson dans ses capricieux détours; de l'autre main, il balance son arme : son œil ne quitte pas la surface de l'eau, et tout à coup vous le voyez darder rapidement la fouine, et la retirer avec un mulet ou une sole qu'il jette fièrement au fond du bateau.

Les grandes pêcheries de la Sardaigne sont très-productives ; leur exportation annuelle a été évaluée à la somme approximative de 1 800 000 francs. Les plus importantes ont pour but la pêche du thon. Elles sont en grand nombre sur la côte occidentale de la Sardaigne. La première *thonnare* ou madrague est celle des salines près de l'île d'Asinara. Il faut ensuite descendre vers le sud, jusqu'au delà du golfe d'Oristano, pour trouver la thonnare de Flumentargiù, à six milles au sud du cap de la Frasca ; celle de Porto-Paglia, à vingt-cinq milles plus bas ; celle de Porto-Scuso, à l'entrée même de la baie de Saint-Pierre, et enfin celle de l'île Plane, à la pointe nord-est de l'île Saint-Pierre. Quelques autres thonnares ont été récemment abandonnées. L'établissement de ces pêcheries en Sardaigne remonte au seizième siècle. On en fut redevable à un simple marchand nommé Pierre Porta, qui y consacra sa fortune. On prétend qu'après l'abandon des madragues de la côte d'Espagne et de Portugal, occasionné par le tremblement de terre de Lisbonne, à la suite duquel les thons parurent changer leur itinéraire, les thonnares de la Sardaigne, héritières des thonnares espagnoles et portugaises, prirent jusqu'à cinquante mille thons par année. Ce nombre a bien diminué aujourd'hui. Le chiffre de onze mille têtes environ représente la moyenne de pluiseurs années; mais les chances varient considérablement d'une année à l'autre. Plus qu'aucune autre pêche, celle des thons est une loterie : elle a ruiné bien des spéculateurs. De tous les avantages qu'elle présente, le plus certain est d'offrir à la population pauvre une lucrative occupation.

Ce fut pendant nos courses à Porto-Scuso que nous recueillîmes d'assez curieux détails sur l'industrieuse exploitation des madragues, le périodique passage des thons, et leur inconcevable stupidité. Au pied des falaises du cap Altano, un câble en sparterie, tendu perpendiculairement à la côte jusqu'à une distance de trois à quatre cents mètres, soutient un énorme filet qui traîne jusqu'au fond. De nombreuses et fortes ancres l'assujettissent des deux côtés; des plateaux de liége le font flotter à la surface. La dernière ancre est quelquefois mouillée par une profondeur de trente ou quarante brasses. A l'extrémité de ce câble, et perpendiculaires à sa direction, se trouvent établis les filets de la madrague : ils forment plusieurs chambres dont la dernière est composée de solides mailles de chanvre.

Quand les thons, s'il faut en croire les récits des pêcheurs de Porto-Scuso, ont passé, dans leurs pérégrinations périodiques, le détroit de Gibraltar, ils se divisent en deux bandes, dont l'une suit le littoral de l'Afrique et l'autre celui de l'Espagne. Cette dernière bande gagne bientôt les côtes de la Sardaigne et les descend du nord au sud, les rangeant de fort près pour trouver à se nourrir, sur le bord, de petits poissons ou de détritus végétaux. En suivant ainsi les inflexions du rivage, les thons rencontrent sur leur route l'immense filet qui leur barre le passage. Ils le suivent jusqu'à son extrémité, et là, trouvant une autre barrière, ils reviennent sur leurs pas. Arrivés près de la côte, ils n'ont pas l'idée de rebrousser chemin et de s'en retourner par où ils sont venus; ils s'en garderaient bien, l'instinct qui les dirige ne va pas jusque-là. Ils remontent encore jusqu'à l'obstacle invincible, pour redescendre de nouveau vers la côte, et pendant trois jours quelquefois leurs nombreux bataillons continuent stoïquement ce manége. Des hommes placés dans des bateaux de garde ne les perdent pas de vue ; fatigués de tourner ainsi dans un cercle constant, quelques thons s'aventurent dans l'enceinte des chambres de la madrague, les filets latéraux qu'on a laissés abaissés sont soudainement relevés, et ces ingénieux pèlerins se trouvent captifs.

Le jour de la *matanza* arrivé, lorsque quatre ou cinq cents thons sont réunis dans les filets, on les provoque doucement à passer d'une chambre dans l'autre, sans les effrayer cependant; car, si on les effrayait, ils briseraient et entraîneraient tout. Une fois arrivés dans la dernière chambre, cette chambre de mort qui peut défier tous les efforts des thons captifs, les filets sont fermés; d'énormes bateaux, appelés les *vaisseaux* de la madrague, s'en approchent; on soulève sur les bords la chambre chargée de butin : les meurtriers sont prêts, tenant à la main des crocs emmanchés à de courts bâtons de chêne. Le signal du carnage est donné. C'est alors un combat, c'est une tempête : le sang ruisselle, l'onde jaillit; des cris de joie animent

17

les pêcheurs; les thons sont jetés pêle-mêle au fond des vaisseaux, qu'ils battent convulsivement de leurs queues. De nombreuses barques portent à terre ces monstrueuses victimes, qui sont en un instant dépecées, cuites, salées et encaquées. A peine déchargées, les barques reviennent aux vaisseaux prendre un nouveau chargement. C'est une activité à faire plaisir. Les rades ne sont animées que pendant la matanza. Des bâtiments génois, marseillais, napolitains, en attendent le produit pour l'aller porter sur les marchés de la Lombardie, de la Toscane et des provinces sardes du continent; des équipages siciliens arrivent chargés de sel : c'est pour quelques instants un mouvement commercial inusité en Sardaigne.

La pêche du corail, moins abondante que sur les côtes d'Afrique, est entièrement abandonnée aux Siciliens et aux Génois. Les bancs de corail actuellement exploités sont ceux qui se trouvent à la hauteur d'Alghero, ou à quelques milles à l'ouest de l'île de Saint-Pierre. Outre les pêcheries du littoral, les étangs d'Oristano, de Cagliari et de Porto-Pino, dans le golfe de Palmas, fournissent une grande quantité de mulets, dont les œufs, salés et soumis à une forte pression, se vendent sous le nom de *bottarghe*, et sont une grande ressource pour le temps du carême.

CHAPITRE III.

Mœurs et coutumes du peuple sarde.

Avec nos habitudes d'économie rapace, avec notre instinct spéculateur, nous avons peine à comprendre qu'un pays si fécond en ressources ne devienne pas l'objet d'une exploitation active; mais l'habitant de la Sardaigne, le campagnard surtout, satisfait de son sort et fier de lui-même, ne s'est pas encore enthousiasmé pour les sublimes doctrines du progrès matériel. C'est un homme d'un autre âge qui se présente à l'observateur avec une physionomie étrange, remplie d'attrait et de poésie. Monté sur un cheval plein de feu, avec son long fusil sur l'arçon de sa selle, il rappelle bien plus le klephte de l'Albanie que l'industrieux laboureur de nos contrées. D'une taille moyenne, mais bien proportionnée, il a le teint brun, des yeux noirs très-vifs, la bouche généralement grande et les lèvres épaisses. Inculte comme on l'a laissé, il a conservé une imagination prompte, un tour d'esprit naïvement poétique et un attachement enthousiaste pour son pays.

Une sorte de quiétude indolente semble le caractère distinctif de la classe inférieure. Au milieu de ces terribles marais que désole l'intempérie, vous verrez souvent le berger sarde tranquillement assis et impassible sous la morsure d'un soleil dévorant. Vous retrouverez involontairement dans votre mémoire quelque souvenir de la muse antique, à l'aspect de ce Tityre sauvage qui, les joues gonflées, emplit de son soufflé un triple roseau sonore. Cet instrument est la *launedda*, composée de trois flûtes inégales, *tibiæ impares*, orchestre rustique qui résonne au milieu des joncs et rappelle au troupeau les brebis éloignées. L'existence casanière de la classe moyenne est douce et monotone. Au curé de village, au modeste médecin, au petit propriétaire, il suffit d'une maisonnette bien blanche, précédée ordinairement d'une vaste cour où un lit épais de paille et de fange fait fumier. Devant le corps de logis, une vigne attache ses sarments à des traverses de bois qui partent de la façade pour s'appuyer sur de lourds piliers carrés grossièrement maçonnés. La maison, couverte en tuiles rouges, n'est le plus souvent qu'un long rez-de-chaussée composé d'une chambre à coucher et d'une cuisine comprise entre l'étable et l'écurie. Pour ameublement de la chambre d'honneur, quelques chaises, une table, et un vaste lit au sommet duquel il paraît difficile d'arriver sans échelle. Dans une telle retraite, les jours coulent lentement, obscurément, semblables les uns aux autres; le moindre incident fait époque. La plus importante affaire de la journée, c'est la sieste. Cette jouissance, incomprise dans le Nord, n'appartient qu'à ces climats généreux où le soleil, arrivé au point culminant de sa source glorieuse, verse partout une molle langueur qui provoque au sommeil le troupeau vulgaire et porte au recueillement les natures d'élite. On dîne généralement à une heure en Sardaigne, et le dîner est suivi de la sieste. C'est un moment de bien-être facile que chacun respecte chez les autres et fait respecter chez soi. On s'exposerait à une réception peu amicale, si on se présentait à cette heure à la porte d'une maison italienne.

Une de ces fêtes religieuses qui deviennent pour les populations naïves des jours de réjouissance fut pour nous une occasion unique de voir réunis les plus curieux costumes de l'île. La plupart des paysans portaient des culottes de *furesi* noir assez semblables à celles des gars de Tredarzec ou de Plimeur en Basse-Bretagne, et par-dessous ces larges culottes, on voyait passer un caleçon de toile laissé ouvert par le bas. Leurs jambes étaient couvertes de *borzeghinos*, espèce de guêtres de cuir lacées sur le mollet, ou de *carzas*, guêtres de *furesi* plus en usage chez les habitants de la partie méridionale de l'île. Presque tous étaient rasés, et leurs longs cheveux, réunis en tresses, étaient rassemblés en paquet sous un bonnet de laine noire, conique comme le bonnet phrygien, et dont la pointe était recourbée sur le côté : par-dessus ce bonnet, un énorme chapeau de toile cirée à larges bords servait à les garantir du soleil. Cette dernière partie de l'habillement était commune à la grande majorité des paysans. Les autres vêtements différaient davantage, suivant les professions et les localités. Les uns portaient le *collettù*, justaucorps de cuir tanné, sans manches, très-serré, surtout vers les hanches, et formant, en se croisant vers le bas, comme un tablier double qui descendait jusqu'aux genoux. On a cru reconnaître dans ce vêtement le *colabium* ou *thorax* des anciens. Une large ceinture de cuir dans laquelle était passé un grand couteau l'ajustait contre le corps et servait également à conserver des cartouches. D'autres paysans étaient couverts d'une grosse capote appelée *cabanù*, qui n'est autre chose que le *caban* des Grecs; mais le plus grand nombre était vêtu de la *bestepeddi*, sorte de pelisse rustique faite avec quatre peaux de moutons ou de chèvres dans leur état naturel, et sans manches, comme le collettù. C'est ce vêtement sauvage qui, du temps des Romains, portait le nom de *mastruca*, et qui valut aux Sardes, de la part de Cicéron, l'épithète de *Sardi pelliti* et de *Sardi mastrucati*.

Il y avait en général plus de richesse et d'élégance dans l'habillement des femmes. Celles qui étaient venues d'Iglesias portaient un corset en étoffe de soie, très-serré à la ceinture et à manches étoites, un jupon de drap à plis très-fins et très-nombreux, garni dans sa partie inférieure d'une bordure de couleur tranchante, et, sur le devant, un petit tablier carré garni comme le jupon. Leurs cheveux tressés étaient renfermés dans une résille attachée sur le front par deux gros rubans qui tombaient sur les côtés ; un mouchoir de mousseline brodé, lié sous le menton, cachait entièrement cette résille. Quelques jeunes filles d'Oristano se distinguaient par leur jupon rouge et un grand mouchoir carré à larges palmes qui, placé sur leur tête, retombait par derrière jusqu'à leurs talons.

La hiérarchie sociale est rigoureusement établie entre les femmes par une qualification particulière à chaque classe. La *dama* est une dame de haut rang ; la *signora* est une dame de condition moyenne; la femme d'un médecin ou d'un avocat s'appelle *nostrada ;* celle d'un fermier *contadina principale*. L'*arteggiana* est l'épouse d'un artisan, et la *contadina rustica* celle d'un simple paysan. Dans les deux classes inférieures, les femmes sont chargées de presque tous les soins domestiques. Elles s'occupent en même temps des enfants et de la basse-cour, de la confection du pain et de celle des étoffes grossières que l'on fabrique dans l'île avec la laine des brebis. Ce sont elles aussi qui, la plupart du temps, vont chercher, aux puits ou aux fontaines, l'eau nécessaire aux besoins du ménage. Portant sur leur tête l'amphore aux formes antiques, elles ont alors dans leur démarche une grâce singulière. La tête rejetée en arrière, les reins bien cambrés, soutenant parfois d'une main le vase chancelant, elles marchent d'un pas ferme et assuré, sans répandre une goutte d'eau de l'urne remplie jusqu'au bord.

Il n'est rien de mieux, pour conserver l'empreinte caractéristique d'un peuple, que la rareté et la difficulté des voies de communication. A cet égard, les Sardes n'avaient rien à envier aux populations les plus arriérées avant les tentatives faites en ces derniers temps. Il y a peu d'années qu'ils étaient entièrement privés de chemins praticables pour des voitures. Ce ne fut qu'en 1822 qu'une route royale de sept mètres de largeur, et de cent vingt-cinq milles de développement, fut ouverte de Cagliari à Sassari. Elle fut dirigée par Oristano, et prolongée jusqu'à Porto-Torrès. La dépense totale se monta à près de 4 millions de francs. Une diligence, établie sur cette route, fait aujourd'hui un service régulier entre les deux chefs-lieux de l'île. Quant à ce qu'on appelle les chemins de traverse, la description qu'on en pourrait faire serait applicable, en général, à n'importe quel pays de sauvages. Les moyens de transport sont d'ailleurs en harmonie avec l'état des lieux. Nous en fîmes la rude expérience dans une excursion à la recherche des haras justement renommés du baron de Teulada. Nous nous étions égarés après mille détours, lorsque nous vîmes arriver un jeune paysan sarde d'une physionomie fine et avenante. Il devina notre embarras, et, après nous avoir parlé une langue dont nous n'entendions pas un mot, il essaya l'éloquence du geste, en nous faisant signe de le suivre jusqu'à une charrette embourbée près de là. Ayant chargé sur cette charrette du bois qu'il devait précisément voiturer à Teulada, il passa dans une prairie voisine et en ramena une paire de taureaux magnifiques, au fanon tombant jusqu'aux pieds, à l'œil plein de feu. Nous le vîmes ensuite fixer par un œillet le bout des rênes à la corne extérieure de ces fougueux animaux, puis saisir les deux oreilles qui se trouvaient près du timon et serrer chacune d'elles d'un demi-tour de la rêne qu'il avait ramenée sur l'avant du joug. Cette compression de l'oreille dompte si bien les malheureux taureaux, que de semblables attelages sont conduits au grand trot ou même au galop à travers les rues des petites villes sans qu'il en résulte aucun accident. On doit seulement éviter d'approcher les bœufs de mauvaise réputation, qui portent aux cornes un brin de paille : c'est encore le *fœnum habet in cornu* d'Horace.

Le chariot, qui sans doute n'était pas autre chose que le *plaustrum* vénérable des Romains, n'excita pas moins notre curiosité. C'était une espèce d'échelle, ayant à peu près trois pieds de large dans la partie qui formait le char, mais assez étroite à son extrémité antérieure pour servir de timon. Vers le milieu de cette échelle horizontale se trouvaient pratiqués deux encastrements semi-circulaires, dans lesquels se logeait l'essieu, et c'était cet essieu même, portant à chaque extrémité une roue massive, qui tournait dans les encastrements. Les roues, composées de trois planches unies par une quatrième planche clouée en travers, étaient entourées, non par un cercle de fer, mais par d'énormes clous dont les têtes triangulaires se touchaient.

Peu encouragés par ces préparatifs, nous prîmes place en frissonnant auprès de notre cocher. Celui-ci se dirigea vers un ruisseau dont le lit formait l'enceinte de la vaste prairie où il avait été chercher son attelage. Tout d'un coup, il pique ses agiles taureaux en les animant de la voix : les deux roues du char tombent à la fois de près de trois pieds de haut au fond du ruisseau; nous chancelons à cette secousse inattendue; la ferme contenance de notre guide nous rassure, et nous voilà suivant le lit inégal et raboteux de ce ruisseau, qui coulait à pleins bords entre deux haies de ronces et de rosiers sauvages. Nos coursiers avaient de l'eau jusqu'au poitrail. Le jeune paysan, attentif à les diriger, leur parlait sans cesse et les maintenait soigneusement au milieu du courant. Il y avait des endroits où nous faisions, en passant, une trouée à travers les buissons qui se rejoignaient d'un bord à l'autre du fossé. Le moins qui pût nous arriver, selon les apparences, devait être de laisser aux ronces la moitié de nos vêtements; quand le lit du ruisseau devenait trop étroit, la roue du char montait sur la berge, et nous inclinions tellement que nous nous crûmes vingt fois sur le point de verser. Enfin, après un quart d'heure de ce supplice, nous prîmes terre sur un sentier, qui, bien que creusé par de profondes ornières, n'était que roses après le chemin d'amphibies que nous venions de parcourir. Notre cocher se retourna alors vers nous, et son sourire sembla nous demander ce que nous pensions des moyens de transport de Teulada. En vérité, nous pensions que, si les Sardes voulaient continuer à naviguer ainsi dans les fossés, ils faisaient bien de garder leur *plaustrum* et de repousser obstinément toutes les innovations qu'on cherche à introduire à cet égard dans leur île, car je ne connais pas de véhicule mieux approprié au genre de pérégrination dont nous avions fait l'épreuve.

Les communications maritimes ont aussi conservé quelque chose de primitif, du moins sur les côtes orientales. Le défaut de ports, dans cette région, n'admettant guère que des bateaux que l'on puisse tirer sur le rivage, o . y emploie le *ciù* (prononcez *tchiou*), construction propre à la Sardaigne. C'est un grand bateau plat, pointu des deux bouts, emporté par une immense voile triangulaire, semblable à l'aile d'une bécassine, assez actif d'ailleurs, mais brutal dans son allure. Nous nous résignâmes à monter un bateau de cette famille, pour explorer le littoral désert qui s'étend du golfe de Cagliari au cap Ferrato. Il m'a toujours semblé que ce dut être sur un ciù pareil au nôtre que Télémaque s'embarqua cette nuit où il quitta secrètement Ithaque pour se rendre à Pylos. Non pas que notre bateau naviguât souvent la nuit : oh! non, c'était un ciù prudent qui touchait de plage en plage, se tirait à terre à la première menace du ciel, et relâchait ponctuellement chaque soir, ayant sansdoute retenu cette sentence 'Homère transmise de ciù en ciù : « C'est la nuit que s'élèvent les vents terribles qui perdent les navires. » Dès que le vent était contraire et la mer un peu dure, nous devions chercher l'abri le plus voisin, car, si le ciù eût résisté à la mer, à coup sûr, nous n'eussions pas résisté au ciù. Jamais bateau pareil, j'en fais serment, n'a choqué la crête de la lame ; jamais cahots de charrette sur les routes défoncées de la Brie n'ont égalé ses soubresauts, ses trépidations épileptiques : il n'y a que le charbon de Carbonara ou les fromages de Sarrabus qui puissent supporter longtemps une telle navigation.

La difficulté des communications dans la plus grande partie de l'île, l'isolement forcé de la plupart des groupes explique leur état à demi-sauvage. Le seul lien qui les rattache l'un à l'autre et les rapproche quelquefois, c'est la religion. Le sentiment religieux est encore très-vif en Sardaigne. Il n'est pas rare d'y rencontrer de francs et bons catholiques, pleins de foi et d'enthousiasme, emportés même un peu loin par leur imagination méridionale. On vous soutiendra fort et ferme qu'il faudrait bien se garder de ne pas aller chercher saint Effisio à Pula, le jour de sa fête, pour le transporter à Cagliari, car le saint, si on l'oubliait, se mettrait en route tout seul. La religion est la principale occasion de rendez-vous publics. Une chapelle ruinée au bord de la route, inaperçue par le voyageur distrait, deviendra, à la fête du patron, un lieu de rassemblement et de plaisir pour les villageois du voisinage. Ce sont là des émotions naïves que nous ne connaissons plus, et dont j'ai pu me faire une idée à la fête du modeste village élevé sur les ruines de l'opulente Sulcis. Saint Antiochus, martyr sous Dioclétien, en est aujourd'hui le patron. Dans la crainte des Barbaresques, les reliques vénérées de ce saint furent jadis transportées à Iglesias; mais, chaque année, elles sont rapportées en grande pompe à Saint-Antioche, et la population tout entière, hommes, femmes et enfants, à pied, à cheval, en charrette, se presse sur la route pour saluer le saint à son passage. Cette fois, la fête fut plus brillante que jamais; pendant tout le mois d'avril, on avait sollicité pieusement quelques journées de pluie; après être longtemps resté sourd aux prières, le saint daigna se laisser fléchir. La population, dans sa reconnaissance, se porta d'enthousiasme à la rencontre de son patron, qui arriva dans un carrosse attelé des deux plus beaux bœufs de la plaine dont on avait orné les cornes de magnifiques oranges. Une brillante cavalcade lui servait de cortége, un orchestre composé de trente joueurs de *launedda* le précédait. De nombreuses carrioles tirées par des bœufs, recouvertes d'étoffes éclatantes, et parées de branches de myrte et de lentisque, suivaient par derrière avec les familles venues d'Iglesias ou des villages voisins. Ces paysans pieds nus portaient à la main des cierges allumés, d'autres, voltigeant autour du carrosse, tiraient des salves de coups de fusil. La joie la plus expansive et la plus sincère animait la pieuse solennité. Chacun avait revêtu ses plus beaux habits, et comme si le ciel eût voulu prêter son concours à la fête, le temps, qui avait été gris et pluvieux les jours précédents, était magnifique ce jour-là. Pendant les trois jours que dura cette fête, on n'eût pas reconnu le village de Saint-Antioche. Dans toutes les rues, on avait dressé des boutiques où s'étalaient des pièces d'étoffes qu'on ne voit plus en Europe depuis cinquante ans. C'étaient des damas, des lampas, des brocards qui sortaient je ne sais d'où, et qui, bien qu'un peu fanés, étaient encore d'une grande richesse. A côté des splendides étoffes, on vendait de communes rouenneries, des toiles imprimées, et toute la misérable pacotille que nous exportons en pays étranger. On était venu à cette foire de dix lieues à la ronde; chaque maison, encombrée d'étrangers, se mettait en frais pour les recevoir dignement. Il n'y avait pas jusqu'aux pauvres gens vivant sous terre au sommet de la colline, habitants des tombeaux dont ils ont dépossédé leurs ancêtres, qui ce jour-là n'égayassent leur souterrain d'un tronçon de chère lie et d'un plat de macaroni.

N'est-il pas à regretter que les pays où cette foi naïve a maintenu une sorte de gouvernement théocratique soient précisément ceux qui fassent tache en Europe aujourd'hui? Pourquoi dans ces contrées la terre est-elle en friche, le commerce languissant, les voies de communication détruites, le peuple en haillons, son existence politique compromise? La foi, qui conserve aux peuples leur poésie et leur gaieté, exclut-elle donc les bénéfices incontestables de la civilisation?

Une autre vertu des anciens temps que la Sardaigne a conservée sans altération : c'est l'hospitalité. Les Sardes sont pour la plupart de nature bienveillante; leur abord est plein de cordialité, leurs offres sincères. Ils sortent de leur indolence habituelle dès qu'un hôte leur arrive, et rien ne leur coûte pour faire les honneurs de leur maison. Plusieurs d'entre eux poussent même le sentiment de l'hospitalité jusqu'à l'héroïsme : ils sacrifieraient leur vie pour sauver celle de l'homme qui est venu chercher un asile sous leur toit protecteur. Autant ils se montrent fermes dans le dévouement, autant ils sont implacables dans la haine. Les a-t-on offensés? ils ne l'oublient jamais, et poursuivent leur vengeance avec une ténacité qu'aucune considération ne saurait fléchir. Ces inimitiés se transmettent de génération en génération. La veuve d'un homme assassiné conserve la chemise ensanglantée de son mari et la déploie de temps en temps devant ses enfants, pour entretenir leur haine contre ceux qui ont *mangé leur père*. Le fils qui manquerait à tirer vengeance d'un pareil meurtre, qui n'accepterait pas cet héritage de haine, serait méprisé dans le pays et flétri du nom de *pigeon*. Ce n'est pas par un franc défi qu'il peut se venger. Le duel est inconnu en Sardaigne. Il faut qu'à son tour il devienne assassin. Dès l'enfance, sa mère l'a instruit à tirer ce long fusil d'étroit calibre qui reçoit une balle dont la grosseur n'excède pas celle d'un pois ordinaire. Habitué à frapper à coup sûr une petite pièce de monnaie placée à quarante pas, il se tapit dans les buissons pendant des jours entiers, épiant le passage du meurtrier de son père. Quand sa vengeance est accomplie, il s'enfuit dans les montagnes, et va se joindre à quelque troupe de bandits.

Ce point d'honneur est le trait distinctif du caractère sarde. On peut en déplorer les suites funestes, mais il est difficile de refuser quelque sympathie à cette nature mâle et vigoureuse, qui offre à coup sûr plus de ressources pour le bien qu'un sang tiède et appauvri. Les passions farouches d'un tel peuple cachent la loyauté et l'énergie : c'est une rouille sous laquelle on découvre un acier bien trempé. On doit mettre d'ailleurs quelque différence entre les *vendette* de la Sardaigne et les assassinats des rues de Naples. Les *vendette* ont leurs embuscades et leurs surprises, mais elles débutent presque toujours par une franche déclaration de guerre; l'escopette frappe dans l'ombre comme le stylet, mais elle ne frappe d'ordinaire qu'un homme mis sur ses gardes par une offense ou commise ou reçue. C'est une vengeance qui n'adopte pas de champ clos, qui ne veut pas de témoins, à laquelle toute heure et tout moyen conviennent; c'est une sombre et impitoyable vengeance qui se plaît à une férocité dont les détails font souvent frémir; ce n'est pas un meurtre de lazzarone. Si l'on raconte qu'un homme, en Sardaigne, se tint pendant sept ans sur un arbre, plusieurs heures par jour, pour attendre son ennemi, on a vu aussi ces haines opiniâtres emprunter à l'antique chevalerie ses plus nobles inspirations.

Pendant le séjour de la cour en Sardaigne, quand de nombreuses bandes de brigands désolaient la Gallura, un des plus fameux bandits de l'île, Pierre Mamia, apprend que son ennemi juré, Pompita, est tombé entre les mains des troupes royales. Il rassemble ses partisans, et le délivre : « Tu es mon ennemi, lui dit-il, mais c'est de ma main que tu dois recevoir la mort. Voici des armes, de la poudre et du plomb; je te donne trois jours pour retrouver les tiens. Au bout de ce temps, la trêve est rompue; tiens-toi pour averti et prends garde à toi ! » En 1806, un autre chef de bande, Cicolo, veut tenir tête aux carabiniers envoyés contre lui. Il est battu et poursuivi. Dans sa fuite, il se livre à deux bergers qui le conduisent dans les montagnes et lui indiquent une retraite inaccessible et inconnue. Quelque temps après, ces deux bergers sont arrêtés, et, plutôt que de trahir leur hôte, ils reçoivent la mort sur l'échafaud. Certes, ce fanatisme a sa noblesse et n'appartient point à une race abâtardie. Du reste, les vendette sont bien moins fréquentes aujourd'hui qu'il y a vingt ans, et les troupes de bandits qu'elles alimentaient ne se rencontrent plus guère que sur la côte orientale de l'île, dans la province de l'Ogliastra et les environs de Terra-Nova. Celles-là ne dédaignent pas toujours de voler les bestiaux et de détrousser les voyageurs. Les montagnes de Dorgali, Galtelli, Posada, et le Monte-Santo leur offrent des refuges où les troupes n'osent les poursuivre.

Entre tous ces fameux bandits des âges héroïques de la Sardaigne, la chronique a conservé les noms de don Pietro et d'Ambrosio de Tempio, qui acquirent dans le siècle dernier une sorte de popularité par des traits d'une incroyable audace.

Don Pietro possédait des biens considérables, et un troupeau qui se montait à plus de dix mille têtes de bétail; mais, ayant tué un homme de Chiaramonte et son fils pour se venger d'une injure qu'il avait reçue, il se fit bandit, et s'établit avec les plus déterminés de ses vassaux dans les gorges du mont Sassù. Plein d'intelligence, et ne manquant pas d'un certain honneur qu'il entendait à sa façon, il interdisait à ses affidés des larcins qui les eussent rendus odieux aux paysans. Il devint bientôt la terreur des troupes envoyées contre lui. Blessé à la main gauche, il s'habitua à poser le canon de son fusil sur l'avant-bras, et, de la sorte, il se rendit si habile, qu'il ne manquait jamais un œuf jeté en l'air devant lui. Il accordait audience à ses amis; mais il eût été peu prudent de se présenter sans un sauf-conduit, car il y avait toujours quelques bandits bien armés et d'énormes mâtins placés en sentinelle pour prévenir les surprises. A la fin, la trahison le livra à ses ennemis. Il fut massacré avec tous ses compagnons, pendant qu'ils étaient plongés dans un profond sommeil, produit par de l'opium qu'on avait mêlé à leur vin.

Ambrosio de Tempio avait tué tant d'hommes et tenu si longtemps contre tous les efforts des autorités, que bien des gens le croyaient sous la protection particulière d'un saint. Il disparut cependant un jour, étant probablement mort dans quelque caverne des suites de ses blessures, ou par quelque autre accident. Il y a encore dans le canton où l'on a conservé son souvenir plus d'un paysan qui le croit vivant et s'attend à le voir reparaître. Le plus bel éloge qu'on puisse faire d'un fusil en Sardaigne, c'est de le comparer à la redoutable *canna* d'Ambrosio.

Tous ceux qu'un délit plus ou moins excusable expose aux rigueurs de la loi ne sont pas assez heureux pour aller mener dans les montagnes cette poétique vie de bandit. Les coupables que la justice peut atteindre sont condamnés aux galères quand ils évitent la peine capitale. Au reste, on est loin d'attacher dans l'île aucune idée d'ignominie au châtiment des travaux forcés, quand celui qui le subit n'a commis qu'un de ces actes de violence excusés, ou, pour mieux dire, commandés impérieusement par les mœurs du pays : ce qui l'eût déshonoré aux yeux de tous, c'eût été de ne pas riposter à un premier coup, de ne pas laver dans le sang une insulte. Les galériens sont en général employés à l'exploitation des salines ; quelquefois, par une sorte de commutation de peine, on les attache à des spéculations particulières. Il y a quelques années, un homme généreux et entreprenant, le général Incane, en inspection militaire vers l'extrémité orientale de l'île, s'affligea de ne rencontrer qu'une population rare, abrutie et misérable dans un canton fertile et favorablement situé. Il conçut le projet d'y fonder un village. A son retour à Cagliari, il obtint du gouvernement une concession de terres, et en même temps une concession de galériens. Ce furent les commencements de Rome et de Carbonara. Une modeste église, que le général fit élever à ses frais, devint un centre de population auquel vinrent se rallier les pâtres de la montagne et les sauvages de la côte. Aujourd'hui, la plaine de Carbonara produit du blé, du vin, nourrit de nombreux troupeaux, et le bienfaiteur de cette nouvelle commune commence à recueillir les fruits de son heureuse inspiration.

Un guide, nommé Francesco Coccù, qui nous conduisit au cap Ferrato, était précisément un des premiers colons de Carbonara, condamné à dix ans de galères pour avoir tué un homme sans préméditation. Pauvre Coccù! C'était un jour de fête, un de ces beaux jours de fêtes méridionales où, sous un chaud soleil, sous la voûte bleue et pure, les danses se mêlent au son de la *launedda :* Coccù s'était rendu au *ballo tondo* de Pirri, et là, sans y penser, il avait dans la ronde entrelacé ses doigts à ceux de sa voisine (ce qui n'est permis, à vrai dire, qu'à un mari ou à un fiancé, mais Coccù n'y prenait pas garde). Il était donc tout entier aux plaisirs du *ballo tondo*, se démenant, s'agitant, et oubliant ses doigts, quand un jeune homme, qui tenait l'autre main de sa jolie voisine (celui-là était son fiancé), lui cria d'une voix altérée par la colère : « Prends garde à ce que tu fais, Coccù, ou tu me le payeras! » Coccù continuait à danser; mais, voyant celui qui venait de lui donner cet avis porter la main à son couteau et se précipiter vers lui, il fut plus prompt à dégaîner, et le prévint en le jetant mort sur la place. Deux existences perdues en un instant!

L'amour est l'occasion la plus fréquente de ces tristes tragédies. Les Sardes sont en général très-jaloux. Rarement, quand ils reçoivent des étrangers, les femmes sont admises à prendre part aux repas. Cependant la meilleure harmonie règne communément dans le ménage. Les cérémonies qui consacrent les fiançailles et les noces prouvent que le Sarde n'a pas encore dépouillé le mariage de toute poésie. Les jours de fête, dans les lieux de réunion, où plus d'un jeune garçon, soyez-en sûr, sent battre discrètement son cœur à l'aspect des belles jeunes filles, vous verrez quelque vieux pâtre cherchant dans cette foule joyeuse une fiancée pour son fils, et répétant tout bas la gracieuse formule usitée pour la demande en mariage : « Vous possédez, compère, une génisse blanche et d'une beauté parfaite. C'est elle que je viens chercher, car elle ferait la gloire de mon troupeau et la consolation de mes vieux ans. » Si flatté qu'il soit de cette proposition, le père de la jeune fille, pour se conformer aux lois de la bienséance, ne paraîtra pas saisir l'objet de la demande. Il se lèvera, et amenant successivement chacune de ses filles : « Est-ce là ce que vous cherchez ? »

dira-t-il ; et il aura soin de n'introduire que la dernière, celle dont son hôte est venu demander la main.

Dès que la proposition de mariage est agréée, des cadeaux sont échangés comme gages d'un consentement mutuel. Les bans sont ensuite publiés pendant trois semaines, et huit jours avant le mariage, qui doit être célébré dans la paroisse de la jeune fille, le trousseau de la mariée est transporté avec pompe dans la maison qu'elle doit habiter. C'est là une cérémonie à la fois joyeuse et attendrissante dont le spectacle me fut offert sur le chemin qui conduit du village de Selargius à celui de Settimo. Nous venions de quitter Selargius, quand nous aperçûmes de loin une longue file d'hommes et de femmes, quelques-uns à pied, mais le plus grand nombre à cheval; à la suite venaient de nombreux chariots traînés par des bœufs. Les sons nasillards de la *launedda* arrivaient déjà jusqu'à nous avec le grincement des essieux et les cris d'une foule animée. Une jeune fille de Settimo devait s'unir dans huit jours à un jeune paysan de Selargius. Le fiancé, accompagné de ses amis, les paranymphes antiques, avait été recevoir des parents de sa future épouse le trousseau et l'ameublement qui composaient une partie de la dot; il les transportait, avec le cérémonial usité, dans la maison nuptiale.

Par une coïncidence singulière, il n'y avait pas deux ans qu'en Turquie j'avais vu transporter ainsi, sur la grande route qui conduit de Thérapia à Stamboul, le magnifique trousseau de la sultane Atié. Près du Bosphore, le cortége se composait de voitures aux panneaux dorés, traînées par huit chevaux : au fond de ces voitures, on apercevait les odalisques du sérail enveloppées dans leur *feredji*, et le visage couvert du *yacmack;* des eunuques blancs et noirs veillaient à toutes les portières. Après ces voitures, de nombreux chameaux, au pas lent et mesuré, portaient les aiguières et les plats d'or et d'argent, ou les meubles incrustés de nacre et d'ivoire; puis venaient le sadrazan et les autres ministres, suivis d'*arrabas* richement décorés auxquels étaient attelés de superbes taureaux d'une blancheur éclatante; des escadrons de cavalerie équipés à l'européenne contenaient avec peine le peuple émerveillé. Ici, entre Settimo et Selargius, la cérémonie était la même : il n'y avait de changé que l'échelle de la fête : les riches *arrabas* étaient remplacés par une douzaine de chariots sur lesquels on avait entassé plusieurs matelas tout neufs, des bois de lit, des chaises ornées de branches de lentisque et d'arbousier. Des tables et des bancs, de grands bahuts de chêne renfermant les robes de la fiancée, suivaient sur d'autres chariots ; une troupe de jeunes garçons et de femmes, parés comme aux plus grands jours, précédaient ces chars rustiques, portant sur leurs têtes des corbeilles pleines de verres et de porcelaines. Un nombreux cortége de paysans à cheval, devant lequel marchaient deux joueurs de flûte, entourait le jeune époux, qui se faisait remarquer entre tous par sa bonne mine et la richesse de ses vêtements. Il fallut plus d'un quart d'heure pour que cette bruyante procession défilât devant nous.

Vient enfin pour les fiancés le grand jour de la bénédiction nuptiale. Avant de se séparer de son père, la jeune femme, en sortant de l'église, mange avec son époux, pour la première fois, un potage qui leur est servi dans la même écuelle. Un brillant cortége les accompagne ensuite jusqu'à leur nouvelle demeure, décorée, comme au temps de Juvénal, de guirlandes de fleurs et de branches de myrte. Les matrones, qui attendent les époux sur le seuil de la maison, jettent sur eux, dès qu'ils sont à portée, des poignées de sel et de froment; la journée se termine par un copieux festin.

Tel est ce peuple que la civilisation s'apprête à envahir. Ce ne fut qu'après notre retour en France que nous pûmes apprécier combien peu la Sardaigne est connue. Même parmi les hommes occupés de géographie générale et de travaux statistiques, nous en trouvâmes peu qui ne fussent obligés de confesser à cet endroit une lacune considérable dans leurs études. La Sardaigne et ses ressources, son peuple demi-romain et demi-féodal, ses institutions gothiques, ses coutumes, qui remontent, par delà les siècles, aux temps du paganisme ou de l'invasion arabe, cette civilisation, d'un autre âge miraculeusement conservée jusqu'à nos jours, comme Herculanum sous sa croûte de lave, tout cela eût mérité sans doute les regards des observateurs sérieux. Au surplus, je crois voir approcher le terme de cette indifférence. Ce que n'ont pu faire les études consciencieuses de M. le général de la Marmora, les paquebots de Gênes le feront plus sûrement, je pense. Qu'on se hâte donc, car la Sardaigne poétique, la Sardaigne telle que nous l'avons encore vue, merveilleux trésor numismatique, seul souvenir existant en Europe des peuples italiens au moyen âge, cette Sardaigne que vous avez négligée, touristes mal inspirés, vous ne la retrouverez plus dans sa curieuse intégrité. Chaque instant lui enlève quelque lambeau de sa vieille tunique : c'est un peuple qui se transforme, et ce qui est encore vrai au moment où je trace cette esquisse ne le sera peut-être plus quand vous arriverez à Cagliari ou à Porto-Torrès.

CHAPITRE IV.

Influence des diverses dominations qui se sont succédé en Sardaigne.

Il y a presque toujours, pour les nations comme pour les individus, un fait prédominant, une circonstance décisive qui influe sur leur existence entière. Pour la Sardaigne cet arrêt de la destinée, écrit à chaque page de ses annales, est bien triste, et il m'en coûte de le consigner ici. Condamnée par sa position, par son exiguïté, par un climat perfide qui paralyse ses ressources, à vivre sous la dépendance d'une puissance supérieure à laquelle il lui est impossible de s'incorporer complétement, elle semble destinée à être toujours sacrifiée. Cette loi fatale, je le répète, peut être vérifiée à chaque âge de son existence historique.

Lorsqu'on cherche à pénétrer les nuages qui nous dérobent la haute antiquité, on croit reconnaître que la Sardaigne a commencé par être un champ de bataille où se heurtèrent les races les plus remuantes des temps primitifs. Les traditions conservées par les historiens grecs et latins, les monuments trouvés dans l'île et reconnus par la science moderne, constatent le passage des Pélasges, des Hellènes, des Grecs asiatiques, des Phéniciens, des Libyens, des Étrusques, des Ibères. Toutes ces bandes d'aventuriers sont balayées par un peuple doué d'une énergie supérieure. L'an 528 avant l'ère chrétienne, les Carthaginois s'emparent de la Sardaigne, sans autre but que d'en faire un point de relâche. Leur politique égoïste n'imagine rien de mieux, pour conserver cette conquête, que de la rendre inhabitable. Ils font détruire les arbres fruitiers, défendent sous peine de mort de planter à l'avenir, et sacrifient même, assure-t-on, les étrangers qui abordent dans cette nouvelle Tauride. Les anciens habitants n'échappent à cette fureur jalouse qu'en se retranchant dans les montagnes de l'intérieur. Après une possession d'un peu moins de trois siècles, les Carthaginois sont à leur tour délogés par les Romains. Ceux-ci, traitant avec une générosité éblouissante les populations du littoral, refoulant avec une énergie impitoyable les peuplades indomptées du centre, opposant sans cesse les alliés aux rebelles, commencent cet antagonisme d'intérêts qui a été la plaie toujours saignante de la Sardaigne. Le prestige de la civilisation triomphe enfin des instincts sauvages. Sous l'empire, l'île pacifiée atteint un haut degré de prospérité : sept villes riches et populeuses obtiennent les prérogatives attachées au titre de cités romaines. Associée ainsi aux grandeurs du peuple-roi, la Sardaigne doit plus tard partager la honte et les douleurs de la chute. Sans cesse envahie et disputée pendant la longue agonie des empires d'Orient et d'Occident, par les Vandales, par les Goths, par les Byzantins, par les mahométans, elle n'est plus, du cinquième au onzième siècle, qu'un théâtre de dévastation et de désespoir.

En 1004, le pape Jean XVIII, abusé sans doute par des actes apocryphes, prétendit que la Sardaigne était comprise dans la donation faite au saint-siége par Charlemagne, et, faisant aux chevaliers chrétiens un appel qui semble le prélude des croisades, il promit la possession de l'île à quiconque la délivrerait du joug africain. Les Pisans et les Génois répondirent à cet appel, entraînés par leur instinct mercantile, il est permis de le croire, plutôt que par un sentiment chrétien et chevaleresque. Il fut convenu entre eux que les premiers garderaient le territoire, les autres le butin. Cet arrangement fatal devait prolonger l'anarchie et les malheurs de l'île longtemps après l'expulsion des mahométans. Ce ne fut pas sans combats que les Pisans mirent leurs associés hors de cause. Restés maîtres du terrain, ils divisèrent leur conquête en quatre grands fiefs ou *judicatures*, sous les noms de Cagliari, de Logudoro, d'Arborée et de la Gallura. L'Ogliastra forma en outre une cinquième principauté, sous un régime particulier. Les vainqueurs se réservèrent le droit de suzeraineté sur les fiefs, et la domination immédiate sur quelques autres lieux, notammentsur la ville de Cagliari. Le but de cette combinaison était de créer dans l'île des intérêts rivaux, afin de la retenir plus facilement sous le joug. On crut même enchaîner les grands feudataires en mettant obstacle à l'hérédité des fiefs. De ce luxe de précautions il ne résulta qu'une féodalité bâtarde et mal assise qui, au lieu de protéger le pays, lui communiqua sa propre agitation. En prenant parti, selon leurs intérêts, dans les éternelles querelles de Gênes et de Pise, les *juges* parvinrent à se soustraire à une suzeraineté incertaine. Ils se constituèrent héréditairement, prirent le titre de rois, et s'épuisèrent à guerroyer entre eux, comme pour faire preuve de leur souveraineté absolue.

Ces misères féodales duraient depuis plus de trois siècles, quand, en 1323, les Aragonais, appelés par Hugues Serra, juge d'Arborée, vinrent débarquer dans le golfe de Palmas, sous la conduite de don Alphonse, fils du roi Jacques. Le pape, irrité contre la république de Pise, qui tenait ses droits du saint-siége, les avait transférés à la couronne d'Aragon. Malgré l'énergie de leur défense, les Pisans furent vaincus. Peut-être quittèrent-ils sans regret une possession qui leur était devenue onéreuse.

Les rois d'Aragon ne firent pas aisément accepter aux turbulents feudataires la suzeraineté dont ils héritaient. Les juges d'Arborée surtout, leurs anciens alliés, se montrèrent fort ardents à leur susciter des embarras; mais les conquérants, moins préoccupés de féconder le sol que d'en rester maîtres, appliquèrent à leur tour cette maxime dont on a fait honneur à Tibère, et qui est aussi vieille, hélas! que la politique elle-même; ils divisèrent pour régner. Ce système féodal, que leurs prédécesseurs avaient établi sur une large base, ils le morcelèrent pour l'affaiblir. L'île fut distribuée par eux en deux provinces, dites le *Cap supérieur* et le *Cap inférieur*, afin d'effacer jusqu'à la trace des anciens judicats. Les juges d'Arborée devinrent marquis d'Oristano; les seigneurs pisans et génois reçurent de la couronne d'Aragon de nouvelles investitures; enfin la création d'un grand nombre d'autres fiefs contrebalança l'influence des anciens feudataires. Il ne suffit pas aux Aragonais d'opposer le cap septentrional au cap méridional, les petits seigneurs aux grands vassaux; ils créèrent une bourgeoisie pour en faire le contrepoids de la noblesse. En 1354, diverses révoltes ayant appelé dans l'île don Pèdre le Cérémonieux, ce prince convoqua à Cagliari la première assemblée nationale, où les députés des villes furent admis sous la dénomination d'*ordre royal*. Ainsi, comme les rois de France, comme les empereurs d'Allemagne, les rois d'Aragon s'appuyaient sur les habitants des villes attachées à la royauté, et leur sacrifiaient les habitants des campagnes féodales. Prodigues d'exemptions et de priviléges, ils achetaient l'alliance des bourgeois à force de concessions qui grevaient lourdement l'avenir. Cette déplorable politique eut un tel succès, dit M. de la Marmora, que « sous la domination espagnole un écrivain appartenant à un cap regardait comme une obligation de ne parler, dans son ouvrage, des citoyens de l'autre cap qu'en termes de mépris. » Cette rivalité n'est pas complétement éteinte de nos jours. Les Sardes des deux caps éprouvent encore les uns pour les autres cette vague antipathie qui sépare les Catalans et les Andalous.

Entre tous ces juges qui pesèrent sur la Sardaigne pendant le moyen âge, il faut distinguer une femme pleine d'énergie, Éléonore d'Arborée, qui fit aux Aragonais une guerre active, et légua à ses sujets une charte adoptée dans toute l'île, en 1421, par l'ordre du roi don Alphonse. Ce fut sous le règne de ce dernier prince que Pierre de Tiniers, de la maison de Narbonne, fit aux rois d'Aragon l'entière cession du judicat d'Arborée. La domination aragonaise fut alors généralement reconnue dans l'île; mais déjà tout vestige de prospérité avait disparu sous le piétinement des hommes d'armes.

Au commencement du quinzième siècle, l'alliance de l'Aragon et de la Castille ayant constitué la monarchie espagnole, la Sardaigne se trouva incorporée à cette dernière puissance. Elle fut livrée alors à l'insouciante administration d'un vice-roi, et partagea cette langueur commune à tous les états du vaste empire dont elle faisait partie. Les troubles intérieurs s'étaient apaisés, la guerre étrangère n'approchait plus de ses bords, mais le sol appauvri restait en friche; des institutions, des idées nouvelles, changeaient la face du monde sans qu'elle en soupçonnât rien. L'Espagne se dressait entre elle et le soleil. En 1708, la guerre de la Succession fit passer la Sardaigne sous la domination de la maison d'Autriche; quelques années plus tard, les Bourbons d'Espagne la ressaisirent par un audacieux coup de main de leur ministre Alberoni. Ils durent bientôt la restituer, pour se conformer aux injonctions de la conférence de Londres, qui la destinait au duc de Savoie en échange de la Sicile, acquise par ce prince à la paix d'Utrecht.

En 1720, Victor-Amédée reçut la Sardaigne des mains de l'Espagne, telle qu'elle avait été transmise à cette puissance par les rois d'Aragon. C'était une province du quatorzième siècle qu'on ajoutait à ses États : les institutions, les coutumes, les croyances, y dataient encore de la retraite des Pisans. En se soumettant aux prescriptions du traité de Londres, le duc de Savoie n'accepta qu'avec répugnance la compensation qui lui était offerte en échange de la Sicile : il faisait peu de cas d'un excellent poste maritime, et eût préféré s'agrandir du côté du Milanais. Résigné néanmoins à prendre possession de la Sardaigne, il trouva bon d'y installer un vice-roi, comme avait fait la cour de Madrid, et confirma négligemment les lois et l'administration qu'il trouva établies. De leur côté, les insulaires passèrent sans émotion sous un nouveau sceptre, et s'aperçurent à peine d'un événement qui semblait n'avoir amené qu'un changement de vice-roi.

Il y avait bien cependant quelque portée et quelque avenir dans cet événement. La Sardaigne, sous la domination de l'Espagne, n'était qu'une province : elle devenait un royaume par le traité de Londres. Son rôle politique grandissait à cet échange, car la Savoie en devait faire plus de compte que la vaste monarchie espagnole. D'ailleurs, le titre de rois de Sardaigne, que les descendants de Bérold de Saxe et de Wittikind le Grand recevaient avec la possession de cette île, prouvait qu'elle cessait d'être regardée comme une de ces annexes vagues dont la diplomatie dispose à son gré pour régler sa balance, et qu'en attachant à sa possession la dignité royale, on voulait qu'elle devînt en quelque sorte un domaine inaliénable. C'était un majorat que l'Europe constituait en faveur de la maison de Savoie.

A l'indolent Victor-Amédée succéda, en 1730, Charles-Emmanuel. Celui-ci eut le rare bonheur d'avoir pour premier ministre un homme vraiment supérieur, le comte Bogino, et le bonheur non moins rare d'accorder à un tel conseiller une confiance absolue. Éclairé sur l'importance de l'acquisition faite par sa famille, le nouveau roi s'en occupa avec une prédilection marquée.

Les nombreux priviléges accordés par les rois d'Aragon avaient créé de grandes inégalités dans la répartition des charges, et cet état de choses réclamait assurément une réforme; mais il avait reçu la sanction du temps, il était accepté sans murmure, et tant de choses étaient à faire en Sardaigne, que l'activité bienfaisante du souverain pouvait trouver à s'exercer d'une manière efficace sans entrer prématurément dans la voie orageuse des réformes politiques. Ce qui importait avant tout, c'était d'encourager l'agriculture, de rétablir l'ordre dans l'île, et de l'attacher à la maison de Savoie. Un ensemble de mesures parfaitement concertées préparèrent ce triple résultat. Une administration active et vigoureuse délivra le royaume des troupes de bandits qui l'infestaient; la poste aux lettres fut établie; des archives fondées pour servir de dépôt à tous les actes et contrats des particuliers donnèrent aux transactions une régularité et une sanction qui leur manquaient. Sous le nom de *monts de secours*, on institua une banque agricole dont j'exposerai plus bas l'ingénieux mécanisme. Chaque année de ce règne réparateur fut signalée par une institution utile ou un bienfait. En 1744, une jeune noblesse, avide de se signaler, accueillit avec enthousiasme la levée d'un régiment sarde. De toutes les inspirations du souverain, ce fut la plus efficace, parce qu'elle intéressait la vanité nationale.

Il est à remarquer que Charles-Emmanuel, désireux de conquérir à sa dynastie l'affection des Sardes, s'efforça toujours de ménager ce sentiment ombrageux qui leur faisait voir d'un œil inquiet l'introduction des étrangers dans l'île. Il eut soin de réserver aux insulaires une juste part dans la distribution des emplois, et ne négligea rien pour calmer une animosité qui devait être plus tard la cause et l'origine des troubles les plus graves.

Quand ce prince mourut, en 1775, la population de l'île s'élevait à quatre cent vingt-six mille âmes; quatre ans après, elle était tombée à trois cent quatre-vingt-douze mille. C'est qu'en effet sa mort et la retraite de son ministre, le comte Bogino, suspendirent bientôt le cours des améliorations. Ce qui froissa le plus les Sardes dans l'administration qui succéda au gouvernement sage et bienveillant de Charles-Emmanuel, ce fut l'invasion des Piémontais dans l'île, où ils vinrent occuper la plupart des fonctions lucratives. Une gestion imprudente autant qu'inhabile remplaça la sage économie du dernier roi. La prodigalité du gouvernement fut telle que, dans l'impuissance d'arrêter l'accroissement du déficit au moyen des sommes produites par la vente des biens des jésuites, par la création d'un papier-monnaie, et autres ressources également précaires, Victor-Amédée III entama, dit-on, des négociations avec l'impératrice de Russie pour la cession de la Sardaigne ; mais ce plan fut déjoué par la vigilance des cabinets français et espagnol.

Tel était l'état des choses quand la Révolution française éclata. En 1792, la République déclara la guerre au roi de Sardaigne. Nos généraux venaient d'achever la conquête du comté de Nice et de la Savoie, et Victor-Amédée soutenait avec peine une guerre malheureuse pour sauver le Piémont, lorsqu'il fut instruit que la Sardaigne était menacée. Impuissant à la secourir, il dut laisser aux Sardes le soin de leur propre défense. Les forts n'étaient point armés ; il n'y avait dans l'île que trois bataillons de troupes régulières et une compagnie d'artillerie, distribuée dans les places fortes. Abandonnée à elle-même, la Sardaigne crut son honneur engagé à repousser l'ennemi : l'élan national remplaça avantageusement la direction plus méthodique que l'autorité aurait pu apporter aux préparatifs de défense. Les états-généraux, assemblés spontanément, votèrent la levée de quatre mille volontaires d'infanterie et de six mille cavaliers. Des prières et des processions publiques exaltèrent la population, à laquelle on persuada qu'elle allait combattre pour sa religion et sa nationalité.

Le 21 décembre 1792, la flotte française, commandée par l'amiral Truguet, parut à l'entrée de la baie de Cagliari. Repoussée du golfe par un violent coup de vent, elle se réfugia dans la baie de Palmas. Ce point était le rendez-vous de l'arm éenavale et de l'armée de terre. L'armée navale y étant arrivée la première, l'amiral fit occuper les îles de Saint-Pierre et de Saint-Antioche. Nos marins, accueillis avec joie par la petite population de Saint-Pierre, toute distincte du peuple sarde et entièrement étrangère à ses préjugés aussi bien qu'à son genre d'enthousiasme, plantèrent dans ces îles l'arbre de la liberté. De là ils lancèrent dans l'île principale des adresses et des proclamations de ce style que les clubs avaient mis à la mode; mais, en présence d'une population étrangère à toutes les idées qui agitaient alors l'Europe, la propagande révolutionnaire resta sans effet.

Le 23 janvier, l'escadre qui s'était ainsi annoncée mouilla en vue de Cagliari, hors de la portée du canon des forts. L'amiral détacha aussitôt vers la darse un canot parlementaire chargé d'offrir au peuple paix, liberté et fraternité (ce sont les termes de son rapport). Ses intentions furent si mal comprises ou si peu appréciées, que les volontaires placés sur le môle accueillirent cette embarcation par une décharge de mousqueterie qui tua plusieurs hommes. Après une pareille réception, il fallait renoncer à l'espoir de convertir les Sardes : il ne restait plus qu'à les châtier. La flotte républicaine s'embossa devant Cagliari, et entama un bombardement qui dura vingt-quatre heures. Les batteries de la ville répondirent vigoureusement. L'amiral, voyant le peu de dommage causé par le feu mal dirigé de son artillerie, résolut d'attendre l'arrivée du convoi chargé de quatre mille cinq cents volontaires nationaux qui étaient partis de Villefranche au commencement e janvier. Un mois après, ce convoi rejoignit l'escadre. Un débarquement fut résolu. L'angle sud-est des fortifications, étant le côté faible de la place, indiquait naturellement le point d'attaque. De concert avec le commandant des troupes de terre, l'amiral Truguet pouvait disposer d'environ six mille hommes. Il jugea qu'il était facile de s'emparer, avec une pareille force, du mont Saint-Élie et des collines de Bonaria : des canons et des mortiers établis sur ces hauteurs auraient bientôt éteint le feu des bastions et celui des batteries de la marine. On aurait eu en outre l'avantage de commander de cette position les villages voisins, desquels on eût exigé toutes les provisions nécessaires à l'armée. C'était à peu près ainsi qu'avaient procédé les Espagnols en 1717, quand ils se logèrent près de l'église de San-Lucifero, assise au pied de la colline de Bonaria. Pour enlever le mont Saint-Élie, on devait débarquer sur la plage de la baie de Quartù quatre mille quatre cents hommes, tirés des régiments de ligne et des corps de volontaires, et, tandis que cette troupe aurait marché à l'est, un autre détachement devait faire une descente vers l'ouest, sous la protection d'un vaisseau chargé de détruire un petit fort incapable d'une longue résistance. Un autre vaisseau devait foudroyer une caserne établie au nord, et balayer le chemin de communication de la ville avec les hauteurs.

Le temps paraissant favorable, l'amiral prit position dans la baie de Quartù, à l'est du cap Saint-Élie. Trois frégates furent placées extrêmement près de la côte, pour la dégager et soutenir le débarquement. En effet, la cavalerie sarde qui s'y rassembla fut aussitôt mise en déroute par l'artillerie républicaine. Le contre-amiral Latouche-Tréville venait de rallier l'amiral Truguet avec le vaisseau *l'Entreprenant*. Une circonstance heureuse réunis ainsi, sait au moment d'agir, les deux officiers généraux les plus distingués que possédât la marine française à cette époque. Le 14 février, les troupes débarquèrent sans éprouver de résistance sur la plage de Quartù, et s'y retranchèrent en attendant qu'on eût complété les préparatifs du siége. Seize pièces d'artillerie étaient rangées devant le camp : les frégates, embossées à portée de mitraille, menaçaient la côte. La position paraissait donc formidable ; mais la saison dans laquelle on se trouvait exigeait qu'on précipitât l'entreprise. Il eût été imprudent de laisser une partie de l'escadre exposée aux chances d'un coup de vent dans la baie ouverte où elle s'était aventurée.

Dès les premières lueurs du jour choisi pour l'attaque générale, le feu commença de toutes parts. L'armée débarquée se mit en marche à huit heures du matin, au bruit d'une imposante canonnade. Elle suivit la plage escortée des chaloupes de l'escadre, qui se tenaient prêtes à la soutenir, et s'arrêta au pied du mont Saint-Élie. Les abords de ce morne sont très-difficiles : c'est une table calcaire aux flancs abrupts dont le sommet n'est accessible que par une pente rapide et ravinée. On pensait dans l'escadre que l'assaut serait donné à cette position avant la fin du jour ; malheureusement il fut différé par les officiers de terre, sans que l'amiral pût obtenir l'explication de ce retard. A la nuit, une vive fusillade s'engagea. Après quelques heures de la plus vive anxiété, l'escadre apprit que les assaillants étaient en déroute, et que, poursuivis jusqu'au rivage, ils demandaient à grands cris à se rembarquer. Le ciel était devenu menaçant, le vent du sud-est commençait à gronder. Cependant l'amiral, ne pouvant abandonner l'armée confiée à sa protection, se voyait forcé d'attendre sur une rade sans abri, où le fond est d'une mauvaise tenue, un vent qui dans cette saison est toujours d'une violence effrayante. Déjà la mer était trop forte pour qu'il fût possible d'opérer le rembarquement des troupes :

tout ce que pouvait faire l'amiral, c'était de diriger sur le camp des vivres et des munitions; mais nos soldats démoralisés ne voulaient plus combattre ; ils menaçaient de tirer sur les chaloupes qui leur apportaient de nouveaux moyens de défense, et ne demandaient qu'à se rembarquer. On sait quelle était l'indiscipline de ces premières troupes républicaines. Rassemblés à la hâte, sans cesse émus par les bruits de trahison qui circulaient dans leurs rangs, ces bataillons pleins d'ardeur étaient souvent paralysés par une vague défiance, et ils se débandaient tout à coup sous l'impression des plus étranges terreurs.

Les vents et la mer ne cessant d'augmenter, l'escadre se trouva elle-même dans le plus grand péril. Les frégates mouillées très-près de la côte avaient été obligées de couper leur mâture; presque toutes les chaloupes étaient perdues : les équipages de deux navires de transport, jetés à la côte, avaient été fusillés par les paysans sans que les troupes fissent aucun effort pour les secourir. Un dernier coup de vent venait de décider aussi la perte du *Léopard*, vaisseau de quatre-vingts canons, qui, pendant l'action, s'était échoué dans la baie de Cagliari en voulant serrer l'ennemi de trop près. Lorsqu'enfin le temps permit aux vaisseaux mouillés dans la rade de Cagliari d'appareiller pour venir aider l'escadre compromise dans la baie de Quartù, il devint possible d'opérer le rembarquement. L'amiral n'eut pas même la consolation de conserver à la France les îles de Saint-Pierre et de Saint-Antioche, où il avait arboré le pavillon tricolore : la faible garnison qu'il y laissa ne put s'y maintenir que pendant trois mois. Les républicains n'avaient pas été plus heureux au nord de la Sardaigne que devant Cagliari. Dans une attaque à laquelle prit part le jeune Napoléon Bonaparte, nos troupes avaient été contraintes de se retirer en abandonnant une partie de leur artillerie.

Ainsi se termina cette malheureuse expédition. Les dispositions prises par l'amiral Truguet étaient, on ne peut le nier, habiles et vigoureuses. Une terreur panique, facile à comprendre dans une attaque de nuit exécutée avec des troupes dont une partie marchait au feu pour la première fois, frustra seule nos généraux d'un succès qu'ils avaient mérité. Une chose inexplicable, c'est le peu d'effet de la première canonnade dirigée contre la ville; mais on était loin, en 1793, d'avoir atteint dans le tir du canon cette précision qui permit à trois frégates de réduire en quelques heures les batteries formidables de Saint-Jean d'Ulloa. Avec une artillerie aussi sûre et d'un effet aussi terrible, il est probable qu'un débarquement n'eût pas même été nécessaire devant Cagliari. Cette ville, bâtie en amphithéâtre, mal défendue par des bastions peu redoutables, n'eût pas été en mesure de résister à la canonnade qu'elle essuya pendant vingt-quatre heures avec tant d'impunité.

Les Sardes, livrés à eux-mêmes, s'étaient bravement défendus : la maison de Savoie leur devait la conservation de la Sardaigne. La retraite des Français porta jusqu'à l'ivresse l'orgueil national; mais la lutte laissa après elle une sorte d'excitation fiévreuse qui ne pouvait se calmer instantanément. Les sentiments qu'on avait exaltés pour les opposer à l'invasion se manifestèrent avec énergie au sein des états-généraux que le roi avait solennellement consultés, comme pour témoigner sa gratitude à une population héroïque. Envoyés vers Victor-Amédée pour émettre un avis sur les réformes désirables, les députés des états réclamèrent particulièrement la nomination des nationaux aux emplois publics, l'établissement d'un conseil auprès du vice-roi et celui d'une commission sarde résidant à Turin. Ces prétentions étaient modérées; vu les circonstances, elles n'avaient rien que de loyal et de légitime, mais le cabinet de Turin, qui avait cédé à un généreux entraînement dans l'ivresse d'un succès inespéré, s'était déjà ravisé quand les représentants débarquèrent à Livourne. Par un aveuglement inconcevable, on traita sans égards, sans ménagements, une population encore enivrée de sa victoire. Des démonstrations de force inutiles, un défi maladroit jeté à l'opinion publique, déterminèrent l'explosion, et un jour le peuple provoqué réalisa de lui-même plus qu'il n'avait réclamé. Il expulsa le vice-roi et les employés piémontais, dont la tutelle blessait la susceptibilité nationale : quelques évêques seulement furent exceptés de la proscription.

Au fond, cette rébellion n'avait pas un caractère alarmant pour la maison régnante. Les états-généraux s'étaient empressés de se justifier auprès de la cour, et un nouveau vice-roi avait été reçu avec un remarquable enthousiasme. Quelques atteintes portées aux prérogatives des états ranimèrent le feu mal éteint; cette fois l'insurrection fut sanglante. Le commandant de la force armée et l'intendant général périrent victimes de l'exaspération populaire. Effrayés de ces excès qu'ils étaient impuissants à réprimer, les états-généraux ne songèrent plus qu'à faire cesser une anarchie dont les conséquences étaient incalculables. Ils envoyèrent à Rome l'archevêque de Cagliari, pour invoquer la médiation du saint-père auprès de leur souverain. Le peuple lui-même, qui avait atteint son but par l'expulsion des étrangers, se sentait aussi honteux de ses emportements qu'embarrassé de son triomphe. Il n'y avait aucun levain révolutionnaire en Sardaigne : la liberté irréligieuse de la République française n'inspirait qu'horreur et mépris à des âmes entièrement dominées par le clergé. La foule n'imaginait pas même qu'elle pût améliorer sa condition matérielle. Une circonstance fortuite faillit la mettre sur la voie.

La Sardaigne, comme je l'ai déjà dit, est divisée en deux caps depuis la domination aragonaise : le cap supérieur, dont le chef-lieu est Sassari, et le cap inférieur, qui a pour ville principale Cagliari, la capitale de l'île. L'antagonisme que la politique des conquérants aragonais parvint à établir ainsi entre la Sardaigne méridionale et la Sardaigne septentrionale a créé entre les habitants des deux caps une sorte d'antipathie qui tend heureusement à s'affaiblir chaque jour, mais qui était encore flagrante il y a un demi-siècle. D'ailleurs la physionomie de ces deux parties de l'île offre quelque chose de tranché qui les distingue, comme si deux races et deux climats s'étaient partagé la Sardaigne. Dans le cap de Sassari, la végétation semble plus active : la campagne, plus riante, est moins brûlée par le soleil; les habitants, moins bruns que ceux du cap de Cagliari, sont généralement plus grands, plus vifs, plus intelligents, mais en même temps plus vindicatifs et plus turbulents que ces derniers. C'est au nord-est, dans la Gallura, que se sont toujours rencontrés les plus audacieux bandits. En comparant le *Campidano* jaune et desséché de Cagliari avec les campagnes verdoyantes de Sassari, et les pâtres de Tempio, au teint vif et clair, avec les paysans cuivrés et trapus du cap inférieur, on ne peut s'empêcher de reconnaître que dans cette île, libyenne jusqu'à mi-corps, le cap septentrional appartient davantage à l'Europe, le cap méridional à l'Afrique.

Sassari, dont la population est d'environ vingt-deux mille âmes, située à un peu plus de neuf milles de Porto-Torrès, dont elle accueillit les habitants quand les incursions des Sarrasins et des Lombards les obligèrent à abandonner le rivage de la mer et à se retirer dans l'intérieur; Sassari, ancienne république, héritière du siége archiépiscopal et de la primatie de San-Gavino, est depuis le quinzième siècle la rivale jalouse de la métropole. Or, pendant que l'insurrection triomphait dans le sud de la Sardaigne, un bruit avidement recueilli courut à Sassari. On y racontait que la capitale insurgée venait d'inviter le gouvernement français à envoyer une escadre pour s'emparer de l'île, dont on était prêt à lui faciliter la conquête. A cette nouvelle, Sassari déclare la ville et le cap supérieur dégagés de la dépendance du vice-roi, et proclame ouvertement l'intention d'ériger une cour souveraine munie d'une juridiction absolue sur les districts septentrionaux. Les feudataires du cap supérieur se mettent à la tête de ce mouvement; mais, dans leur impatience de rassembler les moyens de soutenir une lutte probable, ils augmentent brusquement les taxes et exaspèrent, à force de vexations, le peuple sur lequel ils devraient s'appuyer.

Le cap de Sassari renferme plusieurs villages opulents, habités par des pâtres enrichis du produit de leurs troupeaux; ces villages étaient, pour la plupart, des fiefs étrangers aux privilèges des communes, quoique fort importants par leurs revenus et leur population. Poussés à bout par les exigences de la noblesse, excités d'ailleurs par la nouvelle de l'insurrection victorieuse de Cagliari, les villageois se soulèvent et prennent les armes. Cette fois l'insurrection a un but: c'est la cause des campagnes contre les villes, des paysans contre les seigneurs, qu'elle se prépare à soutenir. Sassari est pris; quarante villages se liguent par un acte public, dans lequel ils déclarent qu'ils sont résolus à ne plus reconnaître aucun feudataire, mais qu'ils consentent à traiter du rachat des droits féodaux à des conditions équitables.

Une grande partie de la bourgeoisie et même de la petite noblesse, sollicitée par les intrigues de deux agents français qui se trouvaient à Gênes en ce moment, cédait déjà à l'entraînement des idées révolutionnaires. L'agitation, en se propageant, allait prendre un caractère de libéralisme inquiétant pour la maison de Savoie, quand l'annonce d'un armistice conclu entre l'armée de la République et celle du roi de Sardaigne parvint dans l'île. La mission de l'archevêque de Cagliari à Rome avait aussi été couronnée d'un plein succès. Le cabinet de Turin, éclairé sur ses imprudences, accédait aux demandes des états. Après ces événements, il restait peu de prétextes à la rébellion. La foule ameutée se dispersa ; les chefs du mouvement se réfugièrent en France ou en Italie, et cette tentative prématurée n'eut pas d'autre suite.

Sur ces entrefaites, Victor-Amédée III mourut. A peine installé, son successeur, Charles-Emmanuel IV, se vit réduit à déserter ses États du continent, envahis par la République française. La Sardaigne lui était laissée comme par grâce, sur la promesse d'y maintenir une stricte neutralité. De Livourne, où les députés sardes vinrent lui renouveler l'assurance de leur entier dévouement, il s'embarqua à bord d'une frégate anglaise, et arriva à Cagliari le 3 mars 1799. Il y fut accueilli avec un enthousiasme impossible à décrire. Le roi de Sardaigne oublia bientôt les promesses de neutralité que la nécessité lui avait arrachées; sa partialité en faveur de l'Angleterre était d'ailleurs plus que justifiée par le rôle que jouait cette puissance dans la Méditerranée. Les flottes anglaises étaient toujours prêtes à recueillir, à protéger les débris de toutes ces majestés frappées par la foudre républicaine. Il est vrai qu'en retour de ce protectorat, l'Angleterre trouva dans les ports de la Sardaigne et de la Sicile des points d'appui et de ravitaillement pour ses croisières, qui, de Syracuse, de Palerme, des îles de la Madeleine et de Cagliari, ne cessèrent d'observer à la fois toute l'étendue de la Méditerranée.

Charles-Emmanuel conservait la légitime ambition de reconquérir ses États de terre ferme; il se laissa attirer sur le continent par des espérances que la victoire de Marengo ne tarda pas à renverser. Accablé par ce revers, frappé plus douloureusement encore par la mort de sa femme, sœur de Louis XVIII, il se décida à abdiquer en faveur de son frère, le duc d'Aoste, qui se fit reconnaître sous le nom de Victor-Emmanuel. Soit dédain, soit insouciance, ce nouveau monarque partagea entre ses deux frères l'administration de la Sardaigne. Pour lui, il ne voulut rentrer dans l'île qu'en 1806, après que l'Italie tout entière eut été conquise par nos armes. Pendant son absence, des rigueurs peut-être nécessaires avaient forcé un grand nombre de Sardes à s'expatrier. Réfugiés pour la plupart en Corse ou dans les départements du midi de la France, ils pressaient le gouvernement impérial d'opérer un débarquement dans le nord de la Sardaigne pour enlever Sassari et Alghero, et marcher de là sur Cagliari, en ralliant sur la route tous les mécontents, dont ils promettaient le concours. La religion, les coutumes, devaient être respectées ; le système féodal devait seul être aboli, après que l'île, occupée par une garnison française, aurait été divisée en quatre départements. L'arrivée du roi en Sardaigne fit évanouir tous ces plans d'invasion, car le peuple sarde, incorrigible dans ses espérances et son enthousiasme, trouva, pour accueillir ce prince, de nouveaux transports de joie et d'allégresse. Bientôt cependant il put s'apercevoir que le roi n'était pas venu seul, que les Piémontais recommençaient à accaparer les fonctions publiques, et qu'enfin c'était un fardeau bien lourd pour les finances d'une île pauvre et sans commerce qu'une cour peu économe malgré sa détresse. Le roi, qui avait le goût des armes, prétendait entretenir une armée régulière. Dès son arrivée, il ordonna la formation de six régiments de cavalerie et de quinze régiments provinciaux d'infanterie. Les dépenses faites à cette occasion nécessitèrent une augmentation d'impôts. En accordant au prince le mérite des bonnes intentions, on reconnut qu'il manquait d'énergie et de vigilance ; on le rendit responsable des embarras financiers qui neutralisaient tous les plans de réforme.

En 1814, les vicissitudes de la guerre permirent enfin à Victor-Emmanuel de rentrer dans le Piémont. La plupart des Piémontais, en se retirant à sa suite, laissèrent un grand nombre d'emplois à la disposition des officiers nationaux.

Le duc de Genevois, frère du roi, appelé à la vice-royauté de la Sardaigne, apporta un zèle affectueux dans l'exercice de la puissance souveraine. Lorsqu'en 1821 l'abdication de Victor-Emmanuel l'eut conduit lui-même au trône, sous le nom de Charles-Félix, le peuple sarde éprouva plus directement encore les effets de sa sollicitude. La plus importante des améliorations dont on lui fut redevable est l'établissement de la grande route centrale qui mit en communication journalière les deux caps, jusqu'alors étrangers l'un à l'autre, et maintenus par cela même dans un état de rivalité haineuse.

A la mort de Charles-Félix, en 1831, la couronne passa à la branche de Savoie-Carignan dans la personne du roi Charles-Albert. Le règne de ce prince a été signalé par la réforme la plus importante qui eût été tentée depuis l'avénement de la maison de Savoie, l'abolition de la féodalité. Cette réforme, ou, pour mieux dire, cette révolution fondamentale, a facilité beaucoup d'améliorations de détail. Le droit d'asile, accordé autrefois aux églises, a été révoqué; les bandits n'ont plus de refuges que dans les montagnes du centre; l'usage des armes à feu a été prohibé, bien que les montagnards et tous ceux qui ont quelque ennemi à craindre n'en aient pas moins gardé leurs redoutables carabines. De toutes les institutions vieillies, la représentation nationale confiée aux trois ordres, la dîme ecclésiastique et les corporations sont les seules qui subsistent. Le roi Charles-Albert connaît toute l'importance de la Sardaigne; ses visites dans l'île ont été fréquentes, sa sympathie pour cette partie de ses États est hors de doute. Eh bien! même sous un prince éclairé et bienveillant, la Sardaigne n'échappe pas à cette loi fatale qui la condamne à être sacrifiée. C'est que la position des princes de la maison de Savoie exige une grande circonspection. Les États réunis sous leur couronne ont des intérêts rivaux, opposés, prompts à s'alarmer, et d'une âpreté inquiète qui ne transige point. Gênes et le Piémont ont une importance prédominante, tandis que la Sardaigne n'a pas même place dans les conseils de la couronne. Le Piémont, c'est l'armée; Gênes, c'est le commerce : l'un donne la force, l'autre la richesse. Le Piémont a deux millions six cent mille habitants; la Sardaigne, avec ses cinq cent quinze mille âmes, est moins peuplée que la pauvre Savoie. Les revenus des divers États sardes dépassent soixante millions ; celui de la province maritime n'atteint pas trois millions et demi. Ces chiffres en disent assez. Il est évident que les princes qui se parent du titre de rois de Sardaigne sont, avant tout et forcément, les rois du Piémont. La Sardaigne n'est qu'une colonie, qu'une province d'outre-mer qui ne doit en rien gêner la métropole, et les inspirations de la bienveillance royale en faveur de cette possession secondaire ne sauraient être écoutées que lorsqu'elles n'alarment aucun des États continentaux.

En sera-t-il toujours ainsi? La régénération, la prospérité de la Sardaigne sont-elles inconciliables avec les intérêts jaloux des autres provinces? Avant d'essayer de répondre à cette question, il faut mesurer l'importance des dernières réformes; il faut constater l'état politique du pays, et pour ainsi dire, interroger le présent sur les secrets de l'avenir.

CHAPITRE V.

Constitution politique et sociale de la Sardaigne.

J'ai déjà exposé comment plus de trois siècles se sont écoulés sans amener aucun changement considérable dans le régime social de la Sardaigne. A part quelques mouvements sans portée, les institutions et les coutumes introduites par la domination aragonaise avaient été aussi religieusement respectées par l'ignorance des habitants que par l'indifférence des souverains. La féodalité existait encore dans l'île, telle qu'elle y avait été réglée par la dernière conquête, avec la juridiction baronniale, civile et criminelle, les corvées pour le labourage gratuit et le transport des grains, avec un grand nombre de prestations en nature ou en numéraire qui avaient survécu à l'aliénation des terres. Cette féodalité (il ne faut pas exagérer la valeur du mot) ne consacrait point le servage proprement dit du paysan;

mais par un fermage mal réglé, onéreux, humiliant dans ses conditions, elle le plaçait dans une dépendance absolue du feudataire, et exerçait par cela même la plus funeste influence sur les progrès de l'agriculture. Le paysan sarde n'était point attaché à la glèbe : il naissait libre et pouvait à son gré changer de résidence ; cependant par son séjour sur des terres féodales, il se trouvait soumis, dès l'âge de dix-huit ans, à divers droits seigneuriaux, qui variaient suivant les localités et la teneur des investitures. Récemment encore, il y avait dans l'île trois cent soixante-seize fiefs, avec les titres de principautés, duchés, marquisats, comtés et baronnies. Cent quatre-vingt-huit appartenaient au roi de Sardaigne et aux seigneurs sardes ; un égal nombre était en possession de cinq ou six seigneurs espagnols. Le marquis de Quirra en possédait soixante-seize, le marquis de Villasor trente-trois, et le duc de Mandas cinquante-cinq.

Les possesseurs de ces fiefs exerçaient sur leurs vassaux une juridiction de fait. Un droit assez modique, payé en blé ou en orge, servait à l'entretien de la prison baronniale et du geôlier. Les seigneurs espagnols habitant tous la Péninsule, à l'exception du duc de Sotto-Mayor, se faisaient représenter dans l'île par deux agents dont l'un, nommé *podataire*, était chargé de l'administration du fief; l'autre, le *regidor*, de celle de la justice. La terreur causée par le climat éloignait également de leurs domaines la plupart des seigneurs sardes. Ceux d'entre eux qui ne résidaient pas dans les États du continent cherchaient, pendant la plus grande partie de l'année, un refuge contre la terrible intempérie dans les villes épargnées par le fléau; ils vivaient renfermés quand les travaux du labourage, des moissons ou des vendanges eussent réclamé leur présence sur leurs terres.

Une très-faible partie du sol était la propriété de ceux qui le cultivaient. Par le maintien du système féodal, les feudataires avaient conservé, sur la plupart des terrains dont la jouissance appartenait aux particuliers et aux communes, un droit de redevance qui leur en assurait la propriété directe : d'autres terres étaient allouées à des particuliers par les communes sous des conditions à peu près semblables; enfin les domaines dont les seigneurs n'avaient point aliéné l'usufruit étaient, comme en Espagne, administrés par des agents subalternes, sur lesquels les barons se reposaient du soin de mettre en culture de vastes terrains qu'ils ne connaissaient bien souvent que par les revenus qu'ils en retiraient. Quelques-uns de ces grands propriétaires daignaient, il est vrai, visiter leurs domaines pendant les mois d'avril ou de mai; mais ces courtes apparitions étaient bien insuffisantes pour vaincre l'inertie des paysans, opposés par instinct aux améliorations; car un des traits caractéristiques du paysan sarde est d'avoir en horreur tout ce qui tend à troubler ses habitudes routinières. Une satisfaction intime, un naïf orgueil, qui sont en lui, repoussent l'idée de tout perfectionnement.

Un changement dans l'état de la propriété était d'autant plus désirable, que le fardeau commençait à peser aux privilégiés aussi bien qu'aux paysans. Les hauts-barons, qui apparaissaient à peine une fois l'an sur leurs terres, étaient naturellement fort indifférents à l'exercice de leurs droits féodaux. L'administration de la justice leur semblait onéreuse, et, quand ils le pouvaient, ils préféraient l'impunité d'un délit qui les touchait peu aux charges de la répression. Aussi la justice baronniale laissait-elle beaucoup à désirer. Quant aux prestations de tout genre attachées au droit de suzeraineté, elles ne composaient aux feudataires qu'un revenu modique et incertain. Il y avait donc avantage pour tous à compenser les redevances féodales par une indemnité une fois payée.

Pour comprendre qu'une telle réforme ait pu être si longtemps différée, il faut se rappeler la fermentation qui travailla l'Europe pendant quinze ans, à la suite de notre grande crise révolutionnaire. Les souverains légitimes, menacés par un radicalisme impatient, vaguement inquiets de l'avenir, ne trouvant point d'appui dans l'opinion publique, se cramponnaient instinctivement aux ruines du passé. La révolution de 1830, et ce fut sa plus grande gloire, vint enfin justifier la liberté du reproche d'anarchie; la plupart des gouvernements absolus comprirent, par notre exemple, qu'il vaut mieux diriger le progrès que s'épuiser en efforts pour arrêter son cours irrésistible.

En 1836, rassuré sur l'état politique de l'Europe, et voyant la tranquillité rétablie dans le Piémont comme dans le reste de l'Italie, le roi Charles-Albert jugea l'heure propice pour entreprendre la réforme du système féodal. Un premier décret ordonna la réunion à la juridiction royale de toute juridiction féodale; un second abolit les corvées et le transport des grains. D'autres décrets, se succédant rapidement, prescrivirent aux seigneurs de déclarer leur revenu annuel par chaque commune, créèrent une commission pour le rachat des divers droits féodaux, et instituèrent enfin un conseil d'appel, siégeant à Turin, pour décider en dernier ressort sur l'estimation des prestations féodales, dont les décrets royaux ordonnaient l'abolition moyennant un juste dédommagement.

La compensation établie en faveur des seigneurs sardes fut une indemnité immédiate soit en biens-fonds, soit en numéraire, ou une inscription de rente sur l'État. A cet effet, un décret établit une nouvelle rente de 250 000 livres sardes, et une allocation annuelle fut consacrée à l'amortissement de cette dette. La plupart des feudataires se trouvent ainsi en possession d'un revenu liquide et assuré, à la place d'un revenu incertain. Les communes, au contraire, passèrent brusquement des mains de leurs seigneurs aux mains du fisc : au lieu de payer l'impôt en nature, il fallut le payer en numéraire, dans un pays privé de débouchés et de capitaux. L'indulgence introduite, à la longue, dans la perception d'un droit qui cherchait à se faire excuser, fit place aux exigences inflexibles de la cote foncière, et le mécontentement public, en accusant d'exagération l'estimation des redevances féodales, taxa de partialité en faveur des seigneurs le conseil d'appel siégeant à Turin. La réforme qui devait consacrer l'émancipation du paysan sarde et l'affranchissement de la terre qu'il cultivait, fut donc pour beaucoup de communes un embarras avant de devenir un bienfait.

Il y eut aussi des fiefs, tels que celui du marquis d'Arcaïs, qui furent rachetés et répartis entre les particuliers et les communes. Le roi avait l'espoir, en rendant l'État acquéreur d'une partie des terres que l'insouciance des seigneurs laissait en friche, de mettre bientôt en valeur un sol fertile qui n'attendait que la culture pour produire. Afin de hâter ce résultat, il fit appel à l'industrie un peu aventureuse des compagnies, auxquelles on offrit d'immenses terrains à défricher avec les chances des plus grands bénéfices. Toutefois, le cabinet de Turin, mis en méfiance par les événements de Naples, ne voulut traiter avec ces compagnies que par l'intermédiaire des sujets sardes, afin d'éviter des difficultés semblables à celles qu'éleva, en 1840, le gouvernement anglais dans l'affaire des soufres de la Sicile. Effrayées par cette clause, les compagnies ne se présentèrent que timidement et en petit nombre : celles qui entreprirent enfin des défrichements ou des desséchements de marais trouvèrent dans un climat mortel aux étrangers un obstacle qu'elles n'avaient pas prévu. Les capitaux s'éloignèrent, le découragement éclata, et je doute qu'on puisse citer beaucoup d'entreprises de ce genre qui aient eu un heureux succès, si ce n'est peut-être la tentative faite récemment par une société française pour l'exploitation des forêts de chênes de Scano et de San-Leonardo. Quelques milliers d'arbres abattus dans ces forêts et transportés à Toulon ont été reconnus éminemment propres aux constructions navales.

En résumé, les réformes entreprises par le roi de Sardaigne ont été exécutées avec un grand esprit de suite et une vigueur qui font honneur au caractère de ce prince, mais elles n'ont point encore porté les fruits qu'il a droit d'en attendre; elles ont même répandu un certain esprit de mécontentement dans le pays, mécontentement injuste et déraisonnable. Les innovations ont été décriées comme illusoires par les uns, comme périlleuses et inopportunes par les autres. Ceux qui attaquaient hier l'ancien ordre de choses le regrettent aujourd'hui, en lui attribuant des mérites inaperçus jusqu'à présent. Ce sont là des difficultés qu'il faut prévoir, quand on s'avance dans la voie épineuse des réformes. C'est la forêt sombre où pénétra Renaud. Dès qu'on lève la hache sur ces arbres séculaires qui épuisent le sol, mille fantômes surgissent pour les défendre. Heureux celui dont le cœur ne faiblit point en ce moment d'épreuve!

En résignant ses droits féodaux, la noblesse n'a rien perdu de ses prérogatives sociales. Une démarcation nettement tranchée la sépare encore du reste de la population. La caste nobiliaire se subdivise en trois catégories bien distinctes : les seigneurs ou feudataires héritiers, des barons qui reçurent autrefois avec l'investiture féodale ce droit de juridiction qui vient d'être abrogé; les personnes titrées sans fiefs ni juridiction, c'est-à-dire les chevaliers ou nobles auxquels est accordé le titre de *don*, classe nombreuse après laquelle vient la petite noblesse, les chevaliers d'épée, qui ne peuvent prendre le titre de *don*, et ne doivent placer la qualification de chevalier qu'après leur nom propre. Ces différentes classes de nobles comprennent environ seize cents familles, ou à peu près six mille âmes. Plusieurs priviléges leur sont communs. Un des plus précieux est celui qui les affranchit de toute autre juridiction que celle du vice-roi et de l'*Audience royale*. Si un noble est cité en justice, la loi lui accorde, pour répondre à cette citation, un délai de vingt-six jours; dans les causes criminelles, il ne peut être traduit que devant ses pairs. Sept juges appartenant à la noblesse composent le tribunal devant lequel il est appelé à comparaître, et, s'il est condamné à la peine capitale, il a encore le privilége, à moins qu'il ne soit convaincu du crime de haute trahison, d'avoir la tête tranchée, au lieu d'être pendu comme le serait un vilain. Les nobles ont aussi le droit d'être toujours armés ; seuls ils sont admis aux fêtes du vice-roi, seuls ils peuvent ôter leurs masques dans les bals publics du carnaval, car il n'est permis à un roturier de se découvrir le visage dans ces réunions qu'à la condition de porter au bras un petit ruban appelé *maschera di ballo*, qui le fasse reconnaître. Ce stigmate ne rappelle-t-il pas le morceau de drap noir que tout raya payant le karatch doit, en Turquie, porter à sa coiffure? J'ai hâte d'ajouter que la haute noblesse, en général, est trop éclairée aujourd'hui, trop véritablement distinguée, pour prêter de l'importance à ces impertinentes distinctions.

Au surplus, le privilége doit être moins blessant en Sardaigne que partout ailleurs, car, loin d'être l'attribut caractéristique d'une minorité, il se retrouve partout. Il est des priviléges individuels; il en est d'attachés à une classe toute entière; il en est qui appartiennent à certaines fonctions, à certaines corporations, à certaines villes, à certains cantons. Chacune des dix villes de la Sardaigne a ses immunités particulières. La ville de Cagliari, entre autres, a le droit de se fournir gratuitement de bois de charpente ou de bois à brûler dans les domaines de la couronne. Le sel nécessaire à chaque famille doit aussi être apporté, aux frais de l'État, à la porte de chaque maison. Un autre privilége autorisait le conseil municipal de cette ville à prélever sur les récoltes des grands fiefs situés dans un rayon de quarante milles une quantité de grains déterminée pour la consommation du peuple ; il est probable que ce droit a été converti ou abrogé depuis l'abolition des fiefs.

Quand le système féodal n'avait encore souffert aucune atteinte, le vice-roi qui gouvernait l'île exerçait pleinement la délégation du pouvoir royal. Les revenus même qui composaient ses émoluments avaient un parfum de féodalité et de pachalick. Ce n'était point pour cinquante ou soixante mille livres qu'un général représentait alors la royauté en Sardaigne. Le vice-roi, à cette époque, était le premier feudataire de l'île, levant sa liste civile sur tous les habitants, et percevant de toutes parts une foule de petites contributions et de redevances qui lui étaient payées annuellement en nature ou en argent. L'Espagne, ou même le Piémont, trop éloignés de la Sardaigne pour faire arriver régulièrement leurs ordres jusqu'à leur délégué, lui abandonnaient entièrement le gouvernement de l'île; mais la politique ombrageuse que la monarchie espagnole avait transmise avec la possession d'une nouvelle province à la maison de Savoie, cette politique imprévoyante et funeste avait pris en même temps pour règle invariable de remplacer au bout de trois ans des gouverneurs tout-puissants. Une étiquette puérile voulait aussi que le nouveau vice-roi entrât en fonctions sans communiquer avec son prédécesseur, qui devait quitter la ville aussitôt après l'installation du gouverneur qui lui succédait. Les exigences de l'étiquette cachaient toujours en Espagne quelques alarmes. Le pouvoir royal, fort indifférent aux suites de cette instabilité dans la direction des affaires, s'inquiétait peu que l'administration demeurât stérile, pourvu que son influence ne devînt jamais dangereuse. Telle est la pensée jalouse qui a toujours dirigé la politique espagnole. Ces soupçons constants, cette défiance qui se prend à tout, se retrouvent d'ailleurs dans la plupart des monarchies absolues. C'est la cause de leur décadence; c'est le ver rongeur qui les mine et la juste expiation de leur pouvoir sans bornes.

Aujourd'hui que la Sardaigne, devenue une des six intendances des États sardes, n'est plus, grâce à l'invention de Fulton, qu'une province aussi rapprochée de Turin que Nice ou la Savoie, le vice-roi, bien qu'il ait conservé quelques prérogatives royales, telles que celle d'user du droit de grâce au moins deux fois l'an, le vice-roi n'est plus que le chef des administrations civile et judiciaire, le commandant des forces de terre et de mer, concentrant en ses mains les attributions de nos préfets et celles de nos commandants de divisions militaires, mais attendant par chaque paquebot les ordres suprêmes qui, tous les quinze jours, lui sont régulièrement expédiés de Turin.

La représentation nationale repose encore sur les bases établies par les rois d'Aragon. Les états-généraux ou *stamenti* sont constitués par la réunion des trois ordres du royaume : l'ordre ecclésiastique, comprenant les hauts dignitaires de l'église; l'ordre militaire, qui admet les nobles et les chevaliers; l'ordre royal, composé des députés des villes. Chaque chambre ou *stamento* tient sa séance à part; il n'y a de rapprochements entre les ordres que le premier et le dernier jour de la session : pendant le cours des délibérations, ils ne communiquent que par l'intermédiaire de deux députés, dont l'un doit uniquement répéter les paroles de ceux qui l'envoient, et dont l'autre doit seulement répondre aux interpellations qui peuvent être faites. Ces précautions puériles trahissent encore la défiance dont j'ai déjà signalé les résultats funestes. Les états-généraux de Sardaigne ne doivent s'assembler que sur l'ordre formel du souverain; néanmoins, la gravité des circonstances les a fait déroger à cette loi en 1793 : la dernière convocation officielle date de l'avénement de Charles-Félix.

Pendant que les provinces sardes du continent sont régies par un nouveau code mis à la hauteur d'un peuple qui a vécu quinze ans sous l'empire des lois françaises, la législation encore existante en Sardaigne n'est qu'une réunion indigeste des lois et règlements émanés des gouvernements successifs. La *carta de logu* ou *charte du lieu*, publiée en langue sarde en 1395, par Éléonore d'Arborée, forme encore aujourd'hui le fond de cette législation incomplète. Plusieurs lois particulières promulguées par les rois d'Espagne sous le nom de *pragmatiques*, des décrets émanés de l'autorité royale depuis l'avénement de la maison de Savoie, différentes ordonnances des vice-rois sanctionnées par le souverain, composent, avec la *carta de logu*, la compilation publiée sous le nom de *Code* en 1827.

Les deux caps qui partagent l'île en deux grandes divisions comprennent onze provinces, subdivisées en trente-deux districts. La justice s'administre dans les provinces par six tribunaux de préfecture, et dans chaque district par des juges ordinaires qui remplissent à peu près les fonctions de nos juges de paix. En outre, un tribunal siégeant à Sassari, sous le nom de *Reale Governazione*, a conservé quelques prérogatives qui le distinguent des simples cours provinciales; il n'en est pas moins subordonné, comme tous les autres tribunaux sardes, à l'*Audience royale* de Cagliari. Cette cour supérieure, composée de dix-huit juges, est présidée par la seconde personne de l'île, le régent, qui prend rang après le vice-roi. Ce magistrat correspond directement avec les ministres et avec le conseil suprême qui siége à Turin et qui prononce en dernier ressort dans les causes qui lui sont déférées. Les attributions de l'Audience royale lui donnent une grande importance. Elle est à la fois une cour royale, un conseil d'État et un parlement. Le vice-roi peut la consulter sur toutes les affaires, et il en est plusieurs sur lesquelles il est tenu de prendre son avis : elle a même conservé le droit d'enregistrer les ordonnances royales. Créée en 1661, sa réorganisation ne date que de cinq ans. Les réformes qu'elle a subies ne lui ont rien fait perdre de sa prépondérance : ses membres, s'ils ne possèdent déjà la noblesse, l'acquièrent avec le titre de juges, et occupent dans l'île un rang considérable.

La carrière militaire n'est ouverte qu'à la première classe de la noblesse. Le régiment des chasseurs-gardes, dont les officiers sont choisis dans ses rangs, se recrute exclusivement en Sardaigne. La force armée, placée sous les ordres d'un commandant en chef élu parmi les majors-généraux étrangers à l'île, se compose de la réunion des troupes régulières et des milices. Les troupes régulières, en y comprenant trois cents artilleurs environ et quatre cents cavaliers, n'atteignent pas le chiffre de trois mille cinq cents hommes. Quant aux milices, dont l'institution remonte au quinzième siècle, elles peuvent rassembler près de dix mille hommes. Elles n'ont d'autres signes distinctifs qu'une cocarde, et sont composées de trois cinquièmes d'hommes à pied et de deux autres cinquièmes de gens à cheval.

L'administration des dix villes de Sardaigne, aussi bien que celle de ses trois cent soixante-huit communes, est confiée à des conseils municipaux, composés, dans les communes, de trois, cinq ou sept membres, suivant la population du village, de seize membres dans les villes secondaires, de vingt-quatre membres à Sassari, de trente-six à Cagliari. Ces corps municipaux se divisent en deux classes, dont la première appartient presque exclusivement à la noblesse, et la seconde à la haute bourgeoisie. Ce sont ces conseillers qni sont chargés de dresser les rôles de contributions. Un intendant général résidant à Cagliari en dirige la perception. Sur trois millions trois cent quatre-vingt-cinq mille francs, chiffre moyen auquel se sont élevés les revenus de l'île de 1827 à 1838, le tiers seulement appartient aux contributions directes. La branche la plus productive est la douane, qui rapporte près de quatorze cent mille francs. Le monopole du sel, sur lequel le gouvernement réalise un très-grand bénéfice, figure dans le budget des recettes pour une somme de quatre cent dix-neuf mille francs, le tiers du revenu total. Cinq cent trente-quatre mille francs sont votés, sous le nom de *donatifs* ordinaire et extraordinaire, par les trois ordres réunis, au commencement de chaque règne. Le reste des impôts est exigé en vertu de la prérogative royale.

Une autre contribution fort onéreuse, qu'il faut ajouter à toutes celles que le peuple supporte, c'est la dîme ecclésiastique, qui, affermée en général par le clergé, est perçue dans l'île avec une grande rigueur. Cette dîme, qui dépasse souvent de beaucoup le dixième des produits, atteint presque toutes les denrées de l'île et même le bétail; les revenus ecclésiastiques, dont elle forme la partie la plus considérable, s'élèvent à près du tiers du revenu total de l'État.

La religion catholique est la seule dont l'exercice soit toléré en Sardaigne, et le clergé y jouit encore de la plénitude de sa puissance. On compte dans l'île trois archevêchés et huit évêchés, 458 chanoines et bénéficiers, et 1105 personnes attachées aux ordres religieux, réparties dans quatre-vingt-neuf couvents. Les jésuites, rétablis depuis peu d'années, ont déjà recouvré une partie des possessions qui leur avaient été enlevées. Ils occupent trois couvents et y sont au nombre de soixante religieux, dont seize seulement sont revêtus du sacerdoce. Les frères des écoles pies, ou frères scolopes, sont chargés depuis longtemps de l'éducation primaire et s'acquittent avec beaucoup de zèle de ces fonctions : dans les seules villes de Cagliari et de Sassari, ils réunissent plus de treize cents élèves ; chacune de ces deux villes possède en outre une université et un collége de jésuites. Les cours de l'université sont suivis par sept cents élèves environ, et ceux des jésuites par près de six cents.

Bien qu'un décret royal, de date assez ancienne déjà, ait établi dans tous les centres de population des écoles élémentaires dont les professeurs payés par les communes doivent être de préférence choisis parmi les ecclésiastiques, peu de paysans savent lire. Les parents qui destinent leurs enfants à la carrière ecclésiastique ou au barreau, et qui sont cependant trop pauvres pour subvenir à leur entretien pendant la durée de leurs études, les envoient à Cagliari, où ils sont reçus dans des familles de la classe moyenne. Employés comme domestiques de confiance à faire les provisions de la maison chaque matin, et à porter le soir une lanterne devant leurs maîtres, à la sortie du théâtre, ces enfants reçoivent, en retour de ces petits services, le logement et la nourriture; ils ont en même temps le loisir nécessaire pour étudier et se rendre aux écoles publiques. Le nom de *majoli* qu'ils portent leur vient d'un capuchon qui termine leur petit caban et ressemble beaucoup par sa forme à la trémie conique des moulins que manœuvre dans chaque ménage le patient *molente*. C'est, du reste, un costume qu'ils déposent dès qu'ils entrent à l'université. Ils cessent aussi à cette époque des fonctions dont s'accommoderait peu la dignité des études académiques, et se placent alors dans quelque maison particulière où ils remplissent la charge de précepteurs. Malgré ces humbles commencements, beaucoup de ces *majoli* ont obtenu un rang élevé dans l'église ou dans la magistrature.

Quoique les sources de l'instruction soient suffisamment nombreuses en Sardaigne, il n'est pas surprenant qu'elles y aient rarement fécondé les esprits. Le peuple y a toujours vécu à l'écart et tristement replié sur lui-même. La langue qu'il parle est un idiome particulier dérivé du latin, mais étrangement altéré par l'invasion arabe[1]. Elle a peu de rapport avec les autres dialectes de même origine, et n'est point comprise hors de l'île. Le clergé, chargé de dispenser l'instruction, s'est toujours appliqué à écarter d'un peuple naïf et soumis la contagion des vœux et des idées qui ont vivifié les autres nations européennes. Les présidents de l'Audience royale, spécialement investis de la censure des pièces de théâtre, ont partagé celle des livres avec les archevêques de Cagliari; quant à ces prélats à qui la douane doit remettre tous les

1. Cette langue a deux dialectes : celui de Cagliari et celui de Logudoro. Plus qu'aucune autre, elle a conservé des expressions et des tournures latines. On a même composé des poésies dans lesquelles on n'a fait entrer que des mots communs à la langue usuelle des Sardes et au vocabulaire latin; exemple :

> Deus qui cum potentia irresistibile,
> Nos creas et conservas cum amore, etc.

ouvrages de science ou de littérature pour en autoriser ou suspendre l'introduction, ils semblent, comme Omar, n'avoir connu que deux espèces de livres, les livres inutiles et les livres dangereux. Peu d'ouvrages ont trouvé grâce devant leurs yeux. Les bibliothèques de l'île font encore foi de la sévérité de cette censure, qui s'est transmise avec toutes ses défiances, avec toutes ses rigueurs, depuis l'époque où régnait la plus inflexible orthodoxie jusqu'à nos jours.

Malgré la surveillance du clergé, les Sardes, on peut le prédire, ne tarderont pas à sortir de leur isolement. Ce sera le commerce qui établira les points de contact entre eux et les autres nations civilisées. Jusqu'ici le commerce est resté presque insignifiant en Sardaigne. Les exportations et les importations y sont ordinairement égales, et si la balance penche, c'est du côté des étrangers qui vendent parfois un peu plus qu'ils n'achètent. Pris dans son ensemble, le commerce d'entrée et de sortie détermine un roulement de 14 à 15 millions. Les objets importés sont principalement des bois, des métaux, des cuirs, et des tissus de tout genre : ce dernier article entre pour 4 millions dans le chiffre des importations, et se décompose ainsi : cotons, fils et étoffes, 2272000 fr.; toiles, 454000; draperies, 1 235 000 fr.; soierie, 401 000 fr. La Sardaigne exporte en retour du blé ou des pâtes préparées à l'italienne pour une valeur de plus de 3 millions; des vins, pour 1 169 000 fr.; du gibier et des fromages, pour plus d'un million; des poissons salés, de l'huile, du sel, et des peaux de bœufs ou de bêtes fauves.

On ne saurait croire, au surplus, par combien de préjugés le commerce est entravé au sein d'une population qui n'en est pas encore aux premiers rudiments de l'économie politique. Des négociants de Marseille ont eu récemment l'idée d'envoyer chercher des bœufs à Oristano, Porto-Conte et Cagliari, pour les transporter en Algérie. La proximité du marché et le bas prix des bestiaux en Sardaigne devaient rendre cette spéculation très-avantageuse; cependant les profits les plus considérables eussent été sans doute pour les propriétaires des vastes prairies de l'île, et même pour l'île entière, en raison de la circulation de numéraire qui eût été provoquée par ce commerce. Ces considérations touchèrent peu les habitants des villes, effrayés avant tout d'une exportation qui pouvait contribuer à élever les prix sur leurs marchés. Le mécontentement général fut tel, que le gouvernement crut devoir céder au sentiment public en entravant ce commerce lucratif par des droits qui ont eu pour effet de diriger d'un autre côté les spéculations de nos armateurs. Ces appréhensions ridicules ne se produisent pas pour la première fois. En 1770, quand la flotte russe vint se ravitailler à Cagliari, le vice-roi eut beaucoup de peine à obtenir des paysans qu'ils voulussent bien échanger leurs bestiaux contre de l'argent. Beaucoup de Sardes regardaient de très-mauvais œil ces barbares Moscovites qui venaient ainsi leur enlever les morceaux de la bouche.

J'ai dit que, dans la plupart des cantons de l'île, la culture du blé donne un produit de sept ou huit pour un; mais, dans quelques districts favorisés, tels que ceux de Traxentu et de Nora, ce produit est presque triplé. Si les procédés de l'agriculture étaient perfectionnés, si la terre était plus profondément remuée, ce magnifique résultat pourrait être obtenu sur presque toute la surface cultivable. Il faut que l'inertie de la population rurale soit bien grande pour avoir neutralisé deux excellentes institutions établies en faveur de l'agriculture, les *monts de secours* et le *barracellat*. Le *monte di soccorso*, institué sous le ministère du comte Bogino, est une banque agricole dont le mécanisme fait le plus grand honneur à l'ingénieuse charité de son fondateur, et que les nations les plus avancées pourraient s'approprier avec de grands avantages. Dans chaque ville ou village, un comité, sous le nom de *giunte locali*, réunit presque toutes les autorités locales, le chanoine prébendé, ou le curé le plus ancien, le baron ou son régisseur, le major de justice, un censeur, un secrétaire et un garde-magasin. Chacun de ces comités est subordonné à une *junte diocésaine*, composée de plusieurs conseillers et présidée par l'évêque : des censeurs diocésains, représentant ces comités supérieurs, communiquent avec une *junte générale*, établie à Cagliari et réunissant les plus grands dignitaires de l'île. Chacun de ces centres a pour mission de fournir aux cultivateurs, et particulièrement aux indigents, la quantité de grains nécessaire pour ensemencer leurs terres, ou un secours en argent destiné à subvenir soit à l'achat des bœufs et des instruments de labourage, soit aux dépenses de la moisson. A une époque déterminée de l'année, chaque laboureur déclare le nombre de ses bœufs, l'étendue de ses champs, expose ses besoins, et, lorsque sa déclaration a été vérifiée par cinq prud'hommes de l'endroit (*probi uomini*), il reçoit le grain ou l'argent qui lui sont alloués, en s'obligeant à les rendre après la moisson : l'intérêt exigé équivaut à un seizième pour les grains, à un et demi pour cent par année pour les secours en argent. Chaque junte réserve annuellement une certaine quantité de blé ou d'orge pour l'ensemencement d'un terrain qui lui est attribué ; tous les habitants du village, à l'exception des bergers, sont tenus, sous peine d'amende, de concourir par une journée de travail gratuit à la culture de ce terrain commun. Il arrive souvent qu'après avoir soldé toutes ses dettes et porté au complet ses deux réserves en grains et en numéraire, l'administration d'un canton reste encore en possession d'une somme sans emploi prévu : elle peut alors, avec l'autorisation du vice-roi, l'appliquer à des dépenses d'utilité publique ou de bienfaisance, comme la réparation des chemins communaux, la construction d'une fontaine, le desséchement d'un marais, l'éducation d'un orphelin, ou la dotation d'une fille pauvre.

C'est encore une heureuse inspiration que celle du *barracellat*, et ce qui le prouve, c'est que, imaginé sous le gouvernement espagnol, modifié, étendu, aboli et rétabli à maintes reprises, il a survécu à toutes ces variations. On nomme ainsi une compagnie d'assurance armée, dont le but est non-seulement de préserver les campagnes des dégâts et des vols de toute espèce, mais aussi de fournir une indemnité aux propriétaires, dans le cas où les coupables n'auraient pu être arrêtés. Chaque particulier contribue selon ses facultés, et d'après sa déclaration, à l'entretien d'une compagnie de *barracelli*, dont le capitaine, nommé par le vice-roi, reste maître de composer sa troupe à son gré, moyennant l'approbation de l'autorité locale : il la choisit ordinairement parmi les petits propriétaires ou autres citoyens honnêtes et solvables du canton où elle fonctionne. Les *barracelli* n'ont pas de costume particulier : chaque compagnie est constituée pour une année, pendant laquelle elle est responsable de tous les dégâts, de sorte qu'à l'expiration de son service, elle se trouve en bénéfice ou en perte, selon sa vigilance. Aussi, au moyen d'une cotisation annuelle, tout propriétaire peut laisser mûrir ses récoltes et errer ses bestiaux, sans avoir à se préoccuper des déprédations et des accidents.

Le gouvernement sarde a compris que chaque avantage remporté sur l'*intempérie*, chaque victoire partielle obtenue sur ce fléau aurait une immense portée. En même temps qu'on augmenterait la valeur du sol, qu'on changerait en plaines fertiles de stériles marécages, on détruirait une cause sans cesse agissante d'antipathie et de répulsion entre les États d'outre-mer et ceux de terre-ferme. L'écoulement des eaux stagnantes, l'exploitation des grandes plaines incultes, le reboisement des terrains dégarnis, auraient d'incalculables résultats. La Toscane a conquis sur la malaria les marais de Sienne; les Romains avaient desséché les marais Pontins; les Sardes ne peuvent-ils en faire autant dans leur île? Le cabinet de Turin a bien encouragé quelques compagnies à se lancer dans ces entreprises de dessèchement; mais l'incertitude des profits pendant les premières années, la difficulté d'exciter les Sardes au travail, l'impossibilité d'y employer des étrangers, tout tend à prouver que, sans l'action vigoureuse et immédiate du gouvernement même, il ne sera rien tenté de sérieux dans cette voie. Qu'on se persuade bien qu'il suffit de la plus misérable cause pour engendrer ces miasmes délétères qui désolent un village, une vallée, une plaine tout entière. Un filet d'eau qu'on laisse croupir au fond d'un ravin, une mare qu'on néglige de combler, provoquent l'intempérie. Pourquoi la vallée de Maladrossia, vallée pierreuse, sans marais, sans autre cours d'eau qu'un ruisseau stagnant qui se traîne entre des joncs et des iris, pourquoi cette vallée est-elle si malsaine? Eh! mon Dieu, les mêmes causes amènent en France les mêmes effets, bien qu'avec une intensité moins grande. Il n'est donc aucune raison sérieuse de désespérer de l'assainissement de la Sardaigne. Les marais du Brouage, l'infecte Mitidja, la plaine de Bone, tous ces terrains noyés où l'écoulement manque aux eaux, tous ces cloaques bourbeux ont leurs fièvres comme la Sardaigne : tous, aussi bien qu'elle, pourraient en être affranchis.

Si l'on veut enfin compléter la régénération commencée heureusement par l'abolition du système féodal, il faut accueillir les inspirations d'une politique plus élevée, plus féconde encore; il faut songer à réaliser, en faveur des Sardes, les avantages que présente l'admirable position géographique de leur île. Les ports de la Méditerranée reprennent aujourd'hui toute leur importance. La Méditerranée a sur ses bords de vastes empires qui semblent près de se dissoudre. Qu'on ne prenne pas pour une vie nouvelle quelques contorsions galvaniques communiquées à des cadavres; tout annonce au contraire l'heure fatale où l'Europe chrétienne devra inévitablement se porter héritière des États musulmans, de Salonique à Andrinople, des bords de l'Euphrate et du Nil à Trébisonde. Si c'est la guerre qui doit régler le partage entre les puissances collatérales, cette guerre sera avant tout maritime, et le sort du monde pourrait bien se décider encore sur les flots qui ont vu les grandes journées d'Actium et de Lépante. En même temps, le commerce tend à rentrer dans les voies abandonnées depuis quatre siècles. L'Afrique s'est ouverte sous nos pas, et les marchandises de l'Inde franchissent de nouveau les canaux sinueux de la mer Rouge. Méconnaître la portée de ces grands événements, de ces nouvelles tendances commerciales, serait un déplorable aveuglement. Il y a d'immenses bénéfices à espérer pour les ports qui serviront d'entrepôts aux échanges de l'Europe et de l'Asie. La mer qui baigne les rivages de la Sardaigne et presse ses flancs de toutes parts peut devenir pour elle une ceinture d'or. Le commerce maritime se porte toujours de préférence vers les lieux où, libre de choisir son moment et d'éviter les risques si fréquents des spéculations inopportunes, il se trouve dégagé d'une partie de ses chances aléatoires. Qu'un port franc soit ouvert en Sardaigne; que Cagliari ou Saint-Pierre puisse faire concurrence à Malte ou à Livourne, et à l'instant une terre négligée et languissante redevient une des échelles inévitables du commerce méditerranéen. Loin de se refuser à ouvrir un port franc sur un des points de l'île, le gouvernement sarde devrait plutôt livrer l'île tout entière au libre commerce qui la sollicite. Le jour où il aurait réalisé cette grande pensée, où Cagliari, Palmas et Saint-Pierre, Oristano et Porto-Conte, Terra-Nova et les baies de la Madeleine, pourraient écouler vers l'Europe, comme d'un vaste entrepôt, les produits du monde oriental ; le jour où l'Allemagne et l'Angleterre, la France et l'Espagne, seraient admises à y réaliser leurs échanges, à y déposer le trop plein de leur industrie, la Sardaigne verrait se presser incessamment dans ses ports de nombreuses flottilles, attirées par les facilités d'un commerce sans entraves. L'affluence du capital, vivifiant tous les genres d'exploitations rurales, contribuerait à l'assainissement du pays. Peut-être même qu'une innovation aussi féconde fournirait naturellement la solution du problème que le cabinet de Turin a vainement cherchée. Je ne puis croire que les chances imprévues d'un immense développement d'affaires ne permettent pas de concilier la prospérité de l'île avec les exigences du fisc et les intérêts jaloux des provinces continentales.

Les vœux que je forme sont un témoignage de la secrète sympathie qu'a laissée en moi la Sardaigne. Pour m'expliquer à moi-même l'intérêt que je prends aux destinées d'un pays où je n'ai fait que passer, et que je ne reverrai peut-être jamais, j'aime à me rappeler que j'y ai rencontré presque partout des visages bienveillants, des cœurs sincères et chaleureux.

Paris, 15 août 1843.

Tels sont les vœux que j'exprimais, au retour d'une campagne qui n'avait pas duré moins de deux ans, en faveur de cette île dont je n'avais pu constater sans surprise le complet abandon et les merveilleuses ressources. Ces vœux, un prochain avenir semblait vouloir alors se charger de les réaliser. La rapide métamorphose que je prédisais en 1843 est-elle donc accomplie en 1865 ? Si j'en dois croire les derniers renseignements que j'ai recueillis à ce sujet, mes espérances auraient été trop promptes.

La Sardaigne d'aujourd'hui ne diffère que bien peu, m'assure-t-on, de la Sardaigne que j'ai visitée et décrite il y a déjà près d'un quart de siècle. Depuis 1857, il est vrai, l'île a cessé d'avoir sa législation particulière. Soumise au régime des autres États Sardes, elle n'a rien conservé des institutions vieillies qui la marquaient d'un cachet à part. Mais si la constitution politique a été modifiée, les mœurs sont restées les mêmes.

Lorsque je m'éloignais de la baie de Cagliari au mois d'août 1842, j'avais le pressentiment de n'y jamais revenir. Le hasard me rendit cependant, il y a dix ans environ, la vue de ces sommets coniques sur lesquels, après des ascensions quelquefois périlleuses, nous allions si bravement poser nos théodolites. C'était au mois de novembre 1855. Je ramenais en France l'escadre de la mer Noire veuve de son illustre chef. Les vents d'ouest nous avaient arrêtés à quelque distance du golfe de Tunis. Je vins chercher entre la Sardaigne et l'Italie, sous les hautes montagnes de la côte orientale des vents plus favorables et un autre climat. Tous mes souvenirs se dressèrent à l'instant devant moi. Le temps avait respecté jusqu'aux amas de pierres que j'avais élevés sur le rivage, jusqu'aux taches de chaux dont j'avais barbouillé la falaise. Les joies de l'hydrographie me revinrent au cœur. Notre vaillant amiral, emportant de Kamiesh les trophées de Sébastopol et de Kinbourn, n'était pas assurément plus fier, n'était pas plus heureux que je ne l'avais été le jour où, par une belle matinée d'hiver, j'avais pu rapporter de la tour de Cavoli le relèvement de la tour de Pula, et le troisième angle de ce grand triangle, base de tout notre travail, dont le sommet s'appuyait à la tour de Saint-Pancrace. Le charme des campagnes hydrographiques, c'est qu'elles ne connaissent pas de journées sans butin, de fatigues sans salaires. J'y trouverais, j'en suis sûr, le même attrait aujourd'hui qu'autrefois; et pour peu qu'on voulût m'en presser, je repartirais demain pour aller relier la baie d'Asinara au golfe d'Oristano, la baie de Congianus à l'île de Cavoli. Tous les marins d'ailleurs ont un souvenir qui les hante. Celui de mon père, c'était l'île d'Amboine. Le mien, c'est la Sardaigne.

Paris, janvier 1865.

APPENDICE.

APPENDICE.

LA MARINE DES GRECS AU SIÉGE DE TROIE.

Je n'oserais point me permettre de m'inscrire en faux contre les idées qui ont généralement prévalu au sujet de la marine des anciens. Ce serait faire œuvre d'érudit et je ne suis pas même un mauvais écolier. La superposition des rames est, dit-on, un fait établi par d'irrécusables témoignages. J'admets donc la chose en principe, mais je déclare qu'il m'est impossible d'en comprendre l'application. Des navires à deux ou trois étages, — *duplici, triplici compagine* — soit ! Mais des navires à deux et trois rangs de rames, voilà une complication bien gratuite et qui ne fait guère honneur au génie des constructeurs anciens. A-t-on jamais réfléchi que, dans cette combinaison, les rames inférieures, trop courtes, sont sans énergie; les rames supérieures, trop obliques, perdent également la majeure partie de leur puissance? Je sais ce dont je parle, quand je parle d'avirons de galère. *La Comète* en pouvait armer jusqu'à douze et même quinze de chaque bord. En mettant sur chaque aviron un gabier — je veux dire un *thranite* — pour conduire la poignée et, plus en dedans, quatre ou cinq *thalamites* choisis dans le gros de l'équipage, nous avons filé près de deux nœuds à l'heure. Mais on eût bien étonné nos matelots si on leur eût conseillé de faire sortir un aviron du faux-pont et d'en placer un autre sur le bastingage. Et encore ne se fût-il agi là que de faire de *la Comète* une trirème. Qu'eût-ce été s'il avait fallu convertir *l'Iéna* ou *le Montebello* en hexirèmes, semblables à celles qui combattirent à la bataille d'Actium?

Je comprends qu'on ait trouvé à la longue incommode de combattre à la façon d'Ajax :

Courant de bancs en bancs à grandes enjambées,

et repoussant à lui seul les Troyens qui voulaient incendier son navire; je ne m'étonnerais donc pas que, trois siècles plus tard, un constructeur Érythréen eût eu l'heureuse idée de placer les rameurs à couvert en donnant du même coup un champ de bataille aux soldats. Le premier pont, bien qu'il alourdît la galère, avait ainsi sa raison d'être; le second put l'avoir quand les dimensions de la galère s'accrurent et qu'il fallut séparer la cale du logement de l'équipage. Au delà de ces imaginations pratiques, je ne me soumets, je l'avoue, qu'en frémissant; je serais tenté de renier Plutarque, et Diodore de Sicile plutôt que de laisser figurer dans une histoire sérieuse les galères à 40 rangs de rames de Ptolémée Philopator : « c'est bon pour des soldats de marine, mais les marins ne le croiront pas. »

En fait de marine antique, la seule où je me reconnaisse, c'est la marine d'Homère. Grâce à l'*Iliade* et à l'*Odyssée*, je puis me faire de la flottille qui vint aborder aux rivages de Troie une idée beaucoup plus nette et beaucoup plus précise que de la flotte sur laquelle s'embarqua saint Louis dans le port d'Aigues-Mortes. L'exactitude d'Homère en tout ce qui touche à la marine est, à mon sens, quelque chose d'incomparable. C'est le seul poëte, sans en excepter le Camoens, qui me paraisse avoir pris la navigation au sérieux. Je ne connais pas une de ses descriptions, pas même une de ses épithètes qu'un marin voudrait désavouer. Virgile, j'ai regret à le dire, n'est point de cette force. Il a peu navigué et le laisse bien voir. C'est un grand poëte sans doute, mais en fait de marine ce n'est qu'un canotier parisien.

La flotte grecque, telle que l'a décrite Homère, se

composait de 1186 navires. — C'était à peu près la flottille de Boulogne qui en comptait 2000. — Parmi ces navires, le plus grand nombre avait de 20 à 25 paires de rames. — D'autres, plus légers, celui, par exemple, qui ramena Briséis chez son père, armait comme les chaloupes de nos vaisseaux dix rames de chaque côté. Les uns et les autres étaient des bateaux creux, munis de bancs et par conséquent non pontés. Communément on les halait à terre, après avoir amené la voile et enlevé le mât de son emplanture.

Le navire grec ainsi compris, les erreurs d'Ulysse n'ont plus rien qui étonne. Un bateau plat non ponté, n'ayant qu'un seul mât et qu'une voile, dépourvu de boussole, peut fort bien employer dix années pour aller d'Égypte aux îles Ioniennes, surtout lorsqu'il se trouve jeté dans des mers inconnues et que son voyage devient un véritable voyage de découverte. Si quelque chose a le droit de surprendre dans ce récit, ce n'est pas la longueur, c'est l'heureuse issue de la traversée. Au temps de saint Paul l'art naval avait sans doute fait quelque progrès. Le voyage de l'apôtre avec ses dures péripéties nous reporte cependant à une époque où le mois d'octobre ne trouvait guère de navires à la mer; celui d'Ulysse nous ramène à des temps où le nautonier avait ses raisons pour être plus prudent encore.

Qu'elles me semblent naturelles les incertitudes des Grecs, quand Troie a succombé et que les vainqueurs n'ont plus, après tant de combats, qu'à rapporter au foyer domestique leur butin ! Les trésors de Priam, les captives sont déjà embarqués. Les nefs ont glissé sur des rouleaux à la mer, mais le câble les retient encore au rivage. Le pilote prend place à la poupe, les rameurs sont assis sur les bancs. Si Minerve aux yeux bleus envoie aux Hellènes un vent propice, ils dresseront le mât de sapin dans son emplanture et l'affermiront sur ses haubans. La voile blanche est prête, la drisse aux torons de cuir bien tordus l'est aussi. Les chefs se rassemblent : ils élèvent les cratères couronnés d'un vin écumeux et font d'abord une libation aux dieux immortels. Au moment de donner le signal du départ les avis se partagent : les uns se rendant au vœu d'Agamemnon veulent attendre encore. Les navires ont souffert de leur long séjour sur la plage ; les gréements sont en piteux état. Est-il sage d'affronter de nouveau la mer, sans avoir immolé au moins une hécatombe à Minerve ?

Le vieux Nestor s'irrite de ces délais. Diomède le fils de Tydée se décide à suivre la fortune du vieux roi. Tous deux partent ; tous deux arrivent sans encombre à Lesbos. C'est ici, par exemple, qu'il faut réfléchir. Passera-t-on entre Chio et Ipsara, ou suivra-t-on le canal qui sépare Chio du mont Mimas? Mais si l'on coupait droit sur l'Eubée, on se mettrait hors de danger plus tôt. — Le canal est bien large! Un vent léger enfle pourtant les voiles : c'est le signe demandé aux dieux. Les nefs creuses fendent rapidement la grande mer. Πέλαγος μέγα μετρήσαντες! On aborde de nuit à Gereste, sous le cap Doro. Le quatrième jour, Diomède est sous les murs d'Argos avec toute sa flotte; Nestor, quelques jours plus tard, entre dans le port de Pylos.

Mais les autres! les flâneurs! ceux qui ont manqué l'occasion, que sont-ils devenus? Ils battent la mer, jetés de plage en plage. Ménélas mettra huit ans à regagner Lacédémone. Il verra Chypre, et la Phénicie et l'Égypte. Il errera sur les côtes d'Ethiopie et de Libye. Ulysse connaîtra plus d'épreuves encore. Sa prudence habituelle l'a mal servi. Pendant qu'il épie, je ne sais quels pronostics favorables, le temps a marché, la saison des grains est survenue. Un vent de sud le pousse sur la côte de Thrace; un vent de nord l'en éloigne, vent violent, vent d'automne, noir, accompagné de pluie, νεφεληγερέτα, la *Tramontana negra* si redoutée des pilotes de nos jours. La voile est mise en pièces. Ulysse se hâte de regagner la terre. La tempête dure trois jours. Dès que le ciel s'est éclairci, le fils de Laërte fait dresser les mâts et déployer les voiles. Le zéphir le seconde. Il se croit déjà sain et sauf à Ithaque, mais il a compté sans le cap Malée. Vous l'avez tous éprouvée, navigateurs de l'Archipel, la malice de ce sombre promontoire; vous savez tous quelles précautions il convient de prendre, quand on se présente sous le cap Saint-Ange. Les rafales qui tombent comme une avalanche de la crète de la montagne ont failli démâter plus d'un brick et plus d'une frégate! Ulysse ne montait qu'un bateau non ponté. Le vent qui souffle en tourbillons le jette hors du canal. Il essaye vainement de gagner Cythère, — Παρέπλαγξεν δὲ Κυθήρων. Le dixième jour il aborde en Afrique à la terre des Lotophages.

Voilà des aventures tout au moins vraisemblables. Les savants qui ont nié l'existence d'Homère me permettront aussi de ne pas goûter leur système. S'ils avaient parcouru les mers à travers lesquelles le poëte promène avec tant de complaisance son héros, ils auraient peut-être reconnu à mille traits épars la personnalité d'un conteur qui décrit avec une rare fidélité et les lieux qu'il a vus et les dangers qu'il a bravés lui-même. Mais c'est déjà beaucoup que d'oser exprimer des doutes sur des questions qui ont divisé les plus éminents hellénistes. Je donne ici mon avis à la façon du savetier d'Apelles. Je n'irai point *ultra crepidam*.

L'ILE JULIA

ET

L'ÉCUEIL QUI LUI A SUCCÉDÉ.

L'île Julia, qui s'éleva en 1831, entre les côtes de Sicile et la Pantellerie, devint visible du 28 juin au 8 juillet de cette année, et avait déjà disparu au mois de décembre.

Le 28 juin, le capitaine Swinburne, passant sur les lieux, éprouva plusieurs secousses violentes qui furent attribuées à un tremblement de terre ; à la même époque, l'amiral sir Pulteney Malcolm, retournant en Angleterre, ressentit dans ces parages des commotions semblables.

Le 8 juillet, le capitaine napolitain Jean Corrao vit des traces manifestes de l'éruption. Il paraît cependant qu'elle ne fut observée des côtes de Sicile que le 11. Le 16, le capitaine d'un navire marchand annonça à Malte que, le 13 du même mois, passant entre la Sicile et la Pantellerie, il avait aperçu une colonne de fumée s'élevant de la

24

mer, à environ 23 milles dans le S. de la ville de Sciacca.

Le capitaine Swinburne, commandant le brick anglais *le Rapide*, fut aussitôt expédié sur les lieux par l'amiral Hotham, et, le 19, il put s'approcher du volcan, dont le cratère ne s'élevait encore que de quelques pieds au-dessus de l'eau. Le volcan était alors en pleine activité, lançant de vastes masses de vapeur, de cendres et de scories, accompagnées d'éruptions intermittentes de flammes et de violentes détonations dont le bruit se faisait entendre à une assez grande distance.

Le 22 juillet, ce volcan fut de nouveau visité par le commander Smith, commandant le brick *la Philomèle :* cet officier estima que l'île avait déjà un mille environ de diamètre sur 27 mètres de hauteur. Elle lui parut entièrement composée de scories avec quelques coulées de lave, et, d'après les sondes qu'il put recueillir, il jugea qu'elle devait avoir une très-petite base.

Enfin, le 3 août, le capitaine Senhouse put débarquer sur l'île, à laquelle il donna le nom d'*île de Graham :* les fragments qu'il rapporta étaient compacts et pesants ; toute la surface de l'île était dense et parfaitement ferme sous les pieds. On ne trouva aucune espèce de pierres sur l'île, ni aucun courant de lave : à cette époque les éruptions n'avaient point encore cessé, mais elles ne se reproduisaient que par intervalles. Le capitaine Senhouse profita d'une de ces intermittences pour débarquer sur l'île, et cette première exploration fut naturellement faite avec une certaine précipitation.

On doit supposer que les éruptions cessèrent soudainement; car, dans la nuit du 15 août, le volcan fut vu dans un état de violente éruption par des officiers du 73e régiment de Malte; deux jours après, quand il fut visité par des officiers du régiment de carabiniers, il ne s'échappait plus du cratère qu'une légère vapeur d'eau.

Le 3 septembre, le capitaine Wodehouse, commandant le brick *le Ferret*, mesura la circonférence de l'île et la trouva de 988 mètres sur 32 mètres de hauteur. La surface, entièrement composée de cendres et de scories, sans traces de lave, était déjà assez refroidie pour que la chaleur fût supportable. Le cratère contenait une eau trouble et salée à une température de 200° du thermomètre de Fahrenheit, et il s'en échappait un dégagement constant de gaz. La profondeur du cratère fut trouvée d'un mètre environ.

Le 28 septembre, M. Constant Prévost et des officiers du brick français *la Flèche*, commandé par M. Lapierre, débarquèrent sur l'île et la nommèrent île Julia. Ils en mesurèrent aussi la circonférence, qu'ils trouvèrent de 700 mètres sur 70 de hauteur. M. Constant Prévost reconnut que ce monticule était entièrement composé de matières pulvérulentes et de fragments de scories de toutes les dimensions, jusqu'à celle de 0m,068 cubes au plus. Il trouva quelques blocs dont le centre, très-dur, avait l'aspect et la consistance de la lave, mais il pensa que ces masses globulaires avaient été projetées. Toute l'île lui parut, comme tous les cratères d'éruption, un amas conique, autour d'une cavité également conique mais renversée. Frappé du peu de consistance de cet amas incohérent et de l'effet déjà produit par les éboulements, il prédit la prochaine destruction de l'île.

En effet, dès le mois de novembre 1831, l'île Julia ne s'élevait plus que de quelques pieds au-dessus de l'eau. Le 28 décembre, la corvette française *la Cornélie*, passant sur les lieux, aperçut à peu de distance un banc sur lequel la mer brisait avec violence : vers le milieu de l'espace occupé par le banc, un sommet à fleur d'eau rompait la lame et par intervalles faisait jaillir l'eau à une assez grande hauteur. Une note publiée dans le *Nautical Magazine*, par le lieutenant anglais Kennedy, dans les premiers jours de février 1832, annonça que ce banc s'était encore affaissé, et qu'on trouvait un mètre d'eau sur son sommet.

Au mois d'août de la même année, une exploration plus précise fixa les navigateurs sur l'état de ce récif ; le 25 de ce mois, le capitaine Swinburne rendit compte à l'amirauté qu'il avait exploré l'emplacement où avait paru l'île volcanique, et que cette île, en disparaissant, avait laissé un récif dangereux, consistant principalement en sable noir et scories avec un plateau circulaire de roches au centre, d'environ 38 mètres de diamètre, sur lequel le moindre fond était de 2^{m},74; ce plateau paraissait être une lave noire et poreuse; le sable environnant était entièrement composé de particules de la même substance. A environ 1300 mètres dans le N. O., un autre banc avait été reconnu, sur lequel le moindre fond était de 42 mètres.

Le 16 décembre 1837, le lieutenant Codd, commandant le cutter *le Hind*, reconnut de nouveau ce récif, et confirma en partie les renseignements fournis par le capitaine Swinburne. Le moindre fond sur le sommet du récif était encore de 2^{m},74; le plateau de roches offrait l'apparence de grandes pierres blanches avec quelques herbes marines.

Dans le courant de 1839, le bruit courut à Malte qu'une colonne de fumée avait été aperçue dans les parages où le volcan avait fait éruption, mais rien ne vint confirmer ce renseignement, et une note, publiée en 1840 dans le *Nautical Magazine*, annonça au contraire qu'un bâtiment envoyé sur les lieux n'avait aperçu ni fumée ni brisants, et que probablement l'écueil qui avait succédé à l'île Julia avait lui-même disparu.

Peu de temps après la publication de cette note, M. Bonard, lieutenant de vaisseau, commandant le brick *le Volage*, après avoir, dans une longue et périllense campagne, reconnu et déterminé les plateaux des Skerkis, visita plusieurs des sommets qui s'élèvent sur le banc de l'Aventure au S. de la Sicile : cette exploration le conduisit à reconnaître un plateau de scories et sable noir, sur lequel le moindre fond était de 40 mètres; plateau qui s'est trouvé peu distdnt de l'écueil déjà signalé.

En 1841, M. Elson, chargé d'une nouvelle reconnaissance de ces parages, confirma l'existence d'un dangereux récif, sur l'emplacement de l'île Julia. Il reconnut un plateau de roches de forme oblongue, d'une longueur d'environ 73 mètres, formé de rochers pointus et noirâtres, dont les bords, que l'on apercevait très-distinctement, étaient déchirés et coupés à pic. La moindre profondeur d'eau qu'il pût trouver fut de $3^{m},5$; mais il pensa qu'il eût pu rencontrer un moindre fond par une mer calme.

M. le ministre de la marine, ayant été informé de cette nouvelle exploration et de ses résultats par l'agent consulaire de France à Sciacca, me prescrivit de me rendre sur les lieux pour y vérifier l'exactitude des renseignements qui lui avaient été transmis.

Le 7 septembre j'appareillai de Sciacca, et

mouillai le lendemain, quelques minutes avant midi, par 145 mètres fond de roche et corail, à 2000 mètres environ du récif[1].

Ce danger s'étend fort peu, et à 20 mètres environ de son sommet, dans toutes les directions, on trouve 15 mètres d'eau; le fond augmente ensuite rapidement, et à 100 mètres on a déjà plus de 40 mètres. Le moindre fond que nous ayons rencontré a été de 4m,6; la mer était parfaitement calme et nous ne pouvions avoir un temps plus favorable pour cette reconnaissance. La plus grande longueur du plateau est d'environ 40 mètres; il est formé d'une pierre très-dure, à arêtes vives, d'un aspect jaunâtre. Les plombs de sonde revenaient mâchés et le suif ne rapportait ni sable ni scories. Un matelot, que nous fîmes plonger dans l'espoir d'obtenir quelques échantillons de la roche, ne put parvenir à en détacher. Ce plateau est coupé à pic, et, dès qu'on tombe dans les fonds de 15 mètres, on trouve un sable noir et très-fin ressemblant à de la poussière de charbon.

A 1035 mètres du sommet du récif, dans l'O.

1. Ce ne fut pas sans quelques difficultés que nous parvînmes à retrouver le sommet de la roche. Déjà deux embarcations en avaient passé très-près sans l'apercevoir, lorsqu'une troisième plus heureuse, avertie par un mouvement brusque de la mer, reconnut la roche qui était l'objet de nos recherches.

28° N., nous reconnûmes aussi un fond de 40 mètres séparé du récif par des fonds de 80 et 90 mètres. Sur ce plateau et sur la ligne qui joint les deux sommets, nous trouvâmes le même sable noir, mêlé de scories volcaniques, que nous avions déjà trouvé autour de la roche[1].

La position de cette roche fut rapportée à celle du brick, déterminée par les observations de M. Darondeau ingénieur hydrographe, et nous obtînmes pour résultats :

Latitude, 37° 10′ 7″ N.

Longitude, 10° 23′ 15″ E.

Azimut du sommet le plus élevé de la Pantellerie, S. 55° 15′ O.

Le capitaine Swinburne avait trouvé, le 25 août 1832 :

Latitude, 37° 9′ N.

Longitude, 10° 22′ 36″ E.

Azimut du sommet le plus élevé de la Pantellerie, S. 55° O.

La moyenne de toutes les observations que j'ai pu recueillir, et qui sont le résultat de dix reconnaissances successives exécutées par des bâtiments anglais ou français, donnerait pour la position de ce récif :

1. C'est ce plateau de 40 mètres qui avait été visité l'année précédente par M. Bonard.

Latitude, 37° 9′ 39″.

Longitude, 10° 23′ 02″.

Je ne sais à quelle distance cette roche s'apercevrait du haut de la mâture d'un bâtiment, mais, dans un canot, j'en avais passé à moins d'une encablure sans la voir. Avant que la brise ne s'élevât, elle paraissait sous l'eau comme une grande voile blanche ; et, comme elle est fort accore, de très-beau temps on l'apercevrait probablement assez tôt pour pouvoir l'éviter : mais le courant est très-vif à ses approches, et on ne peut trop engager les bâtiments qui passeront dans ces parages à redoubler de surveillance, quand le sommet le plus élevé de la Pantellerie sera à peu près dans le relèvement que j'ai indiqué.

On n'a pas oublié la divergence des opinions qui furent émises sur la formation de l'île Julia. M. Constant Prévost, en admettant que des coulées de lave étaient sorties peut-être par des fissures du pied et des flancs submergés du cône d'éruption, établissait cependant que la formation de l'île n'avait été l'effet ni du soulèvement d'un fond de mer volcanique préexistant, ni d'une énorme boursouflure de lave. M. John Davy, dans une communication du 15 mars 1832, faite à la société royale de Londres, exprima aussi l'opinion que le cratère était un cratère d'éruption entièrement composé de matières incohérentes projetées par l'action volcanique, et non pas un cratère de soulèvement produit par l'élévation du fond de la mer.

M. Arago pensait, au contraire, d'après le refroidissement observé par M. Davy lui-même aux approches du volcan, et d'après l'inclinaison considérable des flancs immergés de l'île, inclinaison qu'établissaient les sondes recueillies par M. Lapierre, que, dans sa partie immergée du moins, l'île Julia avait été le résultat du soulèvement du fond solide et rocheux de la mer. Il trouvait peu probable que des terrains meubles et incohérents, battus sans cesse par la mer, eussent pu se maintenir sous des inclinaisons aussi considérables.

On pensera peut-être que l'exploration dont je viens d'exposer les résultats est venue donner un nouveau poids à cette opinion, en constatant que ce n'est point seulement un banc de sable volcanique qui a succédé à l'île Julia, mais bien aussi un plateau de roches dures couvert de moins de cinq mètres d'eau, et déjà reconnu au mois d'août 1832.

Paris, le 10 octobre 1841.

Le capitaine de corvette, commandant le brick la Comète,

E. JURIEN.

RECHERCHE

D'UN

DANGER SIGNALÉ AU SUD DU TORO

(CÔTES DE SARDAIGNE).

On trouve encore sur nos cartes de la Méditerranée plusieurs dangers dont l'existence est restée douteuse, ou dont la position n'a pu être exactement déterminée. Bien qu'on s'inquiète généralement fort peu de ces dangers dont on a pris l'habitude de mettre en doute la réalité, il en est cependant quelques-uns dont l'existence semble moins contestable, et qui, par la position dans laquelle ils ont été signalés, aussi bien que par la précision avec laquelle ils l'ont été, méritent d'attirer l'attention des navigateurs et des hydrographes. C'est ainsi que, dans une des parties les plus fréquentées de la Méditerranée, entre l'Afrique et la Sardaigne, à 4 ou 5 lieues environ dans le S. du Toro, les bâtiments qui se rendent dans le Levant ou qui en reviennent ont à redouter une roche couverte de dix pieds d'eau, déjà portée sur nos cartes en 1734, sur laquelle le cutter *le Fox* toucha, dit-on, en 1796, qui a été aperçue depuis par plusieurs bâtiments marchands, et qui, recherchée en vain par plusieurs hydrographes, et, entre autres, par le capitaine Smyth, vient encore d'échapper à une nouvelle exploration.

Ce danger avait trop d'importance pour que sa recherche ne se liât pas nécessairement à la reconnaissance hydrographique dont nous avions été chargés sur les côtes méridionales de la Sardaigne. Nous connaissions les efforts infructueux du capitaine Smyth, mais nous devions d'autant moins être découragés par l'insuccès de cette tentative, qu'il y avait peu de temps que M. Holker, lieutenant de vaisseau, commandant la goëlette *la Mésange*, se rendant de Toulon à Tripoli, avait aperçu dans ces parages, fort distinctement et à très-petite distance, une roche sous l'eau, de peu d'étendue. La brise était alors trop fraîche pour qu'il fût possible de penser à mettre une embarcation à la mer; mais, bien qu'il eût rapidement dépassé cet écueil, M. Holker avait pu néanmoins faire prendre un bon relèvement du Toro, et ce renseignement nous paraissait suffisant pour commencer notre exploration avec quelque espoir d'être plus heureux que nos devanciers.

La triangulation de détail dont nous avions fait

précéder cette recherche, et que nous avions appuyée sur la grande triangulation de M. le général de la Marmora, nous donnait, en outre, de grandes facilités pour ce travail. Au lieu d'errer à l'aventure dans les parages présumés du danger, nous pouvions, à l'aide des points que nous avions déterminés, connaître à chaque instant notre position avec la plus grande précision, et diriger notre route en conséquence.

Nous pûmes ainsi avancer méthodiquement dans la recherche qui nous occupait, et, en plaçant sur notre carte un grand nombre de sondes, prendre une idée générale du terrain, et nous porter du côté où, le fonds nous paraissant moins uniforme, il y avait quelque probabilité de rencontrer le sommet que nous cherchions.

Nous ne voulûmes rien négliger pour arriver à un résultat: et d'abord nous commencâmes par tripler réellement nos chances en nous faisant accompagner de deux bateaux, dont deux officiers du brick, M. Besson et M. Larrieu, élèves de 1re classe, acceptèrent le commandement. Nous essayâmes de traîner des dragues à la mer; nous mouillâmes le brick lui-même par des fonds de 130 à 140 mètres, et, plaçant des bouées à quelque distance, nous fîmes explorer par nos embarcations la partie de mer comprise entre le brick et ces bouées; nous mîmes enfin à cette recherche toute l'ardeur qu'y devaient mettre des gens convaincus de l'existence d'une roche aperçue récemment et dont la détermination intéressait à un si haut point la sûreté de la navigation.

Le cutter *le Fox*, qui avait touché sur cette roche en 1796, l'avait signalée dans le sud magnétique du Toro, à 12 ou 15 milles environ de cet îlot; *la Mésange* la signalait à peu près à la même distance, au S. 10° E. du compas de ce même îlot. Notre croisière s'établit principalement du S. 4° O. au S. 14° E., à la distance de 8 à 17 milles du Toro.

Nos efforts ne produisirent cependant aucun résultat, ne nous conduisirent même à aucun indice qui pût nous faire supposer que nous avions été, à un instant quelconque, dans le voisinage de ce danger, et, sans vouloir mettre en doute la réalité de son existence, nous en vînmes à perdre tout espoir de le trouver avec les moyens dont nous disposions.

L'inspection de la carte sur laquelle nous avons tracé le réseau de nos patientes recherches expliquerait suffisamment notre découragement. Encore n'avons-nous pu constater que les routes faites par le brick. Les deux bateaux que nous avions nolisés nous accompagnaient ordinairement et se tenaient à peu de distance de nous. Il est présumable que, si la roche se fût trouvée entre eux et le brick pendant cette croisière, les hommes de vigie, placés au haut de leur mât, ou ceux que nous tenions constamment dans notre mâture, l'eussent aperçue et se fussent empressés de la signaler ; car leur attention était stimulée par l'espoir d'une bonne récompense, et nous avions le soin de les faire relever toutes les heures pour éviter que leur surveillance devînt moins active.

Il faut remarquer aussi que la partie que nous avons le plus obstinément explorée était bien celle qui devait attirer notre attention. Quand cette roche fut aperçue à bord de *la Mésange*, ce bâtiment avait une vitesse de 8 ou 9 milles à l'heure. Dès que le compas de relèvement fut monté et posé, on releva le Toro au N. 10° O. En admettant qu'il ne se soit écoulé que 5 minutes entre le moment où la roche fut aperçue et celui où le Toro fut relevé, le bâtiment, qui faisait alors route au S. E., s'en trouvait déjà à 7 dixièmes de mille. Il était donc probable que nous rencontrerions cette roche dans l'O. du relèvement indiqué. En effet, les sondes que nous avions recueillies dans l'E. de ce relèvement n'indiquaient aucune inégalité de fond qui pût faire présumer que, de ce côté, les recherches seraient moins infructueuses ; les renseignements que nous possédions avaient un caractère assez positif pour que notre exploration se renfermât dans certaines limites et ne s'égarât point trop au delà.

Après tant d'efforts inutiles, il faut peut-être penser que ces sortes de recherches offrent des difficultés qu'on ne peut surmonter qu'à l'aide de quelque circonstance favorable, et assurément une circonstance des plus heureuses pour cette exploration serait de se trouver dans les parages où le danger a été signalé, après un de ces gros coups de vent de O. S. O. qui, dans le mois de décembre, soufflent avec tant de violence dans le canal. La mer soulevée par ces coups de vent ne tombe point instantanément comme celle des grandes brises d'été, et la houle qui leur succède dure encore un ou deux jours. Avec une pareille houle, une roche couverte de 10 pieds d'eau, j'en ai eu l'expérience sur ces côtes, briserait infailliblement, et serait aperçue à la distance de 2 ou 3 milles. Mais cette houle si favorable est aussi généralement accompagnée d'un calme plat qui paralyserait les efforts d'un bâtiment à voiles; c'est encore là une des circonstances où l'hydrographie peut tout attendre du secours des navires à vapeur.

Paris, novembre 1842.

Le capitaine de corvette, commandant le brick la Comète,

E. JURIEN.

SERVICES

DU VICE-AMIRAL LALANDE.

EXTRAIT DES ARCHIVES DE LA MARINE.

LALANDE (Julien-Pierre-Anne), fils de Julien-René Lalande, ancien juge consul de la juridiction consulaire de la ville du Mans, et de Marie-Anne Rouvin, né le 13 janvier 1787, au Mans (Sarthe). Marié au Mans, le 21 janvier 1833, avec demoiselle Mauboussin (Françoise-Joséphine). Décédé le 19 mai 1844, à Paris, rue de la Ferme des Mathurins, nº 56.

Novice sur les bâtiments de l'État, du 8 février 1803 au 2 novembre 1803. Aspirant de 2e classe, le 20 novembre 1803. Aspirant de 1re classe, le 4 décembre 1806. Enseigne de vaisseau, le 12 juillet 1808. Lieutenant de vaisseau, le 7 mai 1812. Capitaine de frégate, le 17 août 1822. Capitaine de vaisseau, le 5 avril 1827. Contre-Amiral, le 22 janvier 1836. Major général de la marine à Brest, du 1er novembre 1836 au 21 juin 1837. Vice-amiral, le 12 juillet 1841. Nommé membre du conseil d'amirauté, par ordonnance royale du 2 décembre 1843. — DÉCORATIONS : Chevalier de Saint-Louis, le 22 août 1819. Chevalier de la Légion d'Honneur, le 28 avril 1821. Chevalier de l'Ordre Royal Espagnol de Saint-Ferdinand de 2e classe, le 11 février 1824. Officier de la Légion d'Honneur, le 1er mars 1831. Commandeur de la Légion d'Honneur, le 11 février 1832. Grand Officier de la Légion d'Honneur, le 22 novembre 1839.

CAMPAGNES :

Embarqué sur la corvette *la Levrette*, commandée par MM. Fournier et le Boucher, du 8 février 1803 au 2 novembre 1803. (Convois : 3 mois, 13 jours à la mer en paix ; 5 mois, 12 jours à la mer en guerre.)

Embarqué sur le vaisseau *le Jean-Bart*, commandé par M. le Gouardan, du 20 novembre 1803 au 9 mars 1807. (Rade de Brest : à la mer en guerre.)

Embarqué sur la frégate *la Calypso*, commandée par M. Jacob, du 14 mars 1807 au 2 août 1808. (Rade de Lorient : à la mer en guerre.)

Embarqué sur la frégate *l'Italienne*, commandée par M. Jurien, du 18 septembre 1808 au 2 mai 1809. (Combat dans la rade des Sables d'Olonne, le 24 février 1809, des frégates : *l'Italienne*, *la Calypso* et *la Cybèle*, contre une division anglaise de trois vaisseaux, deux frégates et une corvette commandée par le vice-amiral Stopford : à la mer en guerre.)

Embarqué sur le vaisseau *l'Eylau*, commandé par MM. Jurien et Caboureau, du 12 mai 1809 au 24 octobre 1813. (Croisières et fréquents appareillages : à la mer en guerre.)

Embarqué sur la frégate *la Nymphe*, commandée par M. Leblond de Plassan, du 25 octobre 1813 au 15 août 1814. (Croisières aux îles Canaries, dans les Antilles, et campagne de Flessingue. — Divers engagements avec des frégates anglaises : 7 mois, 6 jours à la mer en guerre ; 2 mois, 15 jours à la mer en paix.)

Embarqué sur la frégate *l'Africaine*, commandée par M. Jurien, du 16 août 1814 au 26 septembre 1815. (Campagnes dans les mers de l'Inde. — Relâches au cap, à l'Ile de France et à Bourbon : à la mer en paix.)

Embarqué sur le vaisseau *le Colosse*, en qualité de 1er adjudant, remplissant les fonctions de chef d'état-major de M. le contre-amiral Jurien, commandant les forces navales de la Méditerranée, du 20 juin 1819 au 17 janvier 1821. (Mission dans la Méditerranée. — Naples. — Lisbonne. — Le Brésil. — Les Antilles. — Les États-Unis. — A la mer en paix.)

Commandant la goëlette *la Gazelle*, du 1er juillet 1822 au 8 décembre 1823. (De Bayonne à Brest. — De Brest à Toulon. — Appareillé pour le Levant le 6 octobre 1822 : à la mer en paix.)

Embarqué comme second sur le vaisseau *l'Eylau*, sous les ordres du contre-amiral Jurien, du 7 février 1824 au 26 novembre 1825. (La Martinique : à la mer en paix.)

Commandant la frégate *la Magicienne*, du 21 juillet 1826 au 30 mars 1827. (Navigation sur les côtes de France et d'Espagne à la mer en paix.)

Commandant la frégate *la Fleur de Lys*, devenue *la Résolue*, du 11 novembre 1827 au 25 avril 1831. (Alger. — Le Levant : à la mer en paix.) A été chargé, vers la fin de 1830, du commandement par intérim de *la Station du Levant*.

Commandant la frégate *la Calypso* et par intérim la *station du Levant* : à la mer en paix, du 25 avril 1831 au 29 février 1832.

Commandant le vaisseau *la Ville de Marseille*, du 6 juin 1833 au 18 juillet 1835. (Station du Levant : à la mer en paix.) A pris provisoirement le commandement de la *station du Levant*, le 29 décembre 1833.

Nommé au commandement de *l'Escadre d'Afrique*, par décision royale du 17 juin 1837. Porté son pavillon sur le vaisseau *l'Iéna*, le 14 juillet 1837. (Le Levant et Cadix : mer en paix).

Nommé, en 1838, au commandement de *l'Escadre de la Méditerranée*, réunissant la *division d'Afrique et celle du Levant*. Nommé au commandement d'une division navale à Toulon, par décision royale du 26 octobre 1840.

Débarqué à Toulon, le 28 décembre 1840.

M. Lalande a été élu député par le collége électoral de Morlaix (Finistère), le 16 décembre 1840.

FIN.

TABLE.

LA MARINE D'AUTREFOIS

SOUVENIRS D'UN MARIN D'AUJOURD'HUI.

LA SARDAIGNE EN 1842.

APPENDICE.

FIN DE LA TABLE.

IMPRIMERIE GÉNÉRALE DE CH. LAHURE
Rue de Fleurus, 9, à Paris.

Librairie de L. HACHETTE et Cie, boulevard St-Germain
A PARIS
ET CHEZ LES PRINCIPAUX LIBRAIRES FRANÇAIS ET ÉTRANGERS.

DICTIONNAIRE
UNIVERSEL
DE LA VIE PRATIQUE
A LA VILLE ET A LA CAMPAGNE

CONTENANT

DES NOTIONS D'UNE UTILITÉ GÉNÉRALE ET D'UNE APPLICATION JOURNALIÈRE
ET TOUS LES RENSEIGNEMENTS USUELS

EN MATIÈRE

1° de Religion et d'Éducation :

Obligations religieuses, offices, dispenses, sacrements, cultes divers; — instruction publique et privée : conditions d'admission aux écoles du gouvernement et aux emplois publics; lecture, écriture, orthographe, calcul; — dessin, peinture, musique; — broderie, etc.; — savoir-vivre; — professions diverses;

2° de Législation et d'Administration :

Droit politique, civil et commercial; procédure; formules pour les actes; — lois, décrets, ordonnances de police et arrêtés municipaux; — règlements d'administration publique; contributions, douanes, octrois; passe-ports; — postes, télégraphie privée; — crèches, asiles, ouvroirs, hôpitaux, monts-de-piété, etc.;

3° de Finances :

Placement de fonds, achat et vente de titres de toute sorte, opérations de bourse; banques, assurances, tontines; sociétés de prévoyance et de secours mutuels, caisse d'épargne et de retraite, etc.;

4° d'Industrie et de Commerce :

Prix et qualités des marchandises; monnaies, poids, mesures; pesage, mesurage; professions commerciales;

5° d'Économie domestique :

Substances alimentaires, cuisine bourgeoise, pâtisserie domestique, office, conserves, vins et liqueurs, service de la table et de la maison, menus pour dîners et déjeuners, batterie de cuisine; — domestiques; — médecine domestique et hygiène : soins à donner aux enfants; secours aux malades et aux blessés; pharmacie usuelle, plantes médicinales; — bains de mer, eaux minérales; — art vétérinaire : animaux domestiques; — habillement, blanchissage, ameublement, ménage et comptabilité domestique; — constructions;

6° d'Économie rurale :

Agriculture, horticulture et jardinage, arboriculture et sylviculture; — constructions rurales, arpentage, levé des plans; — drainage; élève des bestiaux, oiseaux de basse-cour; — étangs naturels ou artificiels; — pisciculture, abeilles, vers à soie; — animaux et insectes nuisibles; — maladies des plantes, etc.;

7° d'Exercices de corps et de Jeux d'esprit :

Chasse, pêche, gymnastique, danse, escrime, natation, équitation; — jeux d'adresse, de combinaison, de hasard (les échecs, le trictrac, les dames, le whist, etc.); — jeux d'action, jeux d'esprit, jeux d'enfants;

RÉDIGÉ AVEC LA COLLABORATION D'AUTEURS SPÉCIAUX

PAR G. BELEZE.

Ancien élève de l'École normale supérieure, ancien chef d'institution à Paris, auteur de divers ouvrages de sciences et d'éducation.

UN BEAU VOLUME GRAND IN-8 DE 1890 PAGES, A DEUX COLONNES.

PRIX, BROCHÉ : 21 FRANCS.

La reliure en percaline se paye en sus 2 fr. 25 c.; la demi-reliure en chagrin avec tranches jaspées, 4 fr.; avec tranches et gardes peignes, 5 fr.

Il a paru de nos jours un grand nombre d'ouvrages destinés à initier le public aux progrès des connaissances humaines, et à mettre la science à la portée du plus grand nombre. Les sciences morales et politiques, les sciences physiques et naturelles, l'histoire et la géographie, le droit et la médecine, l'agriculture, l'industrie et le commerce, ont aujourd'hui leurs traités spéciaux, leurs dictionnaires particuliers, dans lesquels les esprits curieux de s'instruire peuvent puiser des notions utiles et intéressantes, apprendre la définition et l'étymologie des termes techniques, l'origine et les progrès des inventions, les procédés industriels de tout genre. Mais il y a un point de vue sous lequel les choses n'ont pas encore été considérées, c'est la science pratique de la vie. S'il importe que personne ne reste complétement étranger aux notions générales des sciences humaines, il n'est pas moins important que chacun connaisse exactement les moyens de satisfaire à toutes les exigences de sa condition, à tous les devoirs de la société. Il y avait là la matière d'un livre utile à faire: c'est ce livre dont nous annonçons aujourd'hui la publication sous le titre de : *Dictionnaire universel de la vie pratique à la ville et à la campagne.*

Le titre seul de cet ouvrage indique déjà suffisamment et la pensée qui l'a fait entreprendre et le but éminemment utile qu'on s'est proposé d'atteindre.

Réunir dans le plus commode des cadres, celui d'un dictionnaire, et sous la forme la plus favorable aux recherches, c'est-à-dire la forme alphabétique, la connaissance exacte de tous les intérêts et de tous les devoirs de la vie; mettre à la portée des lecteurs toutes les notions usuelles, tous les renseignements utiles dont ils ont journellement besoin; indiquer ce qu'ils doivent faire dans toute espèce de circonstances; leur éviter des pertes de temps qu'entraînent les incertitudes, les démarches inutiles, les embarras de tout genre; répondre aux mille questions qu'on se pose tous les jours et qu'on adresse souvent à dix personnes sans pouvoir obtenir une solution satisfaisante; fournir enfin à chacun un guide sûr et fidèle qui le mette en état de faire ses affaires lui-même et de résoudre, sans autre peine que celle d'ouvrir un livre, toutes les difficultés qui se rencontrent dans le cours ordinaire de la vie, tels sont en peu de mots les avantages qui peuvent recommander cette nouvelle publication à l'attention des classes diverses de la société.

Propriétaire ou locataire d'une maison de ville ou de campagne, d'un appartement, d'une ferme, d'un bois, on a souvent à rédiger ou à signer un bail sous seing privé, à donner des quittances, à demander des réparations, à faire constater un délit forestier ou un délit de chasse; mais la plupart du temps on ignore la manière de procéder dans ces diverses circonstances, la forme dans laquelle les actes doivent être rédigés, les obligations qu'ils imposent, les formalités qu'ils exigent, les frais qu'ils peuvent entraîner. Veut-on obtenir une concession d'eau, une concession de mines; s'assurer la propriété d'une œuvre littéraire ou artistique, prendre un brevet d'invention, se faire délivrer un passe-port, un permis de chasse? on demande souvent à qui il faut s'adresser et dans quelle forme. — S'agit-il d'une déclaration de naissance ou de décès, de la célébration d'un mariage, d'un engagement militaire, d'un placement de fonds, de la constatation d'un incendie? Nouvelles obligations, nouvelles formalités, nouvelles démarches également embarrassantes. — Un père, une mère de famille recherchent-ils quels sont les avantages, les inconvénients et les conditions d'une carrière, d'une profession pour un fils? quels sont pour de jeunes enfants les soins d'hygiène les plus simples et les meilleurs? quels moyens peuvent rendre plus faciles l'ordre et l'économie dans un ménage? — Enfin, on veut savoir à quoi obligent les devoirs religieux, les devoirs de société, les règles du savoir-vivre, et, dans un autre ordre d'idées, quels sont les meilleurs procédés de chasse et de pêche, quelles sont les meilleures recettes d'économie domestique.

Pour trouver une réponse à ces questions et à tant d'autres semblables, il fallait jusqu'ici se procurer des ouvrages spéciaux et souvent coûteux, consulter une foule de documents qu'on n'a pas sous la main, ou chercher au loin les conseils des hommes expérimentés. Le *Dictionnaire de la vie pratique* a pour objet de répondre sur tous ces points à tout le monde. Propriétaires, commerçants, industriels, agriculteurs, ménagères, pères de famille, tuteurs, maîtres ou domestiques, patrons, ouvriers et apprentis; électeurs, gardes nationaux, maires ou conseillers municipaux, chacun dans les diverses conditions de la vie, pourra avoir auprès de lui comme un guide universel ce vaste répertoire d'indications sûres et précises. Religion, droit et législation; administration, assurances et tontines; industrie et commerce, agriculture, horticulture et sylviculture; médecine domestique, hygiène et art vétérinaire; économie domestique et rurale; cuisine et office; méthodes d'enseignement, exercices du corps; chasse, pêche, jeux de toute sorte, etc.; toutes ces matières ont été abordées au point de vue purement pratique, dans tout ce qui peut intéresser chacun, à Paris et dans les départements, à la ville comme à la campagne.

Malgré l'étendue de son plan et l'importance des matières qui y sont traitées, le *Dictionnaire universel de la vie pratique* ne forme qu'un volume, mais ce volume, avec ses quatre mille colonnes, a permis que toute espèce de renseignements usuels, toute notion pratique de quelque importance pût y trouver place.

Paris. — Imprimerie de Ch. Lahure, rue de Fleurus, 9.